人生が輝く SDGs

大阪公立大学現代システム科学域
教育福祉学類編集委員会　編

代表 伊井 直比呂

せせらぎ出版

目　次

序文　教育福祉学と持続可能性（サステイナビリティ）との関係
………………………………………………………… 伊井直比呂　　V

第Ⅰ部　SDGsと教育福祉

第1章　SDGsが目指す世界とその人権性 …………… 伊井直比呂　　3

第2章　SDGsに貢献する〈ESD for 2030〉
　　　　―「変容」と「ホリスティック・アプローチ」に焦点づけて― 吉田　敦彦　　21

第3章　SDGsを語る視座
　　　　―鳥山敏子の教育実践を通して― ………………… 森岡　次郎　　37

第Ⅱ部　SDGsからみた生涯の課題

第4章　子どもの「主体性」という謎……………… 吉田　直哉　　53

第5章　多様な子どもを包み込むインクルーシブ保育とは
　　　　―障害の有無を超えて― ……………………… 木曽　陽子　　66

第6章　障害者アイデンティティとは……………… 田垣　正晋　　83

第7章　貧困をなくすために教育に何ができるか？
　　　　―「貧困の連鎖」論の再考と「学校の力」― ……………… 西田　芳正　　95

第8章　社会的養護における教育福祉的アプローチとしての
　　　　「ソーシャル・ペダゴジー」を考える……… 伊藤嘉余子　　110

第9章　健康福祉の理念と実際 ……………………… 吉武　信二　　126

第10章　社会格差と健康格差 ……………………… 隅田　好美　　140

第11章　第8期市町村介護保険事業計画（2021〜2023年度）
　　　　に記された認知症高齢者施策に関する実証研究
　　　　―大阪府下市町村と7つの先進自治体における「小さな変化」
　　　　の意味を考える― ……………………… 吉原　雅昭　　156

第12章　成人子と親との関係
　　　　—老親との同居意識に着目して—……………………… 乾　　順子　173

第13章　反抑圧的ソーシャルワーク実践（AOP）における
　　　　交差性概念の活用をめぐって……………………… 児島亜紀子　196

第Ⅲ部　SDGsとさまざまな課題についての論考

第14章　当事者の心の側面：言葉・感情を置き去りにしない
　　　　SDGsへ……………………………………… 三田　優子　213

第15章　メンタルヘルスにおけるオルタナティブ実践
　　　　……………………………………………… 松田　博幸　233

第16章　ドイツにおける求職者基礎保障制度
　　　　—公的扶助制度の一例として—……………………… 嵯峨　嘉子　249

第17章　地域づくりと福祉をつなぐ取り組み　……… 東根　ちよ　262

第18章　社会福祉法人の経営課題
　　　　—SDGsへの対応—　………………………… 関川　芳孝　277

第19章　ケアの倫理からの平等と尊厳の再考
　　　　—持続可能性とジェンダー—……………………… 内藤　葉子　292

目次再考（編集後記）………………………………… 田垣　正晋　308

執筆者一覧　……………………………………………………… 310

序文　教育福祉学と持続可能性(サステイナビリティ)との関係

伊井　直比呂

　2022年4月、大阪公立大学の開学と同時に「サステイナビリティ(sustainability)」を学際的に追究する「現代システム科学域」の一学類として教育福祉学類がスタートした。本書は、前身となる大阪府立大学 地域保健学域の枠組みで培ってきた学問成果を踏まえつつ、加えて新たな地域・国際社会が抱える持続可能性(サステイナビリティ)の人類的課題に対して、どのように教育福祉学が学問的に貢献できるかを考察するものとして企画されたものである。序文では、「設置趣旨」(大阪公立大学設置認可書類)などを踏まえて教育福祉学と持続可能性(サステイナビリティ)の関係性を示したい。

　「教育福祉学」の学問的定義は、2012年に大阪府立大学地域保健学域に教育福祉学類が誕生した際に定義化され、以後、歴史的な深まりを経て大阪公立大学 現代システム科学域 教育福祉学類への発展的移行を機として次のように再定義された。教育福祉学とは「人間の生活と発達の包括的な保障および支援に関する学」として、「人の誕生から老齢までの期間をとおして、一人ひとりの生と成長の尊厳性を追究するために、社会福祉学、保育学、教育学、社会学、健康科学、人権論、ジェンダー研究などを融合して新たな知的探究による社会づくりを目指す学問」である。
　「教育福祉」という名称は、戦後、歴史的に確認できるところでは1956年9月発行の「文部時報」に掲載された論文「教育福祉とその戦後における展開」(石川 1956)に遡る。そこに示される「教育福祉」とは「児童福祉・社会保障・教育の機会均等などの近代的な社会思想及び教育理念から導かれ、国家的社会的な生活の保障機構と構造的な連関をもって考えられるべきもの」(石川 1956)と、その理念等が示された。また、このような『概念』の端緒は、さらに遡って1946年の衆議院帝国憲法改正案特別委員会において行

われた「保育」に関する審議記録からも背景の一端が窺える。これによると、戦後直後よりすでに就学前教育と保育の一体化が議論され、その意図は「乳幼児保育施設は、乳幼児の完全なる保護、教育、家庭生活の改善に裨益(ひえき)する社会的役割および婦人の社会的活動を発展せしめ（略）」るなど、保育、教育、福祉、家庭生活、女性の社会的活動に至るまでを視野にいれた「施策」が求められていた。以後、時代と社会状況の複雑化に伴い同関心は細分化され、「教育」と「福祉」はおよそ異なる学問体系として扱われてきた。しかし、そのような歴史にあっても、「教育」と「福祉」の研究上の不可分性は失われず、むしろ今日の社会状況は、上記「保障」や「改善」の根底課題の延長として貧困、学校教育からの疎外、母子保健、ジェンダー、障がい者、包摂、虐待、生涯教育、高齢者福祉の各問題など、「教育福祉学」が対象とすべき追究の射程の拡張が求められてきた。

　具体的に、人の尊厳ある生と成長を阻害するさまざまな社会的問題群は、それらが個別に独立した形で生起しているのではなく、多様な課題と原因が複雑な連関関係にある中で深刻化し、あるいは重層化している。たとえば、教育を受ける機会を喪失した子どもの背景には大きなファクターとして貧困があり、特に母子のひとり親家庭において問題が深刻であることは既知の通りである（教育と社会福祉および家族社会学の複合的問題）。さらに、そもそも母子家庭の収入の低さの背後には女性の非正規労働者比率の高さが付随しており、さらにその背後には社会におけるジェンダー問題が色濃く影を落としている（教育と社会福祉およびジェンダー問題の複合的問題）。このことは国際的側面からみても途上国のある国において女児の教育を受ける機会が男児に比べて劣位におかれ、それがまた貧困の循環を引き起こしている事とも同根性を有している。また、LGBTQの子どもは自認する性と異なる扱いを受けることで不登校になったケースがあるなど、社会福祉や教育の個別的な制度的視点だけでは解決できない課題であることが指摘される。このように現代社会の諸課題に対して、単一の学問分野による特定の思考様式を以って臨むだけでは問題の本質に迫ることが難しいことがわかる。それゆえに、問題解決の本質を逃さぬためにも異なる研究枠組みを超えて多角的に研究が為されなければならない必要性が高まっていると言えよう。それは、言い換え

ると現実に生起している人間存在と生活様式や社会生活の変化に起因する諸課題に対して、教育的なアプローチと社会福祉的なアプローチなどを融合させて、かつ国際的視点や多くの学問分野の新たな価値を加味しながら課題解決に向かう場面の増大とも言える。すなわち、問題に対して最善かつ最適な解決方法や制度設計を追究することが求められている。教育福祉学類ではこれらの状況を捉えつつ、先に記した学問的定義を踏まえて社会福祉学、保育学、教育学、社会学、健康科学、人権論、ジェンダー研究など各学問分野の知的資産を継承し、さらにそれらを融合させて新たな知的創造活動の思考様式、ならびに知的探求資源を獲得する課程を有して教育・研究活動を積み重ねている。

　一方、本書および冒頭の大阪公立大学現代システム科学域がテーマとするサステイナビリティの概念は、近年、国際的に広がりを見せる新たな人類的視座としての「持続可能な開発（Sustainable Development）」を基盤にしている。歴史的にこの概念は、たとえば1972年の国連人間環境会議におけるストックホルム宣言－「人は尊厳と福祉を保つに足る環境で、自由、平等および十分な生活水準を享受する基本的権利を有するとともに、現在および将来の世代のため環境を保護し改善する責任を負う」－という考え方に表れる。また、1987年の環境と開発に関する世界委員会（WCED）による最終レポート「我ら共通の未来（Our Common Future）」（Report of the World Commission on Environment and Development: Our Common Future）では、「将来の世代のニーズを満たす能力を損なうことなく、現在の世代のニーズを満たすような開発」と定義された。さらに、現世代と将来世代を含めて誰もがその利益を等しく享受できることが「サステイナビリティ」だと説明される。ここに用いられる「ニーズ」については、同レポートで「衣食住など、貧困の中にあっても最低限生きるために必要な基本的ニーズ（essential needs）を満たすことが最優先であり、その先に社会面や文化面も含む生活の質（quality of life）の改善がある」と説明される。「ニーズを満たす」ことの意味は、1948年に出された世界保健機関（WHO：World Health Organization）憲章によって定義された健康概念－「健康とは、身体面、精神面、社会面における、すべてのウェルビーイング（良好性）の状況を指し、単に病気・病弱ではない状

態を意味するものではない」ということを最低限保障する考え方に立っている。以上のことから、サステイナビリティとは、「すべての人々の尊厳が守られ、人としての包括的なウェルビーイング（身体的・精神的・社会的に良好な状態）が世代を超えて保障される状態」と定義でき、その状態が保たれている社会が持続可能な社会と言えよう。

　次に、そのような持続可能社会をどのように達成するか、という近年の人類史的な展開は、2000年に開始された『国連ミレニアム宣言』（MDGs）、およびその後継として国連総会で採択され、2015年以後取り組まれている「我々の世界を変革する：持続可能な開発のための2030アジェンダ（Transforming our world: the 2030 Agenda for Sustainable Development：SDGs）」によって具体化されている。とりわけ、「アジェンダ」の前文には、「我々は誰一人取り残さない／取り残されないことを誓う（We pledge that no one will be left behind.）」ことが宣言され、同時に「宣言」に続く「我々のビジョン」には、持続可能な社会としての「目指すべき世界像」が示されている。この世界像には、たとえば次のような世界が描かれている。

　　・「質の高い教育や社会保護に公平かつ普遍的にアクセスできる世界」
　　・「身体的、精神的、社会的福祉が保障される世界」
　　・「人権、人の尊厳、法の支配、正義、平等及び差別のないこと、人種、民
　　　族及び文化的多様性。人間の潜在力を完全に実現し、繁栄を共有するこ
　　　とに資することができる平等な機会が与えられる世界」
　　・「子供たちに投資し、すべての子供が暴力及び搾取から解放される世界」
　　・「すべての女性と女児が完全なジェンダー平等を享受しその能力強化を阻
　　　む法的、社会的、経済的な障害が取り除かれる世界」などである。
　　　　　　　（以上、2030アジェンダ（外務省訳）「我々のビジョン7.8.9.より」）

　重要であることは、これら「世界像」が、生涯を通してすべての人の尊厳性、社会的保護、健康、教育、福祉、公正・平等などの保障と恩恵の中で生きられる社会を目指している点で、教育福祉学が対象とする問題意識および「定義」に示した「人間の生活と発達の包括的な保障および支援に関する学」

としての追究と同一の目的を有していることである。すなわち、世界像に示されるアジェンダの各目標の多くの部分で、教育福祉学の「人の誕生から老齢までの期間をとおして、一人ひとりの生と成長の尊厳性を追究する」ことと深く関係し、同時に一人ひとりの「人生」を通した生涯にわたる発達・成長・生活に関する統一的保障（尊厳性、包摂性）のあり方等を問う追究の射程と同一性を有している。また、このことは、現実に生起している人間存在と、生活様式や社会生活の変化に起因する諸課題に対する国際的な課題解決との共通性をも有していると言えよう。以上のように、教育福祉学はこの持続可能な社会づくりへ向けた国際的な歴史的課題の重要な部分を占め、「目指すべき世界像」の実現と国際共通課題として克服すべき17の目標群および169のターゲット達成に向けた教育・研究および実践に深くコミットできると確信している。

　以上、本書は教育福祉学からSDGs達成にどのように貢献できるか、あるいは既存の各専門分野の研究はどのように持続可能社会の実現に向けて貢献することができるか、などの視点で編集・出版されたものである。

　本書の構成は、現在世代と将来世代に向けて一人ひとりの「人生」を通した発達・成長・生活に関する統一的保障（尊厳性・包摂性）のあり方を考察する観点から、「SDGsの基盤となるテーマ」、「人生（生涯）の各段階に対応したテーマ」から構成されている。

参考文献

2022年大阪公立大学設置認可書類

山野則子、吉田敦彦、山中京子、関川芳孝編『教育福祉学への招待』（せせらぎ出版　2012）

石川二郎「教育福祉とその戦後における展開」文部時報 59頁（1956）

「乳幼児保育施設の整備拡充に関する建議」（第90回帝国議会衆議院附録（本会議）第55号附録　昭和21年10月11日）

環境省『国連人間環境会議ストックホルム会議：1972 年』https://www.env.go.jp/council/21kankyo-k/y210-02/ref_03.pdf（最終閲覧日　2021/12/13）

外務省『世界保健機関憲章』https://www.mofa.go.jp/mofaj/files/000026609.pdf（最終閲覧日　2021/12/13）

外務省『ミレニアム宣言　仮訳』https://www.mofa.go.jp/mofaj/kaidan/kiroku/
　　s_mori/arc_00/m_summit/sengen.html（最終閲覧日 2012/12/13）
外務省『我々の世界を変革する：持続可能な開発のための 2030 アジェンダ　仮訳』
　　https://www.mofa.go.jp/mofaj/files/000101402.pdf（最終閲覧日 2021/12/13）

第 I 部

SDGs と教育福祉

第1章
SDGsが目指す世界とその人権性

伊井　直比呂

1. 持続可能な社会とそれを阻害してきたもの

　私たちは今どのような社会を生きているのか。新型コロナウィルス感染による世界的な社会不安と混乱から、可視・不可視を問わずその姿を改めて目の当たりにすることができた。それは、医療従事者や保健所職員はもとよりエッセンシャルワーカーをはじめ、生活の隅々に至るまで多くの役割と責任によって『社会』がなり立ち、何一つ切り離すことができない「つながり」で機能している緻密な構造をもった社会の姿であった。重要なことは何人もその緻密さの傍観者にはなり得ず、みずからがその中に存在するという逃れ得ない事実であろう。しかし、その構造の中にはさまざまな局面においてあらゆる辛苦と混乱を最小化することができた強靭性を備えた人たちと、逆に脆弱性を抱えたまま放置され、手段なく深刻度を増して劣位に置かれた人たちが顕在化した問題がある。私たちはこのような問題を社会政策の問題として個と公共の観点から歴史的に検証しなければならないだろう。同時に、私たちは、改めて人々の「忍従」のみに頼らずにどのように「社会安全」と「個々の尊厳性（尊重）」の両義を確保する未来を構築していくのかを（将来世代のためにも）考えねばならないのではないだろうか。今次、その歴史的機会となったことは間違いがない。私たちはこのような世界的・社会的状況と未来世代からの眼差しの中でSDGsを捉えていく必要があると考える。

　「我々の世界を変革する。」……この言葉は「持続可能な開発のための2030アジェンダ」（通称2030アジェンダ）の冒頭に記されている国際社会の決意を表すものである。そして、その決意によって示される「持続可能な社会」や「共通の未来」の具体像は、「誰一人取り取り残さない／誰一人取り残され

ない」（アジェンダの宣言4）という私たちの心を突き動かす共通理念で表される。そこで、改めて「持続可能な社会」、「共通の未来」を国際文書（国連文書A/70 /L.1）から確認したい。それは2015年9月25日第70回国連総会で198ヵ国と地域の満場の賛成によって採択された「我々の世界を変革する：持続可能な開発のための2030 アジェンダ」に示された17の目標と169のターゲットからなる目標群（SDGs：Sustainable Development Goals）で描かれる世界である。ここには、持続可能な社会を築くために、現在のどのような課題を克服する必要があるのかが明瞭に示されており、同時にその実現に向けて「誰一人取り取り残さない／誰一人取り残されない」ための要件も示されている。改めて確認してみよう。

目標1．あらゆる場所のあらゆる形態の貧困を終わらせる。

目標2．飢餓を終わらせ、食料安全保障および栄養改善を実現し、持続可能な農業を促進する。

目標3．あらゆる年齢のすべての人々の健康的な生活を確保し、福祉を促進する。

目標4．すべての人に包摂的かつ公正な質の高い教育を確保し、生涯学習の機会を促進する。

目標5．ジェンダー平等を達成し、すべての女性および女児の能力強化を行う。

目標6．すべての人々の水と衛生の利用可能性と持続可能な管理を確保する。

目標7．すべての人々の、安価かつ信頼できる持続可能な近代的エネルギーへのアクセスを確保する。

目標8．包摂的かつ持続可能な経済成長およびすべての人々の完全かつ生産的な雇用と働きがいのある人間らしい雇用（ディーセント・ワーク）を促進する。

目標9．強靱（レジリエント）なインフラ構築、包摂的かつ持続可能な産業化の促進およびイノベーションの推進を図る。

目標10．各国内および各国間の不平等を是正する。

目標11. 包摂的で安全かつ強靱（レジリエント）で持続可能な都市および
　　　　人間居住を実現する。

目標12. 持続可能な生産消費形態を確保する。

目標13. 気候変動およびその影響を軽減するための緊急対策を講じる。

目標14. 持続可能な開発のために海洋・海洋資源を保全し、持続可能な形
　　　　で利用する。

目標15. 陸域生態系の保護、回復、持続可能な利用の推進、持続可能な森
　　　　林の経営、砂漠化への対処、ならびに土地の劣化の阻止・回復お
　　　　よび生物多様性の損失を阻止する。

目標16. 持続可能な開発のための平和で包摂的な社会を促進し、すべての
　　　　人々に司法へのアクセスを提供し、あらゆるレベルにおいて効果
　　　　的で説明責任のある包摂的な制度を構築する。

目標17. 持続可能な開発のための実施手段を強化し、グローバル・パート
　　　　ナーシップを活性化する。

（「我々の世界を変革する：持続可能な開発のための2030 アジェンダ」外務省仮
訳）

　以上のように示された目標群には、持続可能社会を築く上で解決しなければならない「課題」や今後必要となる「制度」などが記されている。同時にこれら17の目標群が描く「目指すべき世界像」は極めて具体的な人々の暮らしを情景として想いうかべることができよう。総括すると、すべての人の人生が栄え、自由な存在となる情景である。そこには、貧困、飢餓、病気および欠乏から自由な世界。恐怖と暴力から自由な世界。すべての人が読み書きができ、自由に自己を発展させることができる世界など、人間の発展とその基盤となる社会が示されている。

　しかし、ここで改めて問い直したい。この目指すべき世界像として示される「持続可能な社会」や「未来社会」とはいったい誰にとっての「社会」であり、誰にとっての「未来」であるのだろうか。私たちはこの基本的な問いから考える必要がある。確かに言えることは、「未来」は先に記したとおり、「すべての人」にとっての未来であるはずであり、「社会」は、現世代を生きる「すべての人」が等しく参画できるべきものであるはずであろう。ま

た、生まれ来るであろう将来世代にとっての「未来」でもあろう。ところが、現実の社会にはそれぞれが有する個々の発展や幸福追求のための手立てには多寡があり、そしてその多寡を隔てる本人とは関係のない可視・不可視の構造的な格差がある。それは社会において優位な地位や、経済的・社会的強者の人たちにのみ開かれた「未来」や「社会」と、そもそも被抑圧的な状況に置かれた人たちの存在を前提とした「社会」や「未来」などの差として現れる。そして、私たちは、冒頭にも記した通り社会づくりや未来づくりから疎外・排除されている人や、国内外を問わず社会の中で構造的に劣位に放置される人々が多く存在することを容易に知ることができる。たとえば、世界には難民や干ばつ地域に暮らす人々など「未来のことより今日の食事（栄養）をどのように手に入れるか」が最も大きな問題である人たちが世界に放置されていたり、児童労働をも余儀なくされて未来を思い描くことさえできない人がいる。国内においても「コロナ禍」における意に反した失業や「雇止め」のほか、これらに関係する子どもの貧困問題を含めて、学習や経験を積んで多くの選択肢を手に入れて成長していく時期に、その貴重な機会が奪われかねないという、旧来からの貧困の循環問題が形態を変えて今なお存在していることがある。まさに自由の喪失でもある。

　一方、持続可能性と環境の関係を考えてみると、たとえば、世界が注目した第26回気候変動枠組条約締約国会議（2021年, 英国, グラスゴー）による「世界の気温上昇を1.5℃に抑える」ための二酸化炭素の排出量制限に関しては、もはや二酸化炭素排出量が多い国別の順番でCO_2の数値を列挙することなど何の意味も持たない。なぜなら、たとえば中国でのCO_2排出量のかなりの割合は日本企業や欧米企業が中国に進出して生産活動をしており、本来ならば日本国内で排出していたはずのCO_2を、場所を変えて排出して地球の温暖化を促進しているからである。また2011年の原発事故による放射能被害によって奪い去られた特定地域の現在と未来は、世代内と世代間の二つの不公平をもたらしている。とりわけ世代間不公平の観点からは、地域が異なっていても人類が地球を汚染していることに変わりはなく、「将来世代にとっての発展可能性」を現世代が奪っていることを意味する。このように地域や国際社会には、選択肢を持ち持続可能性を有している人たちと、逆に選択肢を

持ち得ず、あるいは喪失させられて持続可能性を有しない人とに明確に分けられている状況がある。これらを歴史的、そして現代社会の日常の中から整理すると次のように分類することができる。たとえば、およそ優位な地位や経済的・社会的強者の側にいた人や、逆に劣位に置かれ、経済的・社会的に弱者の側に置かれてきた人を、その属性や地位および歴史的経緯や現代的問題にあてはめて位置づけてみる。すると、**表1-1**のように、「男性」と「女性」（さらにLGBTQ）、「大人」と「子ども」、「豊かな人」と「貧困の中にある人」、「経済的豊かな国で暮らす人」と「途上国で暮らす人」、「健常者」と「障がい者」、「文化的・言語的・民族的多数者」と「同少数者」、「市民」と「難民など完全な人権保障の対象外に置かれている人」、「教育を受け続けることができた人」と「教育を受けることができなかった人」（さらに非識字者）などに分けられる。

表1-1　歴史的な差別・偏見構造（例）

社会的強者	大人	男性	健常者	多数者（民族・言語・文化・他）	裕福	教育歴が長い	権力・地位
社会的弱者	子ども	女性	障害者	少数者	貧困	学校に行けなかった	保持しない（移民）
		LGBT				非識字	

　このような、社会的・経済的強者（強靭性を備えた人）と社会的・経済的弱者（脆弱性を抱えた人）との間にある格差、あるいは差別・偏見構造は、列挙されたある一つの要素だけで「強者」と「弱者」に固定的に決まるわけではない。人は人生を通じてさまざまな背景と要素を、様々な事情によって備え持つ。また、人為的につくられた社会的・経済的に優位な要素と社会的・経済的に脆弱な要素の備え方によってこの構造の中に落とし込まれる。仮に、たとえばある人が、「男性」、「健康」、「裕福な家庭」、「長い教育年数」、「民族的・文化的・言語的多数者」、「確保された社会的地位」などの要素をすべて兼ね備えた場合、世界の歴史においても先の通り自由な存在となり、未来への選択肢が十分に確保されて可能性にあふれていた。その一方で、ある人は、優位な要素と脆弱な要素を混在させて備える場合もある。たとえば、あ

るニューカマーの「子ども」が母国で「教育」は受けてきているが、「民族的・文化的・言語的マイノリティ」の日本において継続的な「就学（教育）が途絶えた場合」や、日本語が話せないために「不安定」な仕事にしか就けなかった場合には、やがて新たに「貧困」の要素も備えてしまうかも知れない。同時に何らかの差別の原因ともなる場合がある。その結果、およそ未来への選択肢は自ずと限られてしまうことが現代社会の中では起こっている。このように誰でも何らかのきっかけによって「貧困」、「社会的に不安定な地位」（移民や非正規労働）などいくつかの社会的・経済的弱者（脆弱性）の要素を兼ね備えてしまった場合には、自由な存在からかけ離れた生活を余儀なくされてしまう。身近にも、コロナ禍にあって経済的理由で進学や卒業を諦めて夢を放棄せざるを得ない若者の存在は、その背後に同様の格差構造があるだろう。また、世界には社会的・経済的弱者（脆弱性）の要素のすべてを引き受けて暮らしている人たちがいる、という事実である。国際的には、ミャンマーで迫害された少数民族であるロヒンギャ（Rohingya）の人たちの（今も続く）惨状が放置されてきたことなど記憶に新しいことである。他にも、産業の発展と技術革新による環境汚染の不利益は産業革命以来歴史的に社会的劣位とされる集団に集中していたことは既知のことである。そして、今も劣悪な環境と貧困とが重層的に人々の尊厳を奪っている現実がある。

2．国際社会が持つ歴史的な問題意識

　先の格差や差別・偏見構造を解消するために、また特定の地域や集団に集中する環境破壊や汚染などの不利益を解消するために、人類はどのような取り組みをしてきたのだろうか。この問いに対して、一つの視方として国際条約等の歴史からそれらを確認することができる。その歴史は本書がテーマとするSDGsの開始後に始まったものではなく、戦後の国際社会の歴史を通じて人間の尊厳と人権を基盤に「すべての人民とすべての国とが達成すべき共通の基準」を手にしようとしたものである。その象徴が国際条約や世界宣言などを通じて世界が共有して来た問題意識である。この問題意識に裏打ちされた未来こそがSDGsが目指している「世界像」そのものであろう。以下にその条約・宣言の一端を示してみる。なお、これら条約等のほとんどが、

「2030アジェンダ」の基となっている。

・世界人権宣言（1948年）
・難民の地位に関する条約（1951年）
・国際人権規約（1961年）
・あらゆる形態の人種差別の撤廃に関する国際条約（1965年）
・人間環境宣言（ストックホルム宣言）（1972年）
・女子に対するあらゆる形態の差別の撤廃に関する条約（1979年）
・発展の権利に関する宣言（1986年）
・児童の権利条約（1989年）
・万人のための教育（EFA）世界宣言（1990年）
・環境と開発に関するリオ宣言（1992年）
・国際 人口・開発会議（ICPD）行動計画（1994年）
・世界女性会議北京行動綱領（1995年）
・世界社会開発サミットコペンハーゲン宣言（1995年）
・国連ミレニアム宣言（MDGs）（2000年）
・持続可能な開発に関するヨハネスブルグ宣言（2002年）
・国連 持続可能な開発のための教育の10年（2004年）
・世界サミット成果文書（2005年）
・障害者の権利に関する条約（2006年）
・先住民族の権利に関する国連宣言（2007年）
・後発開発途上国（LDCs）会議イスタンブール宣言（2011年）
・国連 持続可能な開発会議（リオ＋20）（2012年）
・内陸開発途上国（LLDCs）会議 ウィーン宣言（2014年）
・持続可能な開発のための教育に関するグローバル・アクション・プログラム（GAP）（2015年）
・国連 防災世界会議 仙台宣言（2015年）

　以上の条約や宣言等はどのような社会を描いて締結されたり規範化されたりしたか。それは、条約が示す通り「難民」、「女性」、「子ども」、「先住

民（マイノリティー）」、「障がい者」、「貧困の中で暮らしている人」、「途上国で欠乏を抱えている人」など、社会的に差別を受けたり低位に置かれたりしてきた何らかの類型により構造的に抑圧されてきた当事者に向けて平等・対等な存在、および地位と生活向上などを図る国際規範がつくられてきた。また、何よりも重要な人間の発展（人間開発）のために、すべての人が「教育を受ける機会」を得て、選択可能性を拡大させ自由を手にするすることができる国際的取組があった。すなわち、表1-1の格差や差別・偏見構造を一つひとつ解消することを意図し、かつその根拠を普遍的な人権的価値による行動によって解消しようとしていることを示している。このように、SDGsが示す世界像の姿とその根拠が国際社会の歴史的成果としての条約等によって明らかにされるだけでなく、すでにあらゆる差別や偏見を解消し、すべての人の自由な存在と十分な選択肢が獲得されることへの取り組みがなされてきたことがわかる。

　ここで、改めて「我々の世界を変革する：持続可能な開発のための2030アジェンダ」に記された「目指すべき世界像」を再見してみたい。どのような世界を目指しているのか、次のように記される。それは、「すべてのレベルにおいて質の高い教育を享受できる世界」、「保健医療および社会保護に公平かつ普遍的にアクセスできる世界」、「身体的、精神的、社会的福祉が保障される世界」、「安価な、信頼でき、持続可能なエネルギーに誰もがアクセスできる世界」などである。もちろん、地球全体のこととして、「人類が自然と調和し、野生動植物その他の種が保護される世界」などが達成されていなければならないだろう。まとめると、人間としての安全な暮らし、成長と発展、そして人としての自己実現のための自由な選択を可能にする社会基盤がどこに生まれても保障される世界でなくてはならないことや、すべての生命がつながり続ける地球の自然の姿が読み取れる。

　また、人の属性やその歴史的背景に着目した世界像では、「人種、民族および文化的多様性が尊重される世界」、「人間の潜在力を完全に実現し、繁栄を共有することに資することができる平等な機会が与えられる世界」、「子供たちに投資し、すべての子供が暴力および搾取から解放される世界」、「すべての女性と女児が完全なジェンダー平等を享受し、その能力強化を阻む法

的、社会的、経済的な障害が取り除かれる世界」、そして、「最も脆弱な人々のニーズが満たされる、公正で、衡平で、寛容で、開かれており、社会的に包摂的な世界」が実現することである。さらに、このような世界のためには、「人権、人の尊厳、法の支配、正義、平等および差別のないことの普遍性」が確保される必要があることも記される。（以上2030アジェンダ）

　以上、「2030アジェンダ」に示される世界像は、単なる理想を列挙しただけでなく、これまで国際条約や宣言などを通して具体的な格差や差別・偏見構造を解消する約束を改めて確実化しようとしているものである。そして、大切なことは、これまでの条約等による実現の責任主体であった国家が、計測可能な数値目標達成を目指すという意味だけではなく、SDGsによって私たち一人ひとりが当事者である立ち位置を起点として、身近な組織や地域、そして国や国際社会に至るまでを問い直し、社会変容と変革を意図した課題解決型社会、あるいは目的達成のための協働社会の姿を提示した、ということである。

３．持続可能な社会と学習者のニーズに基づく教育の再方向性

　以上を踏まえて、次に「誰一人取り残さない」という教育の視点から持続可能性を捉えてみたい。現在、国際的にはSDGsが推進されているが、その教育分野の取り組みとして「持続可能な開発のための教育」（Education for Sustainable Development）（以後ESD）が国際的に推進されている。歴史的には2002年第57回国連総会によって2005年〜2014年を「国連 持続可能な開発のための教育の10年」（以後UNDESD）と定め、教育等に関する国連の専門機関であるUNESCOを主導機関として日本を含めた世界での推進が図られた。この持続可能な開発の概念は、「人は尊厳と福祉を保つに足る環境で、自由、平等および十分な生活水準を享受する基本的権利を有するとともに、現在および将来の世代のため環境を保護し改善する責任を負う」（ストックホルム宣言）、また「将来の世代のニーズを満たす能力を損なうことなく、現在の世代のニーズを満たすような開発」（ブルントラント委員会「我ら共通の未来」）などをもとに、すべての人々の尊厳が守られ、人としての包括的なウェルビーイング（身体的・精神的・社会的に良好な状態）が世代を超えて保

障される状態（サステナビリティ）、として定義される。すなわち、すべての人がこの恩恵を手にし、自由を手にし、そして選択肢を手に入れて幸福追求ができることは、人間開発の問題として一人ひとりの発展の可能性を大きく拓く（UNESCO, 2005; 5）。換言すると「持続可能な社会」や「未来」とは、「一人ひとり」の事情や背景がいかなるものであろうと、すべての人が公正に持続可能社会を享受できることである。重要なことは、このような持続可能社会構築のためには教育がその基となる、ということである。これを受け、UNESCOは先のDESDに加えて「教育」そのものを問い直し、教育を受ける機会のみならず一人ひとりの発展の可能性を拓くために「教育の質」の確保を子どもの権利条約と連動させて重点化してきた。この意味は、これまでの抽象的・理論的内容の教育ではなく、学習者個々の生活と経験（背景）に着目し、学習者の在りようやニーズから出発した教育内容と方法に転換を図ることである（UNESCO, 2005/ 2012）。

　DESDの後、このような教育を一層推進するために2014年の第69回国連総会にて「持続可能な開発のための教育に関するグローバル・アクション・プログラム」（Global Action Program：GAP）が採択され、DESDの後継として2019年まで実施された。そして、2019年にGAPを引き継いだ「ESD for 2030」の枠組みの中にGAPの原則などが引き継がれている。GAPが示した教育の質を重視する内容は次の通りである。

1 ）ESDは、革新的な参加型教育及び学習の方法を必要とする。（略）
2 ）ESDは、権利に基づく教育アプローチを土台としている。これは質の高い教育及び学習の提供に関係して意義のあることである。
3 ）ESDは、社会を持続可能な開発へと再方向付けするための変革的な教育である。これは、教育及び学習の再構成と同様、最終的には教育システム及び構造の再方向付けを必要とする。ＥＳＤは教育及び学習の中核に関連しており、既存の教育実践の追加的なものと考えられるべきではない。（下線筆者）

（GAP原則 5 より抜粋－文部科学省・環境省訳－）

　重要であることは、GAPは教育の質を確保するために学習者の権利と地位を重視し、既存の教育システムや内容を大きく転換させる「教育の再方向性」を求めたことである。このことは持続可能な社会の当事者として、学習者自身が一方的に一定の教育内容や教育方法によって一定の基準（進度やレベル・評価等）で教育される（育成される）地位にあるのではないことを示している。言い換えると、学習者にとって教育は与えられるものではなく、また恩恵や特権でもない。人は誕生してから発達に応じて多くの選択肢を得て自由を獲得しながら幸福追求に向かうことが人間として、また人間的発展にとって当然のことであり、そのためには「教育」が不可欠なものであると捉えられる。この場合は、学習者にとって「教育」は人権となり、「人権としての教育」の主体者となる。それゆえに、学習者は自己の在りよう（心身の事情、発達段階、理解の仕方、障がいの内容、興味・関心、わかる内容）に応じた教育（ニーズに応じた教育）を求める権利を有している、ということである。これまでは学校が用意した一定の内容、一定の進度、一定のレベルや評価、一定の解り方、一定の態度などに合致する学習者が「よい生徒」として、往々にして教育の「対象」である場合があった。しかし、そもそもこれら学校（教育制度）が用意した「一定」に合致せずにまったく「わからない」授業を受けた場合、それは形式的に教育を受ける機会には浴したかもしれないが、実質的には教育を受けていないのと同じ結果になる。さらにその結果、その画一的な「一定」の下での教育に対応することが可能な児童生徒と、「一定」にあてはまらないために「わかる」ことから疎外される児童生徒に実質的に分かれてしまう。やがて、「わからない」児童生徒は、そのことが深刻なほどに重層的に蓄積されて「どうせ」という言葉などで象徴される低い自尊感情に支配されるようにさえなる。UNESCOは「ドロップアウトなどの原因は、学習者やその親が、教育が自分たちの存在や生活と結びついていないと認識していることにある」（UNESCO, 2012, 33）としている。まさに学ぶことから疎外されるからである。この時、さまざまな事情を有する学習者が教育を実質的に受けた（わかった）といえる教育に転換しなければ、結局は先述の社会的・経済的強者しか相手にしない教育に陥ってしまう。このような意味で、「権利」として自己に適した教育を求めることなど

は、教育の人権性に鑑みて極めて大切なものとなる。なお、教育の人権性については、子どもの権利条約（1989年）29条に関する国際解釈における「学習者のニーズ」の問題として取り上げられていた。教育条項を以下に示す。

　　第29条1項：締約国は、子どもの教育が次の目的で行われることに同意する。
　(a) 子どもの人格、才能ならびに精神的および身体的能力を最大限可　能なまで発達させること。
　(b) 人権および基本的自由の尊重ならびに国際連合憲章に定める諸原則の尊重を発展させること。
　(c) 子どもの親、子ども自身の文化的アイデンティティー、言語および価値の尊重、子どもが居住している国および子どもの出身国の国民的価値の尊重、ならびに自己の文明と異なる文明の尊重を発展させること。
　(d) すべての諸人民間、民族的、国民的および宗教的集団ならびに先住民間の理解、平和、寛容、性の平等および友好の精神の下で、子どもが自由な社会において責任ある生活を送れるようにする。
　(e) 自然環境の尊重を発展させること。

　子どもの権利条約は人権条約の一つであるが、あえて条文中に「教育」を含ませている点において教育の人権性の意義を再確認することができよう。その具体的な権利内容については、「条約法に関するウィーン条約」（1969年採択）の解釈基準に基づき、かつ「国連子どもの権利委員会」答申および一般意見等の解釈基準に基づいて（権利条約の）解釈を為した「コンメンタール」（M.Verheyde, 2006）が詳しい。ここで、教育の人権性について確認しておきたい。元来、人権概念は、一人ひとりの自由な精神的営みなどが他の人と代わりえない個人の存在の尊厳性を明らかにし、このことに価値を置く。同時に、上記自由権的基本権が前国家的基本権として位置づけられ、個人を社会の基本として国家から公正かつ平等に人権の享有を保障される地位にする。まず、これらのことを「教育」を通して学ばなければ、生まれながらにして自身に人権が備わっていることを知らず、自己の意味と価値を自覚することができないまま生きることになろう。同様に、他者にも人権が備

わっている理解（他者尊重）にも至らない。さらに、「他の市民的、政治的、経済的そして社会的権利を行使することもできずに、人権尊重そのものが幻の理論に終わる」。UNESCOはこれらをふまえて「教育は諸権利の中でも上位の権利（"upstream" right）に位置する」（UNESCO, 2001）と位置づけている。すなわち、教育が人権（権利）を自覚化させること。また、人として必要不可欠な自由な精神的営みや他の権利の行使を可能にする諸能力の成長が、他の人と代わりえないかけがえのない個人をより明らかにする。それゆえに、何人も「教育」の対象から漏れたり疎外されたりすることがあってはならず、「誰一人取り残されない」ことにもつながるのである。まさに教育が人権として捉えられる理がここにある。

　以上を踏まえ、ESDはどのように教育を変革し、すべての人の未来につながる教育を用意することができるか、ということを確認する必要がある。元来、子どもは教育を受ける権利を有し、国はこの保障として教育確保のための条件整備等を行う。しかし、教育ならばどのような内容や方法であってもよいわけではなく、人権に値する内容や方法・制度を兼ね備えなくてはならない。この点、GAPは「権利に基づく学習を土台としている」ことを示し、子どもの権利条約29条の国際解釈に基づいた教育の「人権性」を前提として、児童・生徒の学習への具体的な「権利」に基づく教育（ESD）を求めている（教育の再方向性）。それによると、子どもは「特定の質を備えた教育に対する独立した主観的権利」（subjective right）を有していることが示される（M. Verheyde, 2006:11）。この主観的権利とは、特定の誰かに関係なく成立する客観的権利とは分類され、「特定の主体にかかわり成立する権利」として個人の尊厳に必要不可欠な自由に関する作為と不作為を求める権利である。特に子どもが有する「主観的権利」について、国連子どもの権利委員会は「一般的意見第1号」「条約29条1項の機能.No9」の中で次のように示している。

　　「『すべての子どもは独自の特性、関心、能力および学習上のニーズを有している』という認識に立った、個人としての子どもの人格、才能および能力の発達である。したがって、カリキュラムは子どもの社会的、文化的、環

　境的および経済的背景や子どもの現在および将来のニーズに直接関連するも
のでなければならず、かつ、子どもの発達しつつある能力を全面的に考慮
にいれたものでなければならない。教育方法はさまざまな子どものさまざま
なニーズに合わせて調整されるべきである。」（下線筆者）（国連文書UN CRC/
GC/2001/4）

　ここに記される「ニーズ」の意味は、「学習要求」のほか、「必要とする配
慮」、「充足すべき環境」などと理解することができ、上記内容を生徒や児童
の言葉に置き換えると、「自分もわかりたい」、「成長したい」、「自分の理解
力に合った説明をしてほしい」、「もっと励ましてほしい」、「褒めてほしい」、
「一つの基準で優劣を決めないでほしい」、「理由もわかりたい……」、「自分
のことを信じてほしい」、「自分に期待をしてほしい」、「可能性を信じさせて
ほしい」などのように表現することができるだろう。これらを通して、生徒
一人ひとりが教育に対して有する「主観的権利」を理解することができよ
う。そして、この権利が保障されることで教育の人権性が確保されることに
なる。
　つづいて、上記「主観的権利」の内容が明らかになることで、GAP原則
に記される「権利に基づく学習」、「質の高い教育および学習の提供」および
「カリキュラム」の意味を関係づけて整理すると、それは、次のようにまと
めることができよう。
　① 学習者がおかれている状況や背景などに着目した学習上のニーズを満
　　 たしていること。
　② 子どもが自分の未来に希望が持てる構成であること。
　③ 発達しつつある子どもの能力を的確に掴みながら、教育方法を生徒の
　　 能力や必要性に合わせるよう調整されるカリキュラムであること、な
　　 どである。
　重要であることは、個々の理解の仕方や経験の違い（能力）に応じて、学
習者に対して有効な内容や方法でなければならないことをこの権利は包含し
ていることである。国連子どもの権利委員会（CRC）は、先の「目的」「質
を備えた教育」を達成するために、カリキュラムや教育の実質が個々の子ど

もにとって「受け入れ得る（acceptable）」ものかどうかを、
（1）学習者にとって適切で、
（2）受け手の文化的事情にも適合しており、
（3）良質（good quality）なものかどうか、の3点を挙げて生徒のモニタリングなどを示唆している。（M.Verheyde, 2006:26）

したがって、GAP の「権利に基づく学習」、「質の備わった教育」を実現する上記①～③および（1）～（3）などの要件を満たしたカリキュラムによる学習である場合に「質の高い教育および学習の提供」と述べていることがわかる。すなわち、「質の高い教育」概念は、まさに学習者の権利としての学習上のニーズを満たす場合に該当する概念であることが確認できる。

4．まとめ

教育・学習における「持続可能性」は、GAP とそれに続く ESD for 2030 により、学習者主体の教育への転換、学習者の権利に基づく教育を行うことへの再方向化（再構築）などが示されている。具体的に、人権・権利に基づく学習者ニーズを前提とした教育が今後制度化されなければならないだろう。さらには、学習の仕方、教授の方法、一定の成果への到達距離で決められる評価の仕方、硬直的な成果主義などの教師主導型教育からの脱却が必要である。逆に持続可能な開発（「人は尊厳と福祉を保つに足る環境で、自由、平等および十分な生活水準を享受する基本的権利を有するとともに、現在および将来の世代のため環境を保護し改善する責任を負う」など）への再方向付け（転換）が謳われている点で、多様性の導入と民族的、宗教的、言語的背景などに基づく人としての尊厳性を最大化させた指導など教育と持続可能性を関連付ける時、多くの既存の教育システムを更新する必要性が生まれて来よう。このことが、ある意味「日本型教育」から「教育の国際化」へと転換を図る象徴となるだろう。そして、教育における SDGs の意義はこの観点から捉えられる。SDGs 4（教育の質）は「（すべての人に）包摂的で公正な質の高い教育を生涯にわたり提供」することを示し、このために多様な属性（性、年齢、人種、民族など）に関係なく、かつ、多様な事情（障害者、移民、先住民、子ども、青年、脆弱な状況下にある人々）に着目して何人も排除されずに教育への

権利が保障されることが目標となっている（2030アジェンダ宣言25／ Goal 4 ）。
これらからわかる通りESDを方向付けるGAPやpost-GAPである「ESD
for 2030」、そしてSDGs 4 は、あらゆる人を排除することなく実質的な教育
の対象として学習者を捉える「教育の人権性」を前提としていることが理解
できよう。そして、「質の高い教育」や「教育の質」とはまさにこのような
教育環境や方法などのことを意味しており、決して難しい学習をさせるこ
とが「質」ではない。そして、持続可能社会へ導くためには教育システム
および構造の再方向づけが必要であることも付帯している。これら言説は、
UNESCOが一貫して教育の人権性を基底に置いてきた教育の価値に基づい
ている。具体的に「教育は基本的人権であり、それは持続可能な開発、平
和、持続可能性（略）への鍵である（*Education is a fundamental human right
and it is the key to sustainable development, peace* 略）」（UNESCO:2006）に通底
するものである。私たちは、教育が強者と弱者を分けたり、選別や序列機能
をもったりする既存の教育概念から、一人ひとりの背景と学びに着目したこ
れら国際的な概念へと踏み出す必要があろう。

　SDGsの国際的潮流の中では、根本的に現在の学校教育制度そのものを更
新していく必要性があると考えられる多くの国際的課題に気づかされる。た
とえば、外国籍児童生徒の「教育」からの事実上の排除の問題は深刻であ
る。また、福祉的支援が必要な子ども（たとえば子どもの貧困家庭）の進路が
事実上途絶える問題。さらに、多様な能力に応じなければならない教育が、
一斉かつ一定の授業進度で展開されることにより、小学校低学年段階で「わ
かる」ことから放置され、みずからの未来を早くから諦めている児童たちが
大勢いることなど、いずれも人権としての教育（SDGs: Goal 4 ）に関わる制
度的問題として根本的な改革を必要とするものがある。

　以上、SDGsの目標群から教育の質（目標 4 ）について、すべての人の人
生によき影響をもたらす持続可能社会の在り方の観点から考察を加えた。

　重要であることは、SDGsの目標群は未来社会の多くのあるべき姿を描い
ているが、その背景には歴史的な構造的差別性と排他性、さらにそれに基づ
く機会（アクセス）の喪失性などを排し、その不利益を解消する世代内公平
と世代間公平の社会を目指している、という点にある。もちろん、時には、

たとえば、環境保護と貧困脱却の両目標の間にはしばしばコンフリクトが発生するが、持続可能社会はこれらを止揚して両方がなり立つ価値や施策を創り出すことによって実現することになる。まさに環境的・社会的信頼性か、あるいは一人ひとりの幸福追求のどちらかを一方的に犠牲にする解決方法ではなく、さらにある特定の人間にその不利益を負担させることなく、新たな価値を伴った解決策が生み出されなくてはならない、と言える。そういう点で、本章の冒頭に記した、「『忍従』のみに頼らずに『社会安全』と『個々の尊厳性（尊重）』の両義を確保する未来をどのように構築していくのかを（将来世代のためにも）考えねばならない」ことに、今、現実的に迫られているとも言えよう。

引用・参考文献

環境省『国連人間環境会議ストックホルム会議：1972 年』
　　https://www.env.go.jp/council/21kankyo-k/y210-02/ref_03.pdf（最終閲覧日　2021/12/1）

外務省（訳）「我々の世界を変革する：持続可能な開発のための2030アジェンダ」宣言4(第70回国連総会．2015年9月25日, 採択国連文書（A/70/L.1）宣言4

文部科学省　環境省訳　平成26年7月「持続可能な開発のための教育（ESD）に関するグローバル・アクション・プログラム」

蟹江憲史（2020）「SDGs（持続可能な開発目標）」中公新書

伊井直比呂（2012）「持続可能な世界を担う児童・生徒による世代内・世代間の"学びあい"の意義―小・中・高・大学の若者世代による学びあいの実践から―」, 国際理解教育, 18号

伊井直比呂（2017）「ESDにおける「教育」の人権性の系譜と質の高い教育」大阪府立大学紀要, 人間科学vol.12（加筆改訂の上、本稿で一部再掲）

山崎真秀（1987）「現代教育法の展開：その領域と課題」勁草書房 47頁

浦部法穂(2016)「憲法学教室」日本評論社 42頁

国連文書 E/CN.4/Sub.2/1998/10, E/CN.4/Sub.2/1999/10（8 July 1999）

国連文書 UN A/70/L.1（18 September 2015）

国連文書 UN CRC/GC/2001/1（17 April 2001）pp.1, pp.4, pp.5

岩澤雄司編著 国際条約集 2018年版 – International Law Documents 有斐閣, 2018

M.Verheyde（2006）Article 28: The Right to Education: A.Alen, J.Vande Lanotte, E.Verhellen, F. Berghmans and M.Verheyde（Eds）A Commentary on the United Nations Convention on the Right of the Child. Martinus

Nijhoff Publishers, Leiden.

Yves Daudet, Kishore Singh（2001）The right to Education : An Analysis of UNESCO's Standard : － Setting Instruments. Paris, UNESCO.

2001年1月25日 第26会期採択（CRC/GC/2001/1）（日本語訳：日本弁護士連合会 / 平野裕二,「一般的意見第1号（2001年）：第29条1項No1～9訳出部分（閲覧日2021.8.10）
http://www.nichibenren.or.jp/activity/international/library/human_rights/child_general-comment.html.

小山 剛（2011）「憲法上の権利の作法」新版. 尚学社 145頁

佐藤幸治（1995）「憲法（第三版）」青林書院 445頁

野崎志帆（2000）「国際理解教育におけるセルフ・エスティームの本来的意義と検討：「共生」と「エンパワメント」の視点から」国際理解, 帝塚山学院大学国際理解研究所 106頁

UNESCO（1990）World Declaration on Education for All. New York, UNESCO.

UNESCO（2005）UN Decade of Education for Sustainable Development 2005 － 2014. Paris, UNESCO

UNESCO（2006）Framework for the UNDESD International Implementation Scheme. Paris, UNESCO

UNESCO（2000）World Education Forum: Dakar Frame for Action. Paris, UNESCO.

UNESCO（2008）EFA-ESD Dialogue : Educating for a sustainable world

UNESCO（2012）Education for Sustainable Development SOURCE BOOK, Paris, UNESCO

UNESCO（2014）UNESCO Education Strategy 2014-2021. Paris, UNESCO.

UNESCO（2014）UNESCO Roadmap for implementing the Global Action Programme on Education for Sustainable Development, Paris. UNESCO.

UNESCO（2019）"Education for Sustainable Development: Towards achieving the Sustainable Development Goals（ESD for 2030）"
https://unesdoc.unesco.org/ark:/48223/pf0000366797.locale=en（2021.11.3）

第2章

SDGsに貢献する〈ESD for 2030〉

―「変容」と「ホリスティック・アプローチ」に焦点づけて―

吉田　敦彦

　我々は、この世界が直面している劇的で相互に関連する諸問題、とりわけ、気候変動による危機、生物多様性の大量喪失、公害、感染症の世界的流行、極度の貧困および不平等、武力紛争、ならびにその他の環境的、社会的、経済的危機に対応するため、緊急の行動が必要だと確信している。こうした課題の緊急性は、Covid-19パンデミックによって激化しており、我々が人間同士の間の、また自然との間の、より公正（just）で包摂的（inclusive）で思いやりのある（caring）平和的（peaceful）な関係に基づく持続可能な開発に向けた道を歩むために、<u>根本的な変容（fundamental transformation）</u>が要請されていると考える。

―― 「ESD for 2030 ベルリン宣言」（UNESCO 2021）前文より

1．はじめに

　私たちは、「根本的な変容」を迫られている。持続不可能な世界を生み出したのとは別の、もうひとつの（オルタナティブな）新たな価値による世界を創り出す必要がある。

　国連が合意した「**SDGs**: Sustainable Development Goals **持続可能な開発目標**」の2030年達成に向けた取り組みが、各界で推進されている。先行して、ユネスコ（国連教育科学文化機関）の主導で「**ESD**: Education for Sustainable Development **持続可能な開発のための教育**」が展開してきた。その新たな国際的枠組み「持続可能な開発のための教育：SDGs達成に向けて（**ESD for 2030**）（UNESCO 2019）が、第74回国連総会（2019年12月）で決議された。その際に呼びかけられたドイツ・ベルリンでの国際立ち上げ会議は、2021年6月にオンラインで開催され、「**ESD for 2030 ベルリン宣言**」が

発出されたところだ。

　この時機を得て本稿では、SDGsを念頭に〈ESD for 2030〉の概要を紹介し、そこで強調されている「変容」と「ホリスティック・アプローチ」に焦点づけて、歴史的経緯も辿りながらその意義を確認したい。

　SDGsへの取組みが表面的なものになれば、根本解決から目を逸らせる一時しのぎ、悪くすれば免罪符にさえなるとの指摘がある（cf. 斎藤 2020）。それが上滑りにならない根本的な変容をもたらすためには、SDGsに先駆けて取り組まれたESDやホリスティック・アプローチの知見を参照することが有効だろう。

2．「SD（持続可能な開発）」小史──ESDとSDGsの成立と展開

　まずは、SDGsとESDを国際社会が提唱するに至る小史を、「SD（持続可能な開発）」概念の成立時に遡って振り返る。その際、ホリスティック・アプローチに言及した会議や宣言についても特筆しておく。

（1）「SD」概念の成立

　「SD」概念の最初の提示は、1980年、国連環境計画（UNEP）・国際自然保護連合（IUCN）・世界自然保護基金（WWF）が、人類生存のための自然資源の保全を目的とした**「世界保全戦略（WCS）」**であると言われる。

　1987年、国連の「環境と開発に関する世界委員会」（**ブルントラント委員会**）は、報告書『Our Common Future』の中心的なコンセプトとして「SD」を提唱した。「将来の世代のニーズを損なうことなく、現在の世代のニーズも満たすような開発」という定義とともに「SD」概念の嚆矢とされる。

　これを継承して1992年にブラジル・リオデジャネイロで開催されたのが、**「地球サミット」**という呼称で世界的な注目を得た「環境と開発に関する国際連合会議」である。各国や国際機関が遵守すべき行動原則である**「リオ宣言」**、同宣言を達成するための行動計画である「アジェンダ21」などを採択。環境問題は、地球規模という空間的な広がり・将来の世代にもわたる影響という時間的な広がりを持つ地球規模問題群として認識され、世界全体で取り組む主要テーマとなった。

　「地球サミット」は、教育界にも大きな影響を与えた。ホリスティック・アプローチとの関連では、1988年に創刊された『ホリスティック教育レヴュー』誌を母体としてGATE（Global Alliance for Transforming Education）が「EDUCATION 2000：A Holistic Perspective」（ホリスティック教育ヴィジョン宣言）を発表したのも同時期である。[注1]

　2000年には国連ミレニアム・サミットが開催され、「国連ミレニアム宣言」を採択。21世紀に向けた国際社会の目標として、1990年代に採択された国際開発目標を統合して作られたのが「MDGs：Millennium Development Goals ミレニアム開発目標」である。これは2015年までの達成目標を定めており、後述する「SDGs」はこれの後継として位置づく。

（2）ユネスコ主導「ESD」の登場

　さて、リオの地球サミットから10年を経て、2002年に南アフリカ共和国のヨハネスブルクで「持続可能な開発に関する世界首脳会議」（ヨハネスブルグ・サミット）が開催された。この会議で日本政府とNGOが、「ESD（持続可能な開発のための教育）」を提唱した。ユネスコ本部の当時事務局長であった松浦晃一郎氏は「持続可能な未来のために教育する」と題した講演で、「ホリスティックで総合的なアプローチ」を強調した（――3節で詳述）。

　同2002年12月の国連総会本会議で、2005年から2014年までの10年間を「国連持続可能な開発のための教育の10年（UNDESD、国連ESD10年）」とする決議案が採択され、ユネスコがESDの主導機関に指名される。ユネスコは「ESD10年国際実施計画のための枠組み」の草案を作成し、パブリックコメントを経て、2005年にそれを策定した。

　日本では、2005年3月に、文部科学省・国立教育政策研究所主催で教育改革国際シンポジウム「『持続可能な開発』と21世紀の教育」が「国連ESD10年」のキックオフ・イベントとして開催された。基調講演は、システム哲学の第一人者であるアーヴィン・ラズロ――彼の主著『システム哲学入門』の副題は「ホリスティック・ヴィジョン」――だった。[注2]

　2006年には日本のESD国内実施計画を策定（2011年6月、2016年3月に改訂）。また、文部科学省および日本ユネスコ国内委員会は、ASPNet

（Associated Schools Project Network、「ユネスコスクール」）を ESD の推進拠点として位置付け、**ユネスコ・スクール活用提言**を出した（2008年）。以来、国内のユネスコスクール加盟校数は飛躍的に増加。その加盟や活動を支援する「ユネスコスクール支援大学間ネットワーク（ASPUnivNet）」は、2008年「ESD 国際フォーラム2008」（主催：文部科学省・日本ユネスコ国内委員会・ユネスコ、於：国連大学）にて発足を公示した。

　また、ユネスコ・アジア文化センター（ACCU：Asia/Pacific Cultural Centre for UNESCO）と日本ホリスティック教育協会は、「持続可能な教育社会へのホリスティック・アプローチ：つながりの再構築」をテーマにした国際会議を2007年夏に開催し、**「ホリスティック ESD 宣言」**を採択した（後述）。

　国外に目を転じると、国連 ESD の10年の中間点を迎える2009年、ドイツのボンにおいて、「ESD 世界会議」が開催され、**「ボン宣言」**が採択される。この開催呼びかけ冊子には「持続可能な開発に対するホリスティックな理解が広がってきた」と記され、「ホリスティック・ヴィジョン」というサブタイトルが付された。

（3）「SDGs」の国連合意

　同時期から、MDGs を引き継ぐ SDGs への胎動が始まっている。国連の潘事務総長は2010年に「地球の持続可能性に関するハイレベル・パネル」（GSP）を設置。この検討成果は、地球サミットから20年経った2012年、再びブラジルのリオデジャネイロで開かれた**「国連持続可能な開発会議（リオ＋20）」**に生かされ、「持続可能な開発目標に関する政府間協議プロセス、オープン・ワーキング・グループ」が始動、2014年までに13回開催されて、SDGs の基となる目標案が作成された。また、「リオ＋20」の宣言文の中で、2014年以降も ESD を推進することが盛り込まれた。

　いよいよ ESD10年の最終年である2014年11月、提唱国である**日本で総括的な「持続可能な開発のための教育（ESD）に関するユネスコ世界会議」**が開催された。まず岡山県岡山市で、大阪 ASP ネット（事務局：大阪府立大学）もホスト役を務めた「Student（高校生）フォーラム」を含む**ユネスコスクール世界大会**や教員フォーラム、ユースコンファレンス等のステークホル

ダーの会合を開催。続いて、愛知県名古屋市で、閣僚級会合および全体のとりまとめ会合、フォローアップ会合が開催され、「**あいち・なごや宣言**」を採択した。

「国連ESDの10年」終了後、2013年のユネスコ総会で決定していた「**ESDに関するグローバル・アクション・プログラム（GAP）**」が2015〜2019年に実施された。それをさらに継承したのが、次節で検証する2019年採択の〈ESD for 2030〉である。

こうした国際潮流が結集して、2015年9月、ニューヨークで開かれた国連サミットにおいて、「**SDGs**（持続可能な開発目標）」を中核とする「**持続可能な開発のための2030アジェンダ**」が採択されたのである。

それ以降のSDGsの現在に至る動向については、本書の他の章でも多角的に論及されるだろう。本稿では以下、SDGs時代のESDの動向を、節をあらためて詳しく検討することにしよう。

３．SDGs時代の〈ESD for 2030〉解読

前節でみたように、ESDは、SDGsに先駆けて国際的に取り組まれた前史をもつ。日本の教育界においてもESD推進拠点として1000校以上のユネスコスクールが展開し、すでに学習指導要領に組み込まれている。

2010年代の学習指導要領では、「持続可能な社会」という文言が直接に使われたのは、中学校・高等学校の社会、理科や家庭科など一部の教科に限られていた。それに対し、2030年に向けた2020年代の現行学習指導要領にあっては、「前文」や「総則」に「持続可能な社会の創り手となること」が明記され、すべての教科に共通する基盤として位置づけられている。また、上述のGAPとSDGsの合意を踏まえ、2016年に関係省庁連絡会議でESD 国内実施計画を策定、文部科学省・日本ユネスコ国内委員会は『ESD推進の手引き』（2016年初版、2018年改訂版）を公布した。

こうして迎えたGAP終了年にあたる2019年、〈ESD for 2030〉が国連総会で決議された。ユネスコは、この新たな枠組みを受けて「ESD for 2030ロードマップ」（UNESCO 2020）を公刊、2021年にはESD for 2030 立ち上げ世界会議をベルリンで開催し、「ESDベルリン宣言」を公表した。以下、これら

のテキストを解読し、ポイントを確認していこう。[注3]

（1）〈ESD for 2030〉の概要

〈ESD for 2030〉は、国連ESD 10年（2005～2014年）、GAP（2015～2019年）を引き継ぎ、「ESDの更なる強化とSDGs達成への貢献を通して、より公正で持続可能な世界を創り出すことを目的とする」基本枠組みを定めたものである。重要なのは次の諸点である。

まず、ESDは、SDGsのゴール4「質の高い教育をすべての人に」を実現する必要不可欠な要素であり、ターゲット4.7にはESDが明記されている。

> **SDGs: 4.7** 2030年までに、<u>持続可能な開発のための教育及び持続可能なライフスタイル、人権、男女の平等、平和の文化及び非暴力の推進、グローバル・シチズンシップ、文化多様性と文化の持続可能な開発への貢献の理解の教育を通して、全ての学習者が、持続可能な開発を促進するために必要な知識及び技能を習得できるようにする</u>

ゴール4やターゲット4.7に取り組む際に留意すべきは、列挙されている目標群の一つに特化せずに、広い視野をもって相互の関連を重視することだ。この点について〈ESD for 2030〉は、従来のESDでいまだ克服されていない課題として、次のように指摘し反省を促している。

> **ESD for 2030: 3.7** <u>ホリスティックで幅広い連関的なアプローチを唱道してきたにもかかわらず、ESDが実際に実践される際には、一つのトピックに限られたものとして扱われる傾向がある。ESDは、狭い時事的関心に縛られず、この傾向から脱却すべきである。</u>

次に、より重要なのは、ESDは、SDGsのゴール4のみならず、17のすべてのSDGsの成功の鍵であること、そしてSDGsを達成する重要な実施手段だということだ。それはなぜか。「ESD for 2030 ロードマップ」（2.3 Key features）では、次の3点を指摘している。

　第1に、「SDGsとは何であり、それが自分自身の、また社会全体の生活にいかに結びついているか」、その理解を促進するのが、ESDの役割である。

　第2に、「さまざまなSDGsの間には、相互の内的な連関や、ときには緊張関係がある」ため、その関係を理解してバランスの取れた行動ができるようになるには、「ホリスティックで変容的なアプローチ holistic and transformational approaches」によるESDが必要である（——後節で詳述）。

　第3に、人々が実際にアクションに踏み出すためには、すべてのコミュニティのなかでGAP期のESDが推進してきた「機関包括型アプローチwhole-institution approaches^{注4}」による教育（啓発）活動が求められるからである。

　さらに〈ESD for 2030〉は、あらためて、幼児教育から高等教育、遠隔教育、職業技術教育まで、すべての教育段階におけるESDの提供とともに、制度化されたフォーマル教育だけでなく、ノンフォーマル教育やインフォーマル教育との交流や連携、コミュニティでの生涯学習も重要であることを確認している。ESDでは、学校の教室のなかでの教育にとどまらず、開かれた学校外での学びの支援も肝要なのである^{注5}。

　加えて、ESDのため戦略的に重要な優先的行動分野として、GAP以来の、（1）政策に具体化しての推進、（2）変容的な（transforming）学びの環境づくり、（3）教育者の資質能力の向上、（4）若者（youth）の参加支援、（5）地域コミュニティでの課題解決、の5つを再確認している。とりわけ、「変容的な」深い学びと、次世代ニーズの当事者である「若者」を主体とした取り組みを強調している点に注目しておきたい。

　以上を踏まえ、「ESD for 2030ロードマップ」では、あらためてESDを次のように定義した。

　ESD Roadmap 1.2 ESDは、生涯にわたる学び（lifelong learning）のプロセスであり、学びの認知面、社会面、情動面そして行動面といった全ての側面を統合する質の高い教育（quality education）を構成する。それは、ホリスティックで変容的で包摂的な学習内容と成果、教授

27

法、そして学びの環境そのものである。ESDは、SDGsの成功の鍵だと認められており、社会の変容によってその目的を達成する。

　また、「ESDベルリン宣言」（2021年）では、Covid-19パンデミックの災禍が続くなか、本稿の冒頭リードに引いた世界情勢への危機感を述べ、「根本的な変容」を訴える。そして、合意事項の第一番目に次のように記す。

　「ESDは、環境と気候変動の問題解決を中核にしつつ、同時に、持続可能な開発の全ての次元の間の相互関係を認識する<u>ホリスティックなパースペクティブ</u>を保持した、全ての教育システムにとって根本的な要素だと確認する。」

　こうしてみると〈ESD for 2030〉は、従来のESDの枠組みを基本的に継承しつつも、とくに「変容transformation」と「ホリスティックholistic」というキーワードが従前にも増して前面に出てきたと言える。[注6]以下、この点に立ち入って検討してみたい。

（2）社会変容と自己変容の織り合わせ
──「ビッグ・トランスフォーメーション」

　上述のように「ホリスティックで変容的なアプローチ」は、とりわけSDGsのゴール間で対立緊張がある場合に重要だとされていた。たとえば〈ESD for 2030〉は5.6項で、そのような緊張関係にあるゴールとして、「SDG 8（経済成長・意味ある就労）とSDG12（消費と生産）」、「SDG 9（産業・技術革新）とSDG11（都市・コミュニティの持続性）」を例示している。大量生産・大量消費のライフスタイルは持続可能性の観点から抑制されるべきだが、それと経済成長・就労機会の確保とを両立させるのは容易でない。産業社会化は都市への人口集中と地域コミュニティの弱体化をもたらす。〈ESD for 2030〉5.5項では、こういったSDGsの諸ゴールを批判的思考によって吟味し、「開発」や「持続可能な開発そのもの」を問い直すところに、ESDの大切な存在意義ある、と述べている。

　つまり重要なのは、個別目標の達成を目指すだけでなく、持続不可能な社会をつくってきた開発・発展・進歩の原理を包括的に問い、社会の構造的変

容を視野に入れることである。〈ESD for 2030〉の4.9項および4.10項では、この点に踏み込む。天然資源の枯渇や大量のゴミ廃棄、地球規模の温暖化を引き起こしている現在の産業社会の生産消費パターンが続く限り、経済成長と持続可能な開発の間の調整が困難であることは広く合意されている。この点を深刻に受けとめ、今後のESDは、このパターンの変容を射程に入れるべきだとして、次のように述べる。

> ESD for 2030：4.10　今後のESDは、<u>消費社会に対するオルタナ</u><u>ティブ（代案）を提供しうるような価値</u>、すなわち、足るを知ること（sufficiency）、公平さ、連帯といった価値を探求するように学習者を励ます必要があろう。循環型経済やシェアリング経済は、そのようなオルタナティブの代表的なものである。

　また、構造的な社会変容のために、一人ひとりが自覚的に政治的な意志決定に参画する「市民性：シティズンシップ」が重要であることも強調する（ESD for 2030：4.10）^{注7}。では、こういった「社会変容」のために、一人ひとりが「オルタナティブな価値」へ向けてどのように変容できるか。

　〈ESD for 2030〉4.1〜4.8項では、紙幅を割いて「自己変容」について詳述している。「それには、ある種の困惑がつきものである。安定した現状満足から脱して、いつもの慣れ親しんだ考え方、行動の仕方、暮らし方の外へと踏み出すことを選択するからだ。それには勇気、粘り強さ、決断力が要る。」そしてそれは、「何が正しいのか、についての人としての確信や洞察、あるいはシンプルな情動を源として湧き上がる」とも記している。

　もちろん、このような「転機tipping point」における変容には、さまざまなレベルのそれが折り重なっていて、個人の気持ちのもち方だけの問題ではない。教育的には、認知的なレベルでの批判的思考力とともに、友人や身近な大人にロールモデルがあること、新たに踏み出す時に失敗できるサポートがあること、代案的な価値とライフスタイルをみずからのアイデンティティにできること等が重要である（4.4項）。また、根本的な変容のためにはフォーマルな学校教育だけでは十分ではない。若者へのアプローチは重要で

あるが、生涯にわたって転機となるチャンスはある。一朝一夕にできない
が、生活コミュニティにおいて「サステイナビリティの文化」を培うこと
で、深い変容は支えられる（4.6項）。

このように従来に増して自己の変容についても詳述し、社会構造の変容
と織り合わせた（intertwined with）根本的な変容について、「大きな変容Big
Transformation」（ESD Roadmap 2.3）という見出しを付けて強調している。

ESDの10数年に及ぶ蓄積を踏まえ、〈ESD for 2030〉は、総花的に上滑り
しがちなSDGsを吟味しつつ、「社会変容」と「自己変容」を同時に実現し
ていく「深い学び」のあるESDを打ち出してきたことが読み取れるだろう。

では、その際に鍵となったコンセプトである「変容」と「ホリスティッ
ク」について、90年代から先駆的に取り組んできた「ホリスティック教育」
の遺産から学んでみよう。そこに、国連ESD10年の間に次第に注目を得た
「文化の次元」のESDにおける意義もまた、明らかになるだろう。

４．「変容」と「ホリスティック」の意義
　　　—ESDにおける「文化」の次元

前節で検討した「変容transformation」には、単に「チェンジ」でなく、
また「イノベーション」とも「レボリューション」とも違った含意がある。
教育学においては、早く1988年にJ.P.Millerの『ホリスティック教育』で、
「伝達：トランスミッション」型、「交流：トランスアクション」型に対比し
て、最も深いレベル（メタ認知的）での「変容：トランスフォーメーション」
型の学習が提唱されていた（Miller 1998＝1994）。その後90年代より、特に成
人教育・生涯学習理論において、みずからの価値観や世界観あるいはアイデ
ンティティを確立した成人が、人生における転機に直面して手持ちの枠組み
を解体して再構築するような学びを「変容学習transformative learning」と
定義して研究が進んだ（Mezirow, J. 1999＝2012ほか）。

このように「変容」とは、根本的な深さをもつ変化であり、それは技術革
新（イノベーション）や社会変革（レボリューション）とは異なる自己変容の
次元をもつ。そして、「ホリスティック・アプローチ」は本来、領域横断的
な相互連関の把握といった水平次元のみならず、メタレベルの深い「変容」

の垂直次元にアプローチするものである。

（1）「ホリスティック・アプローチ」の原義

　「ホリスティックholistic」という形容詞は、ギリシア語の全体を意味する holos（派生語にwhole，health，holy等がある）から、20世紀後半になって創られた造語である。'totality' は、諸部分の総和としての全体であるのに対し、'wholeness' は、諸部分の総和以上の何ものか、諸部分の織りなす複雑でダイナミックな関係性（としての全体性）である。あるものは他のすべてのものとつながり、関係しあっている。その全体性を見失い、一面的・部分的にアプローチするときに、全体のバランスが損なわれて「病理」が生じる。眼に見えないつながりをも包み込んだ包括的な全体性を回復してこそ、より健全な、持続可能な世界を生み出すことができる。環境問題にも開発問題にも教育問題にも、このような意味で、ホリスティックなアプローチが求められる（Cf. 吉田1999）。

　第1節で小史を振り返った際、リオの地球サミット（1992年）と前後して、「ホリスティック教育ヴィジョン宣言」が出されたことを見た。この宣言は「生態系の病と教育の病、両者の病の根は同じところにある」という印象的なフレーズではじまる。対症療法的に生態系の病や教育の病にアプローチしても、根本的な治癒にはならない。必要なのは、現代社会の諸問題を引き起こしている共通の根本的な要因、すなわち近代産業文明を支えている価値観や世界観、ものの見方・考え方の枠組（パラダイム）そのものの転換だ。そのようにこの宣言は主張する。そして、その代案となりうるのが、「ホリスティックなパースペクティブ」だとした。

　「木を見て森を見ない」という言い回しがある。一本の木に、それが織り込まれた森のエコロジーの、あるいは森を包む（O_2とCO_2の循環を含めた）地球生命圏＝ガイアの全体をみる。どれほど長い生命の連鎖が、今ここにある木を生み出したか、その進化史的な時間の全体をみる。そのようなホリスティックなパースペクティブに比して、一本の木を商品価値のある役立つ「木材」としてのみ見ることの視野の狭さ。それは、一人の子どもをみたとき、労働市場で将来役立つ「人材」としてのみ見ることの視野の狭さと同根

である。生態系の病と教育の病は、このような価値観やものの見方に根ざしている。

　さて、ESD関連文書のテキストに戻ってみよう。ヨハネスブルク・サミット（2002年）を準備していたユネスコ本部事務局長（当時）は、その準備会合で次のように述べている。「世界的な動向として、環境の問題への関心は1992年から次第に、よりホリスティックなアプローチによる持続可能な開発の問題へと焦点を移してきた。つまり、環境と社会と経済、そしてそれらの相互連関に照準したアプローチである」（2002年 1 月[注8]）。そして、同サミットの教育セクション・シンポジウム（2002年 9 月 2 日）のオープニング講演では、「持続可能な開発のための新しい教育ヴィジョン」のアウトラインを次のように語った。

> 　この新しい教育ヴィジョンのもとで、教育者たちの役割は、学習者が自分の生きているこの世界をよりよく理解し、私たちの共通の未来を脅かしている様々な問題、その相互に依存しあっている複雑多様な諸問題に対処できるように導くことである。この教育ヴィジョンが強調するのは、ホリスティックで総合的なアプローチ、つまり、持続可能な未来に向けて必要な認識や技能を育てるとともに、価値観や態度やライフスタイルに必要な変化を生み出すためのホリスティックで総合的なアプローチである。」（UNESCO 2004:29）

　上のユネスコ事務局長の発言における「ホリスティック・アプローチ」には、「環境と社会と経済、そしてそれらの相互連関に照準したアプローチ」（領域横断性・総合性）と、「価値観や態度やライフスタイルまでを含んだ変容」（内面性・全人性）という二つの側面を見て取ることができる。この二側面は、その後、ホリスティックなESDにおける「文化」と「変容」の強調へと深化していく。

（2）ESDにおける深さの次元――文化と変容
　ESDの 3 本柱と言われた「環境」・「社会」・「経済」に、「文化」が加

わったのは、管見のかぎり『ESD10年国際実施計画のための枠組み』（UNESCO 2006）においてである。すなわち。その冒頭に「この計画では、持続可能な開発の鍵となる社会、環境、経済という三つ領域を、その基底となる次元としての文化culture as an underlying dimensionとともに提示する」と明記された。

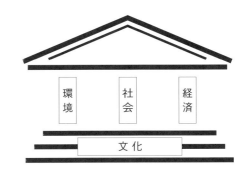

図2-1　ESD の 3 本柱とそれを支える文化

（「図2-1：ESDの 3 本柱とそれを支える文化」で図示）。

　そこでは、「文化と結びついている価値観、多様性、知恵、言語、世界観など、これらはESDをめざす道に強く影響を及ぼしている」としたうえで、「文化」を次のように強い意味で理解している。つまり「文化」とは、何か収集・保存できるような歌や踊りや着物といった個々の実物の寄せ集めではなく、「存在の仕方、人との関わり方、どのような態度をとり、何を信じて行動するか、その方法そのものであり、人々がみずからの暮らしにおいてそれを生きているものであり、そして、たえず変化していくプロセスにあるものである」と捉えられている。

　行論の文脈からここで押さえるべきは、価値観や世界観、存在の仕方や信念にまで根を下ろした深さをもつ「根本的な変容」が、このような「文化」の次元での変容だということである。生態系の病と教育の病がともに根ざしていたような価値観やものの見方・考え方、ライフスタイルなどは、「環境・経済・社会」だけでなく、その基底にある「文化」の次元で形づくられ、枠づけられ、そしてまた、新たな文化の創造とともに変容していく。言い換えれば、自己の変容と社会の変容を媒介するものは、文化の変容だということである。

5．おわりに

したがって、ESDへのホリスティック・アプローチは、根本的な変容の成否の鍵を握る文化の次元を視野に入れる。1節の小史で触れたユネスコ・アジア文化センター＋日本ホリスティック教育協会共催「持続可能な教育社会へのホリスティック・アプローチ」国際会議（実行委員長は筆者）は、この課題と真正面から取り組んだ。アジア・環太平洋地域10ヵ国からの、先住民を含む参加者は、1週間のワークショップで討議を重ねた最終日のシンポジウムで、グローバル化時代の多様な文化の持続と変容に照準した「ホリスティックESD宣言」を採択した。紙幅が尽きたので、その紹介は既稿に譲る。[注9]

最後に、ミャンマーのアウン・サン・スーチー女史の言葉を引いて結びとしたい。ユネスコのアジア・太平洋地区事務局（タイ・バンコク）が出版した「人間開発と価値教育へのホリスティックで統合的なアプローチ」という副題をもつ著作『Learning to Be』（UNESCO-APNIEVE 2002）の扉に引用されたものである。

　人間存在の真の発達・開発true development of human beingsは、単に経済的な成長以上のものを含んでいる。その核心には、エンパワーメントと内的な充実の感覚がなければならない。それがあるかぎり、どんな専制的な政治が支配する世界であっても、人間性と文化を何より価値あるものとして保つことができるだろう。

アウン・サン・スーチー　1994年11月

注
1　この「ホリスティック教育ヴィジョン宣言」は9か国語に翻訳された。日本ホリスティック教育協会（2005）に全文と筆者による解説を所収。
2　ラズロの基調講演の記録を含め、詳細は吉田・永田・菊地（2006）。この国際会議のシンポジウムで筆者はモデレーターを務めた。
3　解読に当たって、とくに『ESD研究』（日本ESD学会）所収の永田（2020）論文

を参照した。

4　この包括的アプローチは、日本のESDでは「ホールスクール・アプローチ」と呼ばれ、文部科学省のACCUへの委託事業「ESD重点校推進事業」の「サステイナブルスクール」全国24校で追求された（筆者も事業推進委員として参画）。詳細は吉田（2020）第3章6を参照。

5　この文脈におけるノンフォーマル教育の意義については、とくに丸山・太田（2013）を参照。

6　この点に関しては、永田・曽我（2017）を、筆者による書評（吉田 2018）とともに参照。

7　〈ESD for 2030〉3.8項には「ESDと地球市民教育 Global Citizenship Education（GCED）は共にSDGs4.7の核心である」とも記されている。ESDとGCEDとが協働する意義にフォーカスしたガイドブック（UNESCO 2016）も公刊しており、そこでも「holistic pedagogy」が両者をつなぐ要であると明記している。

8　以下この節でのテキスト検証の詳細は、吉田（2009）の特に第Ⅱ部第5章「ユネスコ文書に見る〈ホリスティック〉概念の変遷：21世紀の教育ヴィジョン」を参照のこと。

9　永田＋吉田2008は、この宣言全文と筆者解説を含む同国際会議の詳細な記録である。ユネスコがこのような文化の次元に注目した当時は、グローバル化していく一元的文明の波に洗われて、ローカルな各地域に根ざした文化が脅かされ、持続不可能になってきた時代でもある。「世界の先住民のための国際10年」（1995～2004年）の最中、2001年ユネスコ総会で「文化的多様性宣言」が採択され、近代産業文明よりも、先住民文化が伝承してきた世界観の方が、よりホリスティックなパースペクティブを持つ側面があることに注意を促している（吉田1999：176）。

引用・参考文献

斎藤幸平（2020）『人新世の「資本論」』集英社

永田佳之・吉田敦彦（日本ホリスティック協会協会）編（2008）『持続可能な教育と文化：深化する環太平洋のESD』せせらぎ出版

永田佳之・曽我幸代（2017）『新たな時代のESD―サスティナブルな学校を創ろう―世界のホールスクールから学ぶ』明石書店

永田佳之（2020）「ESD for 2030を読み解く：『持続可能な開発のための教育』の真髄とは」『ESD研究』Vol.3，日本ESD学会、5-17頁

日本ホリスティック教育協会編（2005）『ホリスティック教育入門』せせらぎ出版

丸山英樹・太田美幸（2013）編『ノンフォーマル教育の可能性：リアルな生活に根ざす教育へ』新評論

吉田敦彦（1999）『ホリスティック教育論：日本の動向と思想の地平』日本評論社

吉田敦彦（2009）『世界のホリスティック教育：もうひとつの持続可能な未来へ』日本評論社

吉田敦彦（2018）「書評：永田・曽我（2017）『新たな時代のESD』」『ホリスティック教育／ケア研究』第21号

吉田敦彦（2020）『世界が変わる学び：ホリスティック／シュタイナー／オルタナティブ』ミネルヴァ書房

吉田敦彦・永田佳之・菊地栄治（日本ホリスティック教育協会）編（2006）『持続可能な教育社会をつくる：環境・開発・スピリチュアリティ』せせらぎ出版

Mezirow, J. (1999=2012), *Transformative Dimensions of Adult Learning*, Jossey-Bass.＝金澤睦・三輪健二訳『おとなの学びと変容：自己変容学習とは何か』鳳書房

Miller, J. P. (1988=1994), *The Holistic Curriculum*, OISE press.＝吉田敦彦・中川吉晴・手塚郁恵訳『ホリスティック教育』春秋社

UNESCO (2004), *Education for A Sustainable Future*, UNESCO-Paris

UNESCO (2006), *A Framework for the UN DESD International Implementation Scheme*, UNESCO-Paris.

UNESCO (2016), *Schools in Action: Global Citizens for Sustainable Development*, UNESCO-Paris.

UNESCO (2019), Education for Sustainable Development: Towards achieving the SDGs (ESD for 2030), in UNESCO (2020) Annexes B.

UNESCO (2020), Education for sustainable development: a roadmap, UNESCO Education Sector.

UNESCO (2021) Berlin Declaration on Education for Sustainable Development, UNESCO with German Federal Ministry of Education and Research.

UNESCO-APNIEVE (2002), *Learning to be: A Holistic and Integrated Approach to Values Education for Human Development*, UNESCO-Bangkok.

第3章
SDGsを語る視座

―鳥山敏子の教育実践を通して―

森岡　次郎

1．はじめに―だれがSDGsを語るのか

　SDGs（持続可能な開発目標）が「流行」している。テレビや新聞などのマスメディアでは、連日のようにSDGsに関する特集が組まれ、気候変動やエネルギー問題について、また、大量の食料廃棄を見直す取り組みなどについて紹介されている。

　こうしたSDGsのキャンペーンを目にするたびに、少しの違和感を持つ。

　もちろん、SDGsで掲げられている目標は、どれも重要である。ここで挙げられている17の目標の重要性については、まったく異論がない。エネルギーや環境問題のみならず、貧困問題や教育格差、ジェンダー平等など、そのすべては国際社会にとっての重要な課題である。2030年に向けて国際的な目標を掲げ、よりよい世界を目指すことが人類にとって重要であることは、どれだけでも強調してよい。

　私たちは「誰一人取り残さない（leave no one behind）」世界の実現を目指さなければならない。SDGsの理念を共有する実践を取り上げ、日本社会の中で活動を推進していくためのキャンペーンを行うことは、端的に「よいこと」である。SDGsで掲げられている理念や目標や、その重要性を広めていくことについては、まったく違和感を持つことはない。

　では、SDGsキャンペーンのどこに違和感を持つのか。

　その一つは、紹介される取組事例が環境問題やエネルギー問題に偏っていることである。

　SDGsは、便宜上は17のゴールと169のターゲットから構成されているが、

それぞれは互いに密接に関連している。平和や公正をもとめ、健康と福祉を大切にし、貧困問題やジェンダー平等に取り組むことが、人々の働きがいや、地球環境やエネルギー問題の解決にもつながっていく。そのためには、差別のないパートナーシップを構築する必要がある。マスメディアのSDGsキャンペーンにおいては、そうした各目標の関係についての視点が十分ではないように思われる。SDGsを環境問題とエネルギー問題を中心に縮減し、その「表層」について、「流行」を追いかける形で、広告代理店が仕掛けた範囲内で報じているような軽薄さを感じてしまう。もちろん、ジェンダー平等の問題やワークライフバランスの問題などもいくらかは取り上げられているが、それでも、地球環境問題ばかりが多く目につく。

　それは、私の主観的な（いささかひねくれた、あまのじゃく的な）感想に過ぎず、このテキストの読者には共感を得られないかもしれない。とはいえ、SDGsの肝要な点は、世界中の「誰一人取り残さない」ことであり、環境、人権、平和の問題を包括的に解決することである。

　真にSDGsの課題に取り組むのであれば、「誰が取り残されているのか」「誰によって取り残されているのか（誰が取り残しているのか）」「その原因はどこにあるのか」について、批判的（クリティカル）な視点を持って検討されなければならないだろう。「環境」問題に偏った、きれいに「パッケージ化」された企業の取り組みについて、他人事として紹介するだけでは、SDGsの本質的な課題には届かない。

　たとえば、貧困や格差をめぐる非正規雇用という問題について。正規雇用と非正規雇用の間には労働条件に大きな違いが存在している。また、非正規雇用者の割合には男女差も存在している。不安定な立場で、低賃金労働を余儀なくされる、女性の割合が高い非正規雇用という雇用形態は、SDGsの1（貧困）、3（保健）、5（ジェンダー）、8（成長・雇用）といった目標の実現に向けて解決しなければならない大きな問題である。

　主体的にSDGsキャンペーンを展開するのであれば、まずはテレビ局や新聞社こそが優先的に「私たちはSDGsの目標を達成するために、非正規雇用を行いません」もしくは「正規職員も非正規職員も同一労働同一賃金で同様に処遇します」と宣言すべきであるが、そうした宣言があることは寡聞に

して知らない。もし仮に、マスメディア企業が、一方ではSDGsの重要性を喧伝しつつ、他方では「経営判断」として非正規雇用の労働者を使役し、元請けと孫請けといった非対称な権力構造の中で利益を上げているのだとすれば、そうした企業によって語られるSDGsの重要性については素直に受け止めることができない。民間企業のみならず、政府や地方自治体の行政機関ですら、非正規雇用の職員が多くの仕事を担っている。国公立や私立の大学でも、非常勤の教職員がいなければ教育や研究がままならない状況にある。

　SDGsの「流行」に乗じて、その推進を看板として掲げているような企業や組織が、経済や教育やジェンダーの格差解消を標榜しつつ、競争的に（ランキングによって）同業者より優越しようとする。「誰一人取り残さない」社会の実現を目指すことと、「グローバル競争」を勝ち抜くために格付けの上位を目指すことが、同一組織において生じており、同一人物によって語られている。私たちは、たえず環境に負荷をかけ、「誰かを取り残す」差別的な社会構造の中にいる。にもかかわらず、メディアキャンペーンでは、現在の自分たちを当事者として省みて根本原因を解決しようとする視点は希薄であり、近未来の地球環境問題ばかりが伝えられている。

　私の違和感は、そこにある。では、こうした状況をどのように考えればよいのだろうか。

２．加害者性と疚しさ

　関連して、異なる視点からのエピソードを紹介したい。

　学歴社会をテーマとしたある日の授業でのこと。とある学生から「大学の教員が学歴社会を批判しても、説得力がない」といった内容が書かれたフィードバックコメントが提出された。

　学歴によって人間を格付けするのはおかしい。ましてや、出身学校によって職場での処遇が変えられるようなことは、あってはならない。「質の高い教育をみんなに（SDGs 4）」提供しなければならず、ある特定の「能力（テストのスコア）」の有無によって、あるいは、生まれ育った家庭の文化資本の多寡によって、教育へのアクセスが制限されてはならない。学歴が過剰に価値を持つ社会には問題がある。

　そうした内容の講義に対して、「大学教員がそうした批判をしても説得力がない」というコメントが提出されたのである。

　あなただって、大学や大学院にまで進学しているではないか。高学歴を獲得して社会的な地位を得ることができたのではないか。学歴社会だからこそ、大学に受験生が集まり、そのことによってあなたは生計を立てているのではないか。大学教員という立場から、大学生に向けて学歴社会を批判するのはよい気分ではないし、説得力もない。授業者である私に対して、上記のような批判的なコメントが、熱量をもって提出用紙いっぱいに書かれていた。

　おそらく、私の講義は、自分自身を棚上げにしたうえで、他人事として学歴社会を批判しているように聞こえたのだろう。自分は優位な位置に立ったままで、不自然で不平等な学歴社会システムから恩恵を受けているにもかかわらず、社会的な上昇を目指して高学歴を獲得しようと必死な人たちを「上から目線」で批判する。その態度が気に入らない。

　学生から自分に向けられた厳しい批判は、心情としては理解できる。

　自己利益の拡大を目指す営利企業が、みずからの「反SDGs」的な振る舞いについて反省することなく「誰一人取り残さない」ことを推進することの違和感。加害者である当人が、素知らぬ顔で被害者や弱者に寄り添い、その声を代弁しようとすることの白々しさ。先述の、SDGsキャンペーンに対する違和感は、私自身の講義内容に対しても向けられている。

　足を踏まれた痛みは、踏まれた側にしかわからない。被害者側の痛みや苦しみを、加害者側が安易に理解してはならない。真の痛みや苦しみは、当事者にしかわからない。種々の解放運動において、マイノリティが、「弱者」が、実存を賭けて訴えたことである。

　まずは、これらの主張は正しい。男性としての自分には、女性の置かれた社会的な困難を実感として理解することはできない。健常者には、障害者の痛みがわからない。富裕層は、貧困層の苦しみに共感することができない。差別者は、被差別者の声を代弁することはできない……。

　とはいえ、高学歴者は学歴社会を批判してはならない、という主張には与することができない。「弱者の声を大切にしなければならない」ということ

と、「弱者にしか批判を行う権利がない」ということは、まったく異なることである。富裕層であっても貧困問題に取り組まなければならず、男性であってもジェンダー不平等を問題としなければならず、高学歴者であっても学歴社会の問題点を指摘しなければならない。踏まれた側の真の痛みがわからなかったとしても、だからといって、自分の足をどけなくてもよい、ということにはならない。

　重要なのは、そうした不平等な社会構造の中で、みずからの加害者性を自覚し、疚しさ（申し訳なさ）を引き受けることである。

　私は、先進国と発展途上国の圧倒的な経済格差から恩恵を受けている。大量生産・大量消費の社会の中で利便性を享受している。現状の不平等な構造から受益し、その再生産に加担している。誰かの犠牲や不利益が、現在の私の利益となっている。こうしたみずからの加害者性について、まずは自覚的に引き受けなければならない。

　もちろん、「なぜ引き受けなければならないのか」「自虐的すぎるのではないか」という異論もあるだろう。また、みずからの加害者性を意識化しても、疚しさを感じない人もいるだろう（もしかすると、そうした人たちの方が大勢であるかもしれない）。しかし、私は、社会に参加する当事者として、みずからの加害者性（時には被害者性）を棚上げにすることができない。「直接的には自分の責任ではない」「それはそれ、これはこれ」として社会的な問題を語ることが「苦手」なのである。これは論理ではなく倫理的な態度の問題、あるいは私の能力不足という問題なのかもしれないが。

　みずからの加害者性について、よりプリミティブなテーマとして取り扱った教育実践がある。以下では、この実践記録を検討していきたい。

３．「にわとりを殺して食べる」—鳥山敏子の授業実践

　鳥山敏子（1941-2013）は、数多くの著作を残した著名な教育者である。東京で長年にわたり公立小学校の教員を勤め、いくつもの革新的な授業を行った。公立学校での教育に限界を感じた鳥山は定年前の52歳で退職し、傾倒していた宮沢賢治の思想を基にした若者たちの学び場「賢治の学校」を長野県に立ち上げる。その後、活動拠点を東京都立川市に移し、宮沢賢治の思想と

ルドルフ・シュタイナーの教育実践を融合した「東京賢治の学校　自由ヴァ
ルドルフシューレ（現：東京賢治シュタイナー学校）」において、晩年まで精力
的に教育活動を行った[注1]。

　本稿で取り上げる授業は、鳥山が公立小学校教員時代、1980年に担任して
いた東京都中野区立桃園第二小学校の 4 年 5 組を対象として行われたもので
ある。

　卵をあまり産まなくなった鶏22羽を知り合いの養鶏農家から譲り受け、そ
の鶏を子どもたち自身が殺し、調理して食べる、というのが、この授業の概
要である。この授業は教師や保護者、教育関係者にも大きなインパクトを与
え、鳥山の教育実践の中でも最も有名なものとなった。以下、詳細をみてい
こう。

　その授業が行われたのは、1980年10月下旬のよく晴れた日曜日。「にわと
り殺し」参加の条件は、空腹にしておくことである。「子どもたちは、朝か
ら一滴の水も、食べ物も口にしていない[注2]」。クラスの子どもたちと、兄弟、
保護者など90名以上が集合し、まずは協力者である農家の田んぼで稲刈りを
2 時間ほど手伝う。多摩川の河原に移動し、子どもたちは釣りや川遊びなど
を行っている。その後に、「にわとり殺し」は行われた。

　空腹の状態で稲刈りや川遊びをした後に、鶏を殺し、捌き、調理して食べ
る、ということは、この実践における重要なポイントである。

　鶏を殺す直前の子どもたち様子について、鳥山は以下のように記述してい
る。

　　「先生、これ殺すの、いやだよ」
　　母親たちも、「殺すのなんてかわいそう」「できないわ」といっている。
　　にわとりをみればみるほど、殺したくないと思う心は強くなっていく。絶
　対、殺したくないといって抱きかかえ、火から遠ざかっていく女の子たちを
　みて、男の子が追いかけていく。男の子だって、殺すのはいやなのだが、女
　の子のてまえもあってか、あまり態度に出さない[注3]。

子どもたちにとって、鶏を殺すのは怖いことであり、かわいそうなことで

ある。できればやりたくない。見たくない残酷な場面でもある。鳥山は、その状況から目をそらさず直視するようにと、強い口調で命令する。

　鶏の首をひねり、頸動脈を切り、逆さにつるして血を出し、沸騰した湯につけ、毛をむしる。この一連の作業は子どもたちを中心に行われた。その後、捌かれた鶏肉は大人たちによってバーベキューやすいとんとして調理され、食べられた。

　子どもたちは、生きた鶏を殺すことには抵抗を感じていた。しかし、それがもも肉、手羽肉へと解体され、店頭で目にする鶏肉になっていくにしたがって、子どもたちの身体の反応に変化がみられるようになる。

　　「ぼく、もも肉、ちょうだい！」
　　竹ぐしをもって行列ができたのだ。（中略）かわいそうだと思っていた気持ちより空腹が勝ったのだ。
　　竹にさした肉を食べないといっていた何人かの子も、やがて、おわんをもってすいとんのまわりにやってきた。「肉を入れないでね」といって。[注4]

　自分の手で鶏を殺して食べることによって、空腹を満たす。鳥山実践は、シンプルな実践である。

　この授業は、子どもたちにも多様なかたちで受け止められている。血を見ることが怖い、鶏がかわいそうである、とても残酷で、しばらくは肉が食べられなかった···。授業後の作文からは、子どもたちがこの経験から大きなインパクトを受けたことをうかがい知ることができる。[注5]中でも、鳥山が実践記録の冒頭に引用している女子の作文は、以下のようなものである。

　　「も、もう、わたし、なんにも食べない！」
　　そう、私はいいました。でも、ほんとうはとってもとってもおなかがすいていました。さっき、わたしがいったようなことをいった人も、しまいには、
　　「わたし、鳥の肉だけ食べない」
　　といっています。なんだか、なさけない気持ちです。でも、わたしも、

　ソーセージを二本、たべました。[注6]

　私たちは、他の生きもの（動物や植物）のいのちを奪い、食べなければ生きていくことができない。それは、生きものとしての私たちにとって、必然的なことである。「何も食べない」「鳥の肉は食べない」と思っていても、空腹にはかなわない。「なんだか、なさけない気持ち」であっても、自分のいのちをつなぐためには、他のいのちを奪わなければならない。[注7]

　鳥山は生涯を通じて「いのち」にこだわった。この授業の意図は、子どもたちに「いのちの尊さ」に気づかせることである。しかし、それは「動物のいのちを奪ってはいけません」ということを伝えることではない。むしろ、私たちが存在するためには他のいのちを奪わなければならない、その加害者性を自覚させることである。以下では、その理路について確認していきたい。

４．私たちの欲望と差別への加担

　私たちが生きていくためには、他のいのちを奪わなければならない。この、どうしようもない、当たり前の現実を、子どもたちに体験させること。「にわとりを殺して食べる」鳥山実践には、このような意図が含まれている。

　鳥山は以下のように述べる。

　　自分の生がいま、こうして営みをつづけるまでに、どれだけ多くのいのちを奪ってきたことか。どれだけたくさんの植物や動物たちのいのちを食べ続けてきたことか。

　　小鳥や犬や猫をペットとしてかわいがったり、すぐ「かわいそう」を口にして、すぐ涙を流す子どもたちが、他人が殺したものなら平気で食べ、食べきれないといって平気で食べものを捨てるということが、わたしには納得いかないのだ。（中略）

　　わたしには、「生きているものを殺すことはいけないこと」という単純な考えが、「しかし、他人が殺したものは平気で食べられる」という行動と、なんの迷いもなく同居していることがおそろしくてならない。[注8]

　私が読む限り、この実践記録の中で最も重要な鳥山の主張である。

　「生きているものを殺すことはいけないこと」というのは、誰もが同意できる「正論」である。「差別はいけません」「平和は大切です」「地球環境を守りましょう」といったこともまた、否定されることのない「正論」である。

　しかし、そうした単純な考えは、「他人の殺したものは平気で食べられる」という行動と同居する。自分では殺せない、かわいそう、汚い、残酷だ、と思う。自分の手は汚したくないし、その様子を見たくもない。だから、どこか見えないところで他人に殺してほしい。自分の見えないところで他人が殺したものであれば平気で食べることができる。「こちらは客だ。使用者だ。金を払っているからよいのだ」という自己正当化。鳥山の批判は、こうした主張を可能とする社会構造に対して向けられる。

　殺す人と食べる人が分離された社会。食肉加工と被差別部落についての問題。自分たちの必要以上に製造し、消費し、いのちを奪っていく社会。「にわとりを殺すという授業は、戦争とか原爆とかをもっと深く考えさせたいというところから出発したものである^{注9}」。私たちの社会に向けられた鳥山の批判は手厳しい。

　戦後の日本が急速に復興し、高度経済成長をはたしたのは、朝鮮戦争による特需があったからである。戦争を深く反省し、二度と戦争を起こさないと誓った私たちは、隣国での戦争に加担し、在朝鮮アメリカ軍に大量の物資を供給することによって経済的な復興を成し遂げた。自分たちは戦争をしたくない。人の殺し合いはこりごりである。けれども、別の国の人たちが殺し合ってくれるのであれば、そこには積極的に物資の供給というかたちで参加し、利益を上げる。私たちは、その後の国に生きている。「自分の欲望を満たしてくれているもの、これは、他国の人たちのいのちを奪うという行為のうえになり立っているのだ^{注10}」。

　同様のモチーフから、鳥山は原子力発電所についての授業も行っている。原発や放射能の危険性を学習した際の「東京に原発がなくてよかった」「親戚の住む地域に原発がなくてよかった」という、子どもたちの無邪気な発言。「自分に直接関係ないからいい、自分が直接関係しないから平気でいら

れるというこの共感能力のなさ、自分だけよければいいというエゴ、これが
行きつくはては……^{注11}」。鳥山は、『原発ジプシー』の著者である堀江邦夫や
『東京に原発を！』の著者である広瀬隆を教室に招き、子どもたちと対話を
させている。東京や大阪などの大都市で大量に消費される電力を作り出すた
めに、その他の地方に原子力発電所が建設されている。そこでは低賃金で労
働者が働いている。

　鳥山は、単純に「原発反対」という子どもを育てたいのではないという。
原発がどのような仕組みとなっており、私たちはそこからどのような恩恵を
受けているのか。私たちの欲望を満たすための社会制度について、「好むと
好まざるとにかかわらずその恩恵を受けている」ことを知らせること。犠牲
となる存在に目を向けようとすること。私たちの社会と欲望のあり方につい
て意識すること。「にわとりを殺して食べる」の授業以降、鳥山の問題意識
は一貫している。

　鳥山実践から40年以上が経過した現在においても、これらの問題はほとん
ど手つかずのままに残されている。SDGsの推進を契機として、生産地と消
費地の分離という社会構造の変革に取り組まなければならず、私たちの欲望
のあり方についても再考しなければならない。

　同様の問題機制には、枚挙に暇がない。米軍基地をめぐる問題では、自分
たち（本土）の安全を確保するために、沖縄の人々の土地や安全を米軍へと
明け渡し、自然環境を破壊し続けている。私たちは先進国と発展途上国との
経済格差や環境問題の深刻さを嘆きながら、100円ショップで買い物をし、
24時間営業のコンビニの利便性を享受している。

　「現在の社会構造では仕方がない」という言い訳は可能である。大きな構
造の中で、個人が一人で抵抗するのは無理がある。しかしながら、この不公
正で不平等で、地球環境に負荷をかけて破壊し続けるシステムを作り上げた
のは、私たち自身である。

　鳥山は以下のようにも述べている。「戦争や原爆は個人の努力、個人の考
え、個人の善意ではどうしようもないものであるかのようにみえるが、しか
し、出発はあくまでもひとりひとりの同意から始まっている^{注12}」。

　当然ながら、清廉潔白な人でなければSDGsを推進できないわけではな

い。そのような高いハードルを課してしまえば、誰一人としてSDGsの理想を追求することができなくなってしまう。ただ、「今の社会では仕方がない」と言い訳をする際に、自分が不正に荷担した加害者性を意識的に反省し、わずかでも、疚しさを感じてもよいのではないか。

　本節の最後に「にわとりを殺して食べる」実践記録のまとめとして書かれた鳥山の文章を引用しておこう。

　　犠牲が強調されればされるほど、戦争へ追いやった為政者への追求は強くなったが、為政者を支えたおのれ自身の責任はいつも回避され、弱められてきた。「戦争に反対しなかったのは、反対すると非国民だといわれるから反対できなかったのだ」と、もしいうのであれば、戦争はけっしてなくならないだろう。都合のいいときは自分のおかげであり、都合の悪いときは為政者や体制のせいにする大衆が社会をつくっているかぎり、戦争はけっしてなくならないだろう。^{注13}

5．問題の解決に向けて

　SDGsの諸問題は、突然に降ってきた天災ではない。私たちが長い時間をかけて作り出した人災である。「自分たちさえよければよい」「現在さえよければよい」という狭量な視野で、みずからの欲望を満たそうとすることによって、この不公正で不平等な世界はできあがっている。

　したがって、問題の深刻さを前にして「責任者は出てこい」と大声を出してみたところで、そのような人は決して登場しない。SDGsの問題に特定の「犯人」は存在しない。

　私たちは、程度の差はあれ、必ず誰か（なにか）の犠牲によって存在し続けている。その最も原初的な事柄が「殺して食べる」ことであり、その事実をまっすぐに突きつけたのが鳥山実践であった。

　私は、誰かの犠牲によって存在させられている。そしておそらく、この複雑な社会の中で、私はその犠牲者について充分に意識することができない。無意識のうちに、誰かを踏みつけ、深く傷つけているに違いない。

　それは「仕方のないこと」ではある。しかし、みずからが加害に加担している以上、実定性に居直るわけにもいかない。知らないうちに誰かを傷つけているかもしれない可能性について考え続けること。誰かからなにかを奪って生きていることに疚しさを感じながら、そのことを自覚的に引き受けること。

　SDGsは、達成されなければならない重要な国際的目標である。そして、その内容は、私たちの日常からは切り離すことができない。日常の生活空間からかけ離れて、一足飛びに社会の構造を変革することはできない。

　SDGsの担い手は、私であり、あなたである。自分の中にある欲望に向き合い、差別的な心性を意識化し、そのことに疚しさを感じながら加害者性を引き受けた上でしか、「では、どうするか」を考えることはできない。[注14]

　「流行」に流されず、「看板」ばかりに目を奪われず、みずからを棚上げせずに、社会に対する批判的な視点を持って、自分の親密圏にできるだけ公平で平等な空間を作り出すこと。SDGsを軽薄な一過性のブームとしないためには、私たちが加害者としての当事者意識を持ち、見知らぬ「他者」への節度を持って問題に取り組み続けるしかないのである。

　注
1　鳥山が小学校教員時代から行ってきた宮沢賢治研究や、教育雑誌『ひと』を中心として行われた民間教育運動との関わり、演出家・竹内敏晴のワークショップから受けた影響、宮沢賢治の思想とシュタイナー教育を合わせたNPO法人立の学校での実践など、鳥山敏子に着目するだけでも、戦後日本の教育史を考えるための豊かな論点がいくつも存在しているが、本稿ではこれらの点について深めることはできない。現時点で鳥山敏子の人物研究は多くないが、香川七海の諸論考は貴重な研究である。さしあたり、香川七海（2016）など。
2　鳥山（1985）9ページ。
3　同上、12ページ。
4　同上、14ページ。
5　本文で述べたとおり、この授業を受けた直後の子どもたちの感想については、鳥山自身が作文を紹介している。では、この授業が、子どもたちのその後の人生にどのような影響を与えたのか。
　　村井敦志は、「にわとりを殺して食べる」実践が行われてからおよそ20年後の1999年、当時の生徒たちに聞き取り調査を行っている。聞き取り調査時には28歳となっている元生徒の証言、鳥山学級が抱えていた、いじめや子ども集団間の対立について等、鳥山実践を考察する上ではとても貴重な記録ではあるが、

紙幅の都合でここではその内容までを紹介することはできない。ぜひ、村井淳志（2001）を参照されたい。

6　鳥山（1985）9ページ。傍点は引用者。

7　生きるためには、他のいのちを奪わなければならない。鳥山は宮沢賢治の短編「よだかの星」について言及している。自尊心が低く「みにくい鳥」であるよだかは、こんな自分が生きていくために、毎晩かぶとむしや羽虫のいのちを奪わなければならないことに気づく。よだかはその現実に絶望し、天高く登っていき星になる、というのが、物語のあらすじである。「わたしのなかには、あの宮沢賢治の『よだかの星』のよだかがいる。星にむかってひたすら苦しんで飛びつづけているよだかの叫びが、食べものを口にするたびにひびいてくるのだ」。鳥山（1985）、18ページ。

8　鳥山（1985）16ページ。

9　同上、37ページ。

10　同上、38ページ。

11　同上、127ページ。

12　同上、37ページ。

13　同上、37-38ページ。

14　みずからの差別的な心性への批判的なまなざしについては、障害者解放運動における「青い芝の会」の主張が卓抜している。彼らは運動の中で、差別される障害者の中にも健常者への憧れや、重度の障害者に対する差別的な心性が存在することを喝破した。

　　なんとあさましいことでしょう。そのように人間とはエゴイスティックなもの、罪深いものだと思います。この自分自身のエゴを罪と認めることによって、つぎに「では自分自身として何をすべきか」ということがでてくる筈です。お互いの連帯感というものはそこから出てくるのではないでしょうか。
　　横塚晃一（2007）『母よ！殺すな』、生活書院（初版はすずさわ書店より1975年に刊行）、37ページ。

引用・参考文献

香川七海「1980年代における鳥山敏子の授業実践・再考」『現代の社会病理』第31号、日本社会病理学会、39-57ページ
鳥山敏子（1985）『いのちに触れる―生と性と死の授業』太郎次郎社
鳥山敏子・上田紀行（1998）『豊かな社会の透明な家族』法蔵館
鳥山敏子（2003）『からだといのちと食べものと』自然食通信社
村井淳志（2001）『「いのち」を食べる私たち』教育史料出版会

第II部

SDGsからみた生涯の課題

第4章
子どもの「主体性」という謎

吉田　直哉

1．本章のはじめに：幼児教育・保育は何を目的とするのか

　本章では、SDGsの目標4「すべての人々への、包摂的かつ公正な質の高い教育を提供し、生涯学習の機会を促進する」に関わって、幼児教育・保育の目的としての理念が持つ問題点について考えてみたい。SDGsに掲げられる「生涯学習」の基盤が幼児教育・保育にあると考える発想は、近年急速に普及してきた。幼児教育・保育の意義のエビデンス（科学的根拠となるデータ）として示されるのが、アメリカの低所得者の子どもたちに対する幼児教育的支援プログラムの成果である（ヘックマン、2015）。その際強調されることは、幼児教育が、社会のコストを下げる効果を持つということである（たとえば、犯罪率の低下、所得の向上、高校卒業率の向上などに、幼児教育が有効であったとされる）。しかし、これらを実現することそのものが幼児教育・保育の目的だと断定することは難しい。というのは、これらのエビデンスは、幼児教育・保育の成果を、経済上、あるいは社会上のステータス（地位）に還元したものだからである。逆にいえば、計量的に明示できるからこそエビデンスたりうるのであって、幼児教育・保育が、質的に、あるいは理念的に何を目的とするか、という理念は、エビデンスそのものから直接抽出できるわけではない。つまり、私たちは、エビデンスを十分に踏まえつつも、そのエビデンスを包含しうるような理念、あるいは価値を構築していかなければならない。本章では、このように、エビデンスに先立ち、むしろエビデンスの意味を方向づけているような理念に着目してみたい。現在の幼児教育・保育において、一般的に目的・理念として共通理解を得ている子どもの「主体性」（または「主体的」な活動）という語に着目して、それが何を意味しているのか、そして何を意味してはいないのかを見ていくことを通して、幼児教

53

育・保育において目的・理念を提示することの難しさについて考えていきたいと思う。

2．批判的概念としての「主体性」

　現在の幼児教育・保育において、子どもが主体的であること（本章では、「主体性」という）は、目指される子どもの状態（目標）であると同時に、その状態に至る保育の方法でもあるとされている。ただ、子どもが主体的であるということ、子どもが主体であるということがどういう状態を具体的に意味しているのか、と問われたとき、答えることは容易ではない。しかしながら、奇妙なことに、「子どもが主体的ではない状態とはどういうことか」と問われれば、いくつか具体的な場面を想像することができる。たとえば、子どもが親や教師の言いなりになって、自分の行動の仕方を自分で決定できない状態（他律的な状態）は、子どもが主体的ではない、と誰もが判断するだろう。つまり、子どもが、自分の行動の決定権を持っていない状態を、主体的でない状態だと私たちは考える。ということは、子どもが主体的であるということは、自分の行動の決定権を子ども自身が有している状態ということになるのだろうか。ところが、そう単純に割りきることもできない。「主体性」と同様、現在の幼児教育・保育の理念として、「子どもの最善の利益」（Best interests of the child）の実現という概念がある。「最善の利益」というのは、その時点、つまり現在において実現されるものではない。むしろ、子どもの未来、将来において実現されるものである。ということは、その子どもの最善の利益というのは、子どもが現在において望むこと、欲求していることとは限らない。同様に、保護者が自分の子どもの「最善の利益」を考慮して行動したことが、結果として、子どもの最善の利益を実現しうるとも限らない。「善かれ」と思ってしたことが、裏目に出るということは十分にありうることである。とすると、「最善の利益」というのは、未来が不確定のものである以上、必然的に不確定なものであり、実質的な中身をもたない理念だということになる。

　では、「最善の利益」という理念が不要なのか、無意味なのかといえば、そうとも言い切れない。というのも、「最善の利益」に反するであろう現在

の状態、あるいは現在における子どもに対するふるまい、行為を批判的に取り出し、それを是正しようという努力を始めるきっかけとなるかもしれないからである。「最善の利益」につながらないであろう状態、「最善の利益」を実現しそうにない行為というのは、容易に想定することができる。たとえば、飢餓の状態に放置されている子ども、政治的迫害を受け住居を奪われた子どもや、身体的暴力、心理的圧迫を受け続けている子どもが、「最善の利益」を奪われているということは、容易に想像がつく。そして、そのような状態が「最善の利益」を奪われているということについては、ほとんどの人が一致してそう判断するだろう。

　同様に、「主体」という概念は、子どもを何らかの制限や制約から解放するために依拠できる。たとえば、1989年に国連で採択された児童の権利条約は、子どもを権利主体として位置づける画期となったと言われる。しかし、そこでの「主体」というのは、保護の「客体」ではないという消極的な意味以上のことを表現しているわけではない。つまり、権利としての主体性というのは、子どもが何かに縛られることを批判する原理としては有用なのだが、子どもが新しく作りあげていく関係性がどういうものなのか、あるいは子どもが新しく作りあげていく文化がどういうものなのか、その創造・生成の方向性については一切語らない、中立的（ニュートラル）な概念なのである。

　幼児教育・保育のみならず教育実践全般において、「主体的な活動」も、「子どもの主体性」も、ともに否定しがたい。「子どもの主体性を無視する」というのが教育の方法論として無効である以上、「主体性を大切にする」というのは、それ自体では何も言っていないに等しい。

　「主体的」であるということは、実態を表現する言葉であるというよりも、子どもたちを「主体的」であらしめようとする、つまり目標を示す理念なのである。しかし、子どもの、どういう側面、どのような行動が「主体的」だとされるのか、その判断基準は客観的なものではありえないだろう。つまり、ある子どもの、ある時の姿が「主体的」であったか否かの判断は、個々の保育者の主観的な判断に委ねられる。つまり、「主体的」という、容易に否定しがたく、かつ意味が曖昧な概念が、倫理的なもの、目指されるべきも

のとされたとしてもなお、それだけでは個々の保育者の実践上の方略・方法
は確定されないままである。空虚で曖昧な倫理的概念は、否定しがたい。し
かし、それは具体的にどのように行為すればよいかを、個々人に指し示さ
ない。目標が、このような空虚な概念で設定されれば、行為・実践の結果を
「評価」することも困難となる。それを「達成」したか否かが判断できない
からである。注意してほしいことは、子どもが「主体的」になることを目指
してはいけない、目標に設定するべきではないということではない。重要な
ことは、「主体」としての子どもを育てる、というのはあくまで「遠距離目
標」（遠い未来における見通し）である。仮に、究極の目的をそのように据え
たとしても、それだけで日々の実践をデザインする指導計画の目標が自ずか
ら現われてくるわけではないということである。日々の実践、日常的な生活
活動を構想しようとするとき、「主体」を育むというような具体性を欠いた
「遠距離目標」を設定することは有益ではないということである。

3．幼稚園教育要領・保育所保育指針における 子どもの「主体性」

　以下では、幼稚園教育、保育所保育の内容と方法に関する、国家的な基準
である幼稚園教育要領、保育所保育指針において、子どもの「主体性」がど
のように規定されているかを見てみよう（なお、日本における就学前教育の代
表的な施設としては、幼稚園・保育所の他に、幼保連携型認定こども園があり、そ
の基準として、幼保連携型認定こども園教育・保育要領が示されているが、内容は
前二者とほとんど同一であるため、本章では割愛する）。

　幼稚園教育要領は文部科学大臣の、保育所保育指針は厚生労働大臣の、そ
れぞれ官報告示である（告示とは、行政庁が決定した事項を一般に公式に知らせ
る行為、またはその公示の形式のこと）。幼稚園教育要領は1964年から、保育所
保育指針は2008年から官報告示として示されているが、教育要領や保育指針
を否定する実践、あるいは否定する言説はほとんど見られない（同じく大臣
による官報告示である学習指導要領の法的性格、特に法的拘束力の有無が、多くの
教育裁判で争われてきたこととは対照的である）。この点において、幼稚園教育
要領や保育所保育指針が示す保育の原理や方法に関する理念は、保育者の間

においてだけでなく、保育研究者の間においてもコンセンサスを得ている（否定されていない）ということができる。

　幼稚園教育要領・保育所保育指針には、保育の理念として「主体的」という概念のほか、「環境を通して行う」教育・保育、「自発的な活動としての遊び」、「遊びを中心としての指導」といった理念が示されている。これらの理念は、後述するように、子どもが「主体的」であることを実現するための方法論上の概念だということができる。

　現在の幼稚園教育要領、保育所保育指針は、2017年に改訂・改定され、告示されたものである。現行の幼稚園教育要領の中には、「主体」が12ヵ所登場する。代表的な用例をいくつか見てゆこう（以下、下線はすべて筆者による）。

　まず、第1章総則、「第1　幼稚園教育の基本」において、次のような文章がある（以下における「教師」というのは、幼稚園における保育者のこと）。

　　幼児は安定した情緒の下で自己を十分に発揮することにより発達に必要な体験を得ていくものであることを考慮して、幼児の主体的な活動を促し、幼児期にふさわしい生活が展開されるようにすること。

　　幼児の自発的な活動としての遊びは、心身の調和のとれた発達の基礎を培う重要な学習であることを考慮して、遊びを通しての指導を中心として第2章に示すねらいが総合的に達成されるようにすること。

　　幼児の発達は、心身の諸側面が相互に関連し合い、多様な経過をたどって成し遂げられていくものであること、また、幼児の生活経験がそれぞれ異なることなどを考慮して、幼児一人ひとりの特性に応じ、発達の課題に即した指導を行うようにすること。

　　その際、教師は、幼児の主体的な活動が確保されるよう幼児一人ひとりの行動の理解と予想に基づき、計画的に環境を構成しなければならない。この場合において、教師は、幼児と人やものとのかかわりが重要であることを踏まえ、物的・空間的環境を構成しなければならない。また、教師は、幼児一人ひとりの活動の場面に応じて、さまざまな役割をはたし、その活動を豊かにしなければならない。

　「幼稚園教育の基本」を示した以上の文章において、「主体」という語は「主体的な活動」という連語で二度登場している。一つ目の「主体的な活動」という語は、幼稚園教育の目標を示すものとして用いられている。次の段落には「自発的な活動としての遊び」という語が見られ、「主体的な活動」が、具体的には子どもの「自発的な」遊びとして現れることを示唆している。

　二つ目の「主体的な活動」という語は、幼児の「発達」について述べられる中で現われる。発達の課題に応じた指導を行なう際の教師の注意事項として、「主体的な活動」が見られるような「環境」の構成が求められている。「主体的な活動」というのは、子どもの「環境」との「かかわり」であるということが明記されている。

　一方、現行の保育所保育指針において、「主体」という語は12ヵ所登場する（うち1ヵ所は職員の主体性についてのもの）。以下、代表的な用例を見てみよう（下線はすべて筆者による）。第1章総則、「1　保育所保育に関する基本原則」に次のような記載がある。

　（3）保育の方法
　　保育の目標を達成するために、保育士等は、次の事項に留意して保育しなければならない。
　　　ア　一人ひとりの子どもの状況や家庭および地域社会での生活の実態を把握するとともに、子どもが安心感と信頼感をもって活動できるよう、子どもの主体としての思いや願いを受け止めること。［中略］
　　　オ　子どもが自発的・意欲的に関われるような環境を構成し、子どもの主体的な活動や子ども相互の関わりを大切にすること。特に、乳幼児期にふさわしい体験が得られるように、生活や遊びを通して総合的に保育すること。

　第一の用例では、保育の前提として、子どもがみずからの思いや願いを有していることを「主体」と言っている。第二の用例は、子どもが「自発的・意欲的」に環境にかかわることを「主体的な活動」だとしている。これは、

幼稚園教育要領における「主体的な活動」という用例における意味と近いものである。

　ついで、「養護」に関する記述の中に「主体」の語が見られる。「養護」とは、「生命の保持」と「情緒の安定」を目的としてなされる保育者のかかわりであり、幼稚園教育要領には見られない保育指針独自の概念である。

　　2　養護に関する基本的事項
　　イ　情緒の安定
　　(ア)　ねらい
　　③　一人一人の子どもが、周囲から主体として受け止められ、主体として
　　　　育ち、自分を肯定する気持ちが育まれていくようにする。

　上の用例では、「主体」というのは、「周囲」の他者から承認される客体的自己であると同時に、内面的な育ちを経る自己でもあるとされている。他者からの承認を、「主体」が受けとめることによって、自己肯定感が生じるとする。ここでの「主体」とは、アイデンティティの核心をなす自己イメージということになるだろう。情緒の安定に関して「主体」が論じられているということは、ここでの「主体」とは、子どもの内面（心理的・精神的側面）に属するものだということである。

　現行の幼稚園教育要領・保育所保育指針等における新しい概念として、「幼児期の終わりまでに育ってほしい姿」が10項目挙げられた（以下、「10の姿」という）。「10の姿」は、目標ではないものの、保育評価の際の観点として参考にすることができるほか、指導の際に留意することが求められる点でもあるとされている。現行の保育所保育指針では、保育所も、幼児教育を行なう施設として明確に位置づけられたため、保育指針においては、「4　幼児教育を行う施設として共有すべき事項」の中に、10の姿が列挙されている。そのうち、「主体」という語が登場するのは、2番目の「自立心」の項目である。

　イ　自立心
　身近な環境に主体的に関わり様々な活動を楽しむ中で、しなければならないことを自覚し、自分の力で行うために考えたり、工夫したりしながら、諦めずにやり遂げることで達成感を味わい、自信をもって行動するようになる。

　環境への「主体的」な関わり、活動が、責任や、行為の際の思考、実際の試行錯誤として実現し、その積み重ねによって、自信をもった行動がとれるようになるとされている。つまり、主体的な活動の積み重ねが、子どもの主体性を涵養するというように、循環的な位置づけがされていることがわかる。
　以上見てきたように、幼稚園教育要領・保育所保育指針の双方で「主体」という語が頻出しているのは、これら二つの告示が整合するよう配慮された小学校・中学校・高等学校等における学習指導要領（同2017年改訂）において、「主体」が中軸をなす概念として登場しているからである。学習指導要領における「主体」は、学習指導要領が目指す学習モデルである「主体的・対話的で深い学び」として登場する。「主体的・対話的で深い学び」というのは、自己の学びの現状をみずから捉えた（メタ認知）上で展開される、みずからの生活において意味をもつような学びのことである。主体性というのは、必ずしも外的活動、身体的運動だけを意味しているのではない。感動や思考などの内面の動き、内的活動においても主体的であることが求められている。
　現行の学習指導要領では、この主体性の軸を、教育課程全体や各教科などの学びを通じて「何ができるようになるのか」という観点から捉え、主体的な学びの結果として伸びる力を①「知識および技能」、②「思考力・判断力・表現力など」、③「学びに向かう力、人間性など」の３つの柱からなる「資質・能力」（三つの資質・能力）として複合的に捉えている。①、②はともに学びの結果として生じてくるものである。それに対して、③の「学びに向かう力、人間性など」は、学びの基礎をなす前提としての力であり、前二者とは次元を異にしている。

「知識および技能」は、個別の事実的な知識のみでなく、習得した個別の知識を既存の知識と関連付けて深く理解し、社会の中で活きて働く知識となるものも含むものだとされる。その「知識および技能」をどう使うかという、未知の状況にも対応できる「思考力、判断力、表現力など」、学んだことを社会や人生に生かそうとする「学びに向かう力、人間性など」を含めた「資質・能力」の3つの柱を、一体的に育成することが謳われている。ただ、ここで言われる3つの「資質・能力」というのは、生得的に子どもにその原型が与えられていると考えるか、それとも、後天的に子どもが獲得・形成していくものと考えるかで、教育する側（教師・保育者）の意識は当然分岐するはずである。

4．「子どもの主体性」の対義語は何か

現在の幼児教育・保育を支える根源的な、あるいは最も基礎的な理念・概念が、曖昧なものであり、具体化・実践化・行動化が容易でないものであるということを見てきた。ただ、理念・概念が曖昧なものとして提示されざるをえないのは、なぜなのだろうか。それは、これらの理念・概念が、過去から現在にかけての歴史的経緯の中で現れてきた何らかの理念や制度、実践を批判する原理として作られ、語られてきたものだからである。つまり、「主体性」というのは、「非−主体的な子どもの状態」を批判し、意識化・問題化するための概念装置であったということである。それでは、「主体性」という概念が批判する「非−主体的」な状態、つまり「主体性」の対義語は何だと考えられてきたのだろうか。

子どもの主体性を重視する教育の対義語として挙げられてきた語は二つある。第一に「（子どもに対する）放任主義」であり、第二に「教師（保育者）中心主義」である。第一の「放任主義」というのは、子どもが主体的であるためには、子どもが主体的である状態を大人が阻害しないように、子どもの思うままに任せるべく（それが子どもの成長にとって最善なのだから）、大人は子どもへの介入を必要最小限に留めるべきだという発想である。

第二の「教師（保育者）中心主義」というのは、幼児教育・保育のイニシアチブ（教育・保育内容の決定権、教育・保育方法の主導権）は、教師・保育者

としての大人が握るものだと考える発想である。大人が決定した内容・方法は、文化的・社会的な正統性を有しているため、それに従い身につけることは、子どもの社会適応のために必要なことだと見なされる。つまり、「教師（保育者）の主体性」を当然視する立場であり、子どもは、大人による教育・保育の「客体」として位置づけられることになる。

　子どもに対する抑圧や統制をゼロにすれば、子どもの主体性がみずから表れると考えることは、子どもの主体性が前成的、あるいは生得的なものであり、その発現は、先天的な特性の単なる成熟でしかありえないということになる。

　では、子どもの中・内面に存在する、成熟しうるものとはどのようなものだと考えられているのか。子どもの中に成熟する何ものかが存在すると想定しなければ、抑圧・統制を排することが教育・保育の方法論としてなり立つことはできないはずである。

　たとえば、体系的な幼児教育思想の創始者として知られる19世紀のフレーベルは、神によって与えられた「永遠の法則」としての「神聖な生命」、フレーベルの言葉では「神的なもの」（神性）が子どもの内面に宿っているとみた。この内的な「神的なもの」が「展開」されるのを促すことが教育であるとされる（フレーベル、1964）。このようなフレーベルの発想は、性善説として、現代の子ども中心主義思想として継承されてきた。

　フレーベルから半世紀以上経て、「子ども中心」というカリキュラム上の基本理念を提示したことで、経験主義教育の祖とされるデューイは、教育に利用できる子どもの本能的衝動を４つあげている。すなわち、社会的本能、製作の本能、探求の本能、表現的（芸術的）衝動である（デューイ、1957）。デューイは、これら４つの本能的衝動が「興味」として現われ、それを活動へと導くことによって成長を実現しようとした。

　ただ、子どもが元来主体的であると見なす場合には、主体的でないように見える子どもに接するとき、私たちは戸惑いを感じるだろう。子どもはそもそも主体的だという発想に立つと、「遊べない子ども」「ぼーっとしている子ども」は、問題視されることになる。主体性を内面にあるものと見なすとすれば、それはつねに外面に現われるとは限らないということになる。主体

性を有していたとしても、それが現われるとき（主体的な状態）と、隠れているときがあるということになる。主体性を内在的なものと見なすことは、「主体的である」ことと、「主体性を有する」ことを区別するということである（主体性を有していたとしても、それが隠れている場合があるということ）。

　子どもの主体性の原型が生得的である、ということからは、すべての子どもが主体的になりうる、ということは帰結しない。すべての子どもが主体的になりうる、とするためには、生得的な主体性の原型が、すべての子どもに共有されている、普遍的なものであるとしなければならない。

　さらに、主体性が〈善きもの〉であるかどうかも、主体性が普遍的なものであるかどうかとは別問題である。主体的に、〈悪いこと〉をしでかす子ども、というのを想像することができる（たとえば、庭にいる蟻を片っ端から指ですり潰して殺している子ども）。ということは、主体性そのものは、善としても、悪としても現れうるということだから、「抑圧を排して、自然に現れ出るのを待つ」ような主体性は、そもそも善なるものとして前提されていなければならない。子どもの内面に、生得的に〈善なる性質〉が与えられている（獲得されている）とする子ども観を、「性善説」的な子ども観という（ルソーは（ルソー、1962）、性善説的な子ども観の提唱者として広く知られる）。たとえば、「子ども中心」主義保育を提唱し続けてきた平井信義は、「子どもと遊んだり、子どもと生活をともにするなかで、子どもはどの子どもも「善」なる存在であるという確信」に到達したと言い、みずからの立場を「性善説」だと言っている（平井、1994）。

　「性善説」の対義語は「性悪説」である。「性悪説」においては、子どもの内面には、〈悪〉へと堕落していく傾向性が存在するので、それが表面化しないよう、注意深い統制が大人によって加えられなければならないとされる（〈悪〉が行動として表面化した場合は、大人はその〈悪〉を懲らしめるため、体罰をも辞さない）。ただ、性善説と性悪説は、子どもの内面に、生得的に獲得された、発達を生み出す要因が存在するという点では共通している。

　「性善説」とも「性悪説」とも異なる子ども観として、「精神白紙説」的な子ども観がある。単純に言えば、ロックの経験論に由来する思想で、子どもは空虚・空白の状態で産まれてくるとする考え方である。元来空虚・空白で

ある子どもは、後天的に経験によって知識を獲得し、習慣を形成することで人格が形成されていくと見なされる。精神白紙説的子ども観の特質は二つある。第一には、先天的・遺伝的な子どもの差異を否定することである。それゆえ、子どもの発達・人格形成の主要因は外界からの影響、すなわち環境・教育に全面的に依存するとされる。同一の経験は、同一の発達を結果させるとされる。第二には、経験として子どもに与えられたものは、抵抗なく子どもにそのまま獲得されると考えることである。

保育研究者にしばしば引用されるポルトマンの「生理的早産」説（ポルトマン、1961）は、精神白紙説の範疇にある思想である。子どもは未熟・無力な存在であり、周囲の養育者への依存を不可避のものとするため、誕生直後から、子どもと周囲の他者との関係性が重視されることになる。子どもの未熟さが、大人による養育（ケア）を要請するという立場であり、子どもの成長の主導権を大人のみに与える発想につながりかねない。

「主体性」を、生得的に子どもに内在するものと捉えるのが「性善説」的な子ども観であり、子どもに対しては非介入的であることが教育方法の基本理念となる。それに対し、「主体性」を、後天的に、習慣として子どもに獲得させていくものと捉えるのが「精神白紙説」的な子ども観であり、子どもに対しては、生後間もなくから積極的に子どもに関与していくことが基本理念となる。異口同音に「主体性」と言っても、その前提となる子ども観が相違すれば、その意味するところはこれほどまでに大きく乖離してくるのである。

本章では、子どもの「主体性」という今日の幼児教育・保育の基本的理念が、子ども観や、そこから帰結する保育方法論上の立場を越えて共有されていることを見てきた。子ども観、方法論上の立場がかけ離れていても共有できるのは、「主体性」という理念が著しく曖昧なためである。保育者にとっても、保育研究者にとっても、「主体性」の理念の内実がまちまちのまま、それに気づかないまま（あるいは意図的に気づこうとしないまま）、保育論議がなされてしまうことはきわめて非生産的というほかはない。否定しがたい理念だからこそ、それをどういう意味において捉えているのか、幼児教育・保育に関わる者すべてが、真摯に、かつていねいに議論を積み重ねていかねば

ならない。

引用・参考文献

磯部裕子・山内紀幸（2007）『ナラティヴとしての保育学』（幼児教育知の探究1）、萌文書林

デューイ（1957）『学校と社会』宮原誠一訳、岩波書店

平井信義（1994）『子ども中心保育のすべて：新しい保育者像を求めて』企画室

フレーベル（1964）『人間の教育』（上）、荒井武訳、岩波書店

ヘックマン（2015）『幼児教育の経済学』東洋経済新報社

ポルトマン（1961）『人間はどこまで動物か：新しい人間像のために』高木正孝訳、岩波書店

森上史朗（1984）『児童中心主義の保育：保育内容・方法改革の歩み』教育出版

ルソー（1962）『エミール』（上）、今野一雄訳、岩波書店

第5章

多様な子どもを包み込むインクルーシブ保育とは
―障害の有無を超えて―

木曽　陽子

1．はじめに

　本章では、SDGsの目標である「誰一人取り残さない持続可能で多様性と包摂性のある社会」の実現のために必要な「インクルーシブ保育」について取り上げる。インクルーシブ保育を適切に実現することができれば、乳幼児期から障害の有無に限らず多様な子どもたちが互いにかかわりあいながら育つことができる。これは、まさに「誰一人取り残さない社会」を実現していくために重要なことと考える。

　しかし、インクルーシブ保育の理念やその実際については、まだ日本に十分に浸透しているとはいいがたく、特に「適切に」実現していくためには課題も多い。SDGsのゴール3「すべての人に健康と福祉を」や、ゴール4「質の高い教育をみんなに」の達成のためにも、単に同じ場で保育を受けるという意味でのインクルーシブ保育ではなく、すべての人の健康、福祉、質の高い教育を保障するインクルーシブ保育を目指す必要がある。

　ここでは、まずインクルーシブ保育を考える前提として、「障害」とは何かを考察する。そのうえで、インクルーシブ保育の考え方や実践例を紹介し、最後にインクルーシブ保育を実践するうえでの課題について整理する。

2．「障害」とはなにか

　インクルーシブ保育を考える前に、その前提として「障害」とはなにかを考えていきたい。

（1）「障害」と「健常」の関係性

　まず、表5-1の６つの項目を読み、自身に当てはまることがないかを考え
てみてほしい。少なくとも１つや２つは当てはまると感じるのではないだろ
うか。また、項目によっては、程度によってあてはまるかどうかが変わると
いうこともあるだろう。ここに挙げた項目は、注意欠如・多動症（Attention
Deficit/Hyperactivity Disorder:以下、ADHD）という発達障害の特徴の一部を
あげたものである。これらの行動特徴は「特別」な「障害」のある人にしか
見られない特徴というより、多くの人にも当てはまる身近なものではない
だろうか。ただし、単純にこれらの項目に当てはまれば、ただちに「障害」
と診断されるわけではない。ADHDを診断する際に用いられるDSM-5や[注1]
ICD-11では、ADHDの症状が複数みられ、それが６ヵ月以上継続している[注2]
こと、またそれらの症状が社会生活や学業などにおいて悪影響を及ぼしてい
ることなどを診断の条件としている。つまり、ADHDの症状とされる行動
特徴によって社会の中で生きにくさや不都合を抱えている場合に「障害」と
診断されるということである。

表5-1　AD/HDの行動特徴の例

1．じっとしていることが苦手で、動いている方が好き。
2．おしゃべりが好きで、よくしゃべりすぎてしまう。
3．片付けが苦手で、鉛筆や教科書、財布や鍵などをよくなくす。
4．時間の管理が苦手で、締め切りを守れなかったり、遅刻をしたりしてしまう。
5．授業中や会議中など、頭の中に次々といろいろな考えが浮かび集中できない。
6．ケアレスミスをしてしまうことが多い。

（筆者作成）

　このように考えると、「障害」というものがいかに曖昧なものであるかに
気づくのではないだろうか。特にここで取りあげているADHDを含む発達
障害は「障害」か「健常」かの線引きが非常に難しい。図5-1では、「障害」[注3]
か「健常」かという２つに分類されるのではなく、その２つが連続的に続い
ていることを示した。ここでは、左側を「健常」や「定型発達」といわれる[注4]
状態、右側を「障害」や「非定型発達」といわれる状態として示している。

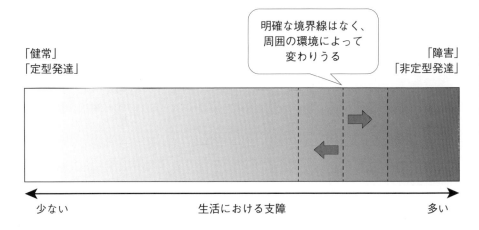

図 5-1　「障害」と「健常」の連続性

「健常」と「障害」の間で、徐々に色が変わっていくものの、どこから明確に色が違うかはわからない。表5-1にあげたようにADHDの行動特徴も多くの人にあてはまるような特徴であり、「健常」や「定型発達」という状態から、「障害」や「非定型発達」という状態までが連続的に続いているといえる。つまり、「障害」か「健常」かを分けるのは、その行動特徴の濃さや多さ、それに加えて社会における生きにくさといったところの違いによるといえる。社会における生きにくさは、本人の行動特徴のみで決まるのではなく、周囲の環境によって変わりうる。たとえADHDの行動特徴を複数もっていたとしても、それらが問題とならないような環境や、それらによってできにくいことを補う仕組みがあれば、社会生活や学業などに悪影響を及ぼさないこともある。そうなればADHDの診断にはあてはまらない。こうしたことからも、特に発達障害においては「障害」という状態が固定化されたものではなく、周囲の環境によって、「障害」となったり「健常」となったりすることがありうるといえる。

（2）脳の機能の違いによる行動への影響
　ADHDについてもう少し詳しくみていこう。ADHDとは、①不注意と②

68

多動性・衝動性という２つの特徴から診断される障害である。①不注意の症状には「学業、仕事、または他の活動中に、しばしば綿密に注意することができない、または不注意な間違いをする」「課題または遊びの活動中に、しばしば注意を持続することが困難である」などがある（高橋・大野監訳2014）。幼児期には、ぼんやりしていて話を聞いていないことがある、忘れ物やなくしものが多い、といった姿が見られる。②多動性・衝動性の症状には「しばしば手足をそわそわ動かしたりトントン叩いたりする」「席についていることが求められる場面でしばしば席を離れる」などがある（高橋・大野監訳2014）。幼児期には、目が離せないほど動き回る、座っていられない、順番が待てないなどの姿が見られる。いずれの行動も本人の我慢が足りないと見られたり、怠けていると思われてしまい、周囲からの叱責や注意を受けることが多く、自己肯定感が低下しやすい。

　しかし、これらの行動は本人の努力やしつけの問題ではなく、脳の機能の問題によって生じると考えられている（今村2020）。ADHDは複数の経路での脳機能障害が想定されているが、特に前頭前野の実行機能の不全が指摘されている（島田2019）。実行機能とは、プランニング、ワーキングメモリー、衝動性のコントロール、行動の抑制、思考の柔軟性といった、意思決定や抽象的思考、合目的的な活動を円滑に進めるためのさまざまな高次機能を包括的にとらえる概念である（日本LD学会2017）。ADHDの場合、これらの機能に問題が生じているために、悪気なく動き回ってしまったり、順番を守れなかったりするため、叱責されても行動の修正が難しい。庭野（2021）は、衝動的な逸脱行動をしてしまう子どもが「何者かが自分の中に入り込んできて勝手に僕の手足を動かすんだ」と表現していたことがあったと紹介している。このエピソードからもADHDの行動特徴の背景には脳の機能不全があり、意図的に逸脱行動をしているのではなく、自己制御がきかない状態で行動を起こしてしまうことがあると理解できるだろう。つまり、ADHDではない者がさほど苦労なくできることでも、ADHDのある者にとってはかなりの労力がかかることもあるといえる。しかし、こうした脳の機能の違いは見た目で判断することが難しく、ADHD当事者の苦労を当事者でない者が想像するのは難しい。

　ここではADHDを例にあげ、脳の機能の違いがあることで行動の違いが
生じることについて述べた。こうした脳の機能の違いは、物事や世界の「感
じ方」や「捉え方」自体の違いを生み出す場合もある。次に「感じ方」の違
いについてみていこう。

（３）脳の機能の違いによる感覚への影響

　物事や世界の「感じ方」や「捉え方」というのは一人ひとりがもつ脳の
機能によって異なる可能性がある。多くの場合、自分の「感じ方」や「捉
え方」が当たり前で、周囲の多くの人も自分と同じように物事を感じたり、
捉えたりしているものだと考えているだろう。しかし、「感じ方」の違いに
よって生きにくさを抱いている人もいる。ここでは、「感覚」を取り上げ、
その多様さについて述べる。

　「感覚」には、よく知られている五感（視覚・聴覚・嗅覚・味覚・触覚）のみ
ならず、固有覚や前庭覚というものがある。これらの感覚はすべての人間が
まったく同じように感じているわけではない。表5-2では、それぞれの感覚
に対して鈍感であったり、敏感であったりすることで、子どもが見せる姿を
簡単に示している。たとえば、視力には問題がないのに「動いているものを
目で追いかける、つかまえることが苦手である」というのは、視覚が鈍感な
ことによって起こっている可能性がある。逆に、視覚が敏感すぎると、周囲
にあるあらゆるものが気になってしまい、集中できない状態になる。普段の
生活の中でも、同じ部屋に複数の人がいると、暑いと感じる人もいれば、寒
いと感じる人もいて、エアコンの温度設定が難しいということがある。これ
と同じように、他のさまざまな感覚においても人によって感じ方は異なると
いえる。これらの感覚の違いも図5-1のように「鈍感」から「敏感」までが
連続していると考えられ、少しの程度の違いなら問題は生じないものの、そ
の違いが大きくなると個人の努力では解決できない問題となる。

　こうした感覚というのも脳が外部や内部の刺激をどう処理するかによっ
て異なるため、ADHDと同様にこちらも脳の機能の違いによるものといえ
る。つまり、脳の機能の違いによって、人の「感じ方」や「捉え方」が一人
ひとり異なっている可能性があるということである。こうした考えは、近年

表5-2　感覚の偏りによってみられる子どもの姿の例

感覚	鈍感	敏感
視覚	・動いているものを目で追いかける、つかまえることが苦手	・周囲のものをあちこち見てしまい気が散りやすい
聴覚	・人の声の聞き取りが苦手	・大きな音・特定の音が苦手
嗅覚		・「くさい」とよく訴える
味覚		・極端な偏食がある
触覚	・けがをしても痛がらない ・なんでも手で触る	・ふれられることを嫌がる ・歯磨き・つめ切りを嫌がる
固有覚	・必要以上に力を入れて遊ぶ ・物をそっと持つ・扱うことが苦手	・体がぐにゃぐにゃしている ・しっかりと力をいれて物を持てない
前庭覚	・回転するものを見つめることが多い ・頭を振る・体を揺する行動がよく見られる	・滑り台や階段を下りるのを怖がる ・バランスを崩しやすい ・転びやすい、姿勢が崩れやすい

（藤原里美　2015：19）

　ニューロダイバーシティ（neurodiversity）[注7]ということばでも注目され始めている。これは直訳すると「脳や神経の多様性」になるが、「脳や神経、それに由来する個人レベルでのさまざまな特性の違いを多様性と捉えて相互に尊重し、それらの違いを社会の中で活かしていこう」（村中 2020：2）という考え方を含むことばとして紹介されている。図5-1でも示したように、「障害」という状態が「健常」とは別に独立したものとして存在するわけではなく、それらは連続的に続いている。これは多岐にわたる脳の機能が一人ひとり少しずつ異なっており、それによって「感じ方」や「捉え方」も一人ひとり異なっていることを示しているともいえる。この一人ひとりの「違い」を認識し、尊重するということが、次のインクルーシブ保育にもつながっていく。

３、インクルーシブ保育とはなにか

　上記の「障害」のとらえ方を踏まえ、ここでは本題の「インクルーシブ保育」について考える。この「インクルーシブ保育」は、ここまで述べてきた「障害」の有無を超えて、人はみな異なる存在であるという前提にたったも

のである。以下では、まず「インクルーシブ保育」がどこからきたものであり、日本の保育現場ではどのようにとらえられてきたかを見ていく。そのあと、インクルーシブ保育の実践例を取り上げて考察する。

（1）サラマンカ声明からみる「インクルーシブ保育」

「インクルーシブ保育」という考えのもとになっているのは、1994年に出されたサラマンカ声明である。これは、スペインのサラマンカにおいて、ユネスコとスペイン政府の共催で開催された「特別ニーズ教育に関する世界大会」で採択されたものである。サラマンカ声明の一部を表5-3に示す。

表5-3にある「すべての子どもは、ユニークな特性、関心、能力および学習のニーズを」もつということがインクルーシブ教育の前提といえる。つまり、障害があるかないかではなく、そもそもすべての子どもが異なっており、その「きわめて多様な」特性やニーズを考慮にいれて教育をしていかなければならないという考えである。障害のある子どもを障害のない子どもの教育の中に合わせていくのではなく、教育システムや教育計画そのものを多様な子どもたちに合わせて考え直すということだといえる。

表5-3　サラマンカ声明

われわれは以下を信じ、かつ宣言する。
・すべての子どもは誰であれ、教育を受ける基本的権利をもち、また、受容できる学習レベルに到達し、かつ維持する機会が与えられなければならず、
・すべての子どもは、ユニークな特性、関心、能力および学習のニーズをもっており、
・教育システムはきわめて多様なこうした特性やニーズを考慮にいれて計画・立案され、教育計画が実施されなければならず、
・特別な教育的ニーズをもつ子どもたちは、彼らのニーズに合致できる児童中心の教育学の枠内で調整する、通常の学校にアクセスしなければならず、
・このインクルーシブ志向をもつ通常の学校こそ、差別的態度と戦い、すべての人を喜んで受け入れる地域社会をつくり上げ、インクルーシブ社会を築き上げ、万人のための教育を達成する最も効果的な手段であり、さらにそれらは、大多数の子どもたちに効果的な教育を提供し、全教育システムの効率を高め、ついには費用対効果の高いものとする。

（引用：国立特別支援教育総合研究所）

（2）日本における障害のある子どもを含む保育の現状

　日本では、1974年から一般の保育所で障害のある子どもの受け入れが本格的に始まり、「統合保育」という名のもとで障害のある子どもを含む保育が行われていた。これは、障害のない子どもたちの中に障害のある子どもを「統合」して保育するという方法である。この「統合保育」では、もともと保育の場で行われていた多数の障害のない子どもの保育を基本に、少数の障がいのある子どもがその中で一緒に生活できるよう個別に配慮するという形で保育が行われてきた。

　一方、保育現場では「気になる子ども」ということばも用いられてきた。保育に関する研究の中では、1980年代から「気になる子ども」が用いられはじめ、1990年代以降に急増し、2000年以降には、「従来の障害には当てはまらないものの何らかの障害の可能性がある子ども」という意味で使用されるようになった。その後、2005（平成17）年に発達障害者支援法が施行されたことなど発達障害への関心の高まりを背景に、「気になる子ども」の特徴が発達障害の特徴と類似していることが指摘されてきた（木曽 2016）。現在でも、「気になる子ども」ということばが使われることがある。これは保育所（園）に在籍している0-5歳児の子どもは発達途上であるため、この時期には障害があるかどうかの判断が難しいことが背景にある。しかし、保育者は多くの子どもたちとのかかわりの中で「ほかの子どもたちとは違う育ちにくさ」を感じとり、「気になる子ども」として早期に気づき、適切な対応を行う必要性を感じている。

　しかし、「気になる子ども」は保育所（園）内に10％前後在籍しているといわれており（佐藤ら2019）、これまで行ってきた統合保育のように、もともとの保育の形を変えずに「気になる子ども」に対して個別に配慮するという対応では保育はなり立たなくなっている。また、統合保育には、多数の障害のない子どもの保育に少数の障害のある子どもを「適応させる」というニュアンスが含まれることへの批判もある。浜谷（2018）は、統合保育を「みんな」が「同じ」であることが前提とされる保育と述べており、こうした保育では「こなす」「処理する」保育になってしまうと危惧している。

　上記のように保育現場の現実的な問題や統合保育に対する批判から、これ

までの統合保育の方法、つまり保育のあり方そのものは変えずに障害のある
子どもに対して個別の配慮を行う方法そのものへの見直しが迫られていると
いえる。このような現状から、日本でもインクルーシブ保育という考えに基
づく保育の実施とその検討が必要である。

（3）保育の場におけるインクルーシブの意識

　ここでは改めて、保育現場におけるインクルーシブやインクルージョンの
意味を考えてみよう。インクルージョンというのは、障害のあるなしを前提
にするのではなく、あらゆる子どもの多様性を認めながら、あらゆる子ども
を「包み込む（包摂・包括）」という考え方である。インクルージョンの対義
語にあたるのは、エクスクルージョン（排除）であるため、これを用いると
インクルージョンは「排除しない」とも言い換えられる。

　では、保育の中で「包み込む」「排除しない」というのはどういうことな
のだろうか。保育園やクラスの保育室という「場」から排除せずに、同じ場
所で過ごすということなのか、すべての子どもたちが同じ活動を同じように
行うということなのか。ここでは、ある保育園の園長（以下、A園長）の話
をもとに考えていきたい。

　保育の中で「排除しない」とはどういうことかという疑問に、A園長は
コップを例に以下のような話をしていた。図5-2にあるように、子どもたち
は一人ひとり違う大きさや違う形のコップを持っており、それぞれのコップ
に入っている水の量も一人ひとり異なっている。たとえば、アとイのコップ
のように形が同じでも大きさが違うこともあり、アとエのように大きさが似
通っていても、形がまったく違う場合もある。このコップは、一人ひとりの
子どもが生まれつきもっているものだとA園長は言う。また、アとウのよ
うに、同じ大きさ形のコップでも、そこに入っている水の量が異なる場合が
ある。水は子どもに対して周囲から与えられるかかわりやその子どもの経験
の豊かさを象徴しており、子どものおかれた環境によって異なる。そのた
め、同じ子どもでも日によって異なる場合もある。障害のある子どもという
のは、エのようにコップの形が他の子どもたちとは異なっているイメージで
ある。コップの形が異なるということは、他の多くの子どもたち（図5-2では

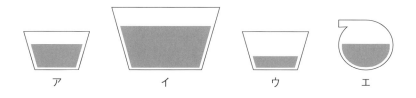

図 5-2　一人ひとりの違い

ア、イ、ウのような形のコップをもつ子どもたち）とまったく同じ方法では水が
うまく入らない。そのため、それぞれのもつコップの形に合わせた注ぎ方を
する必要があり、それが個別の配慮である。
　では、異なるコップと水をもつ子どもたちを「包み込む」「排除しない」
というのはどういうことなのか。A園長は「全員のコップを満杯にすること
が排除しないということ」と話す。つまり、注ぐ水の量や水の注ぎ方は一人
ひとりによって異なっていても、結果としてすべての子どものコップが満杯
の状態になる保育をすることが、インクルーシブ保育だということである。

（４）インクルーシブ保育の実践例
　上記のA園長のいる保育園ではどのような保育が行われているのか、10
年以上働くベテラン保育者（B先生）に具体的な実践事例について聞いた。
以下では、B先生に許可を得て、話の内容を整理して紹介する。

〈Yさんの劇遊びの事例〉
　この園では毎年生活発表会があり、３歳児以上になるとそこでクラスごと
の劇を行っている。園の方針として、生活発表会のため（保護者に「見せる」
ため）だけの劇ではなく、日々の保育の中で行う表現遊びや表現活動として
劇を行っている。とはいえ、４、５歳児になるとある程度長いストーリーを
子どもたちとシナリオを考えながら進めていくことになる。そのため、多様
な子どもたちがいる保育の中では進め方にも工夫が必要である。
　B先生が担任をしていた４歳児クラスにはYさんがいた。Yさんは見通し
が持てないと不安になり、感覚過敏のためにざわざわと落ち着かない環境に

いると大きな声を出したり、保育室から飛び出していってしまったりすることがあった。Ｙさんには障害の診断があったわけではないが、Ｂ先生は日々の保育の中でＹさんのそうした困りに気づいていた。発表会に向けた劇遊びにおいても、Ｙさんが困る場面が出てくるだろうとＢ先生は予想した。

　そこでＢ先生は、クラス全体で劇遊びをする時間にＹさんは別のクラスの保育室で遊んでいられるようにし、それ以外の時間に先生とＹさんで１対１の劇遊びを行うことにした。そして、クラスでの劇遊びも回数を重ね、クラスの子どもたちがセリフや展開を覚えてスムーズに劇が進行するようになったころ、Ｙさんもクラスの劇遊びに参加するようにした。このときには、Ｙさんが個別の劇遊びで流れを理解し、見通しがもてるようになっていたこと、また他の子どもたちも落ち着いて劇遊びをしていたことから、Ｙさんは大声を出したり保育室から飛び出したりすることもなく、クラスの劇遊びに楽しみながら自信をもって参加することができた。

　この事例を読むと、「Ｙさんだけ個別に劇遊びをするというのはインクルーシブといえるのか」と疑問をもつことがあるかもしれない。これに対しては、図5-2で述べたコップの話を思い返してみてほしい。保育の中で保障すべきことは、一人ひとりの子どものコップを満杯にすること、つまり一人ひとりの豊かな経験や育ちの保障である。この事例では、個別の劇遊びでＹさんの経験が積み重なり、最終的にクラスの中でも楽しみながら自信をもって参加できるようになっていた。つまり、ここでは個別の劇遊びの積み重ねがＹさんの豊かな経験や育ちにつながったといえる。最初から「場を同じにする」ためにクラスの中で一緒に劇遊びをする形であれば、Ｙさんは劇遊びの途中で保育室を飛び出し、劇遊びに参加することや楽しむことが難しかったかもしれない。

　また、事例のような個別の対応は「周囲の子どものＹさんに対する偏見や差別を生むのではないか」という指摘を受けることがある。これに対してＢ先生は「Ｙさんだけ別の部屋で遊んでいることに対して、他の子どもたちから不満や疑問は出てこなかった。周囲の子どもたちはＹさんだけが特別とは思っていないと思う」と話していた。なぜ周囲の子どもたちはＹさんの「特

別扱い」に不満や疑問をもたなかったのだろうか。この理由は2つあると考える。1つは、子どもたちそれぞれが自分のしている活動を楽しんでいるからである。これが「（保育者に指示されて）やらされている劇の練習」では、「Yさんだけ（嫌な劇遊びをやらずに）自分の好きな遊びができてずるい」と思う子どもが出るだろう。しかし、子どもたちはその劇遊びに主体的に参加しているので、Yさんだけが「好きな遊び」をしているわけではなかった。もう1つは、B先生が「クラス全員のことを特別扱いしているから」と話す。子どもたちは、Yさんのみが特別に扱われているわけではなく、「B先生は自分が困ったときには自分のことも助けてくれる」という信頼を抱いていた。実際に、今回紹介したのはYさんへの配慮であったが、B先生はその場その場で困っている子どもに対してそれぞれ個別の対応を行っていた。そのため「Yさんだけがずるい」という声にはならなかったといえる。

　この実践でもう1つ重要なことがある。それは「特別扱い」のみで終わらないことである。Yさんもクラスの一員として、「みんなと一緒にやりたい」、「クラスの劇に参加したい」という思いがあった。同じように、他のクラスの子どもたちも、Yさんもクラスの一員であり、Yさんも一緒のほうがより楽しいという思いがあった。だからこそ、最終的には「みんなが一緒に楽しめる」形を目指しながら、Yさんに必要な配慮を工夫しながら保育を行っているといえる。もちろんこれは子ども一人ひとりの状態やニーズによる。今回紹介したYさんへの対応がすべての子どもにとってよい対応というわけではなく、最終的に全員の中に参加することがすべての子どもにとってよいというわけでもない。そこにいる子どもたち一人ひとりの違いを理解し、一人ひとりのコップを満杯にするためにはどういった対応がよいのか、時には保育のあり方そのものを見直しながら、考えて実践していくことが重要であろう。

4．インクルーシブ保育の実践課題

　ここまでインクルーシブ保育の理念や必要性について述べてきたが、実践していくためには課題も多い。ここではYさんの事例を紹介したが、こうしたインクルーシブ保育を実践するまでには、保育者や保育現場が子ども一人

ひとりと向き合う実践を積み重ねてきたことが根底にある。ここでは、インクルーシブ保育の実践における課題について考察する。

（1）一人ひとりの違いを理解し、集団の中で複数の違いに合わせる困難さ

統合保育においては、もともと保育の場で行われていた多数の障害のない子どもへの保育を基本にしていたため、保育のあり方そのものについては見直す必要が少なかった。障がいのある子どもも少数であったため、その子どもが保育に適応できるように、その子どもができにくいことを補う形で個別の配慮を行い、保育を成立させることができていた。しかし、10％前後もの「気になる子ども」がいる現状では、配慮すべき子どもがクラスに１人だけということは少ない。元来すべての子どもが一人ひとり異なっているという考えがインクルーシブ保育の前提であった。異なる「感じ方」や「捉え方」をもち、異なるニーズをもつ子ども同士が集団で生活するという場においては、子ども同士のニーズが異なったり、ぶつかり合ったりすることも多い。そのため、画一的な保育ではなく、そこにいる子どもたち一人ひとりとその集団に合わせたオーダーメイドの保育をその都度考えて実施していくことが求められるのである。

しかし、一人ひとりの「感じ方」や「捉え方」、ニーズなどを子どもたちは言語で明瞭に表現してくれるわけではない。特に保育の対象となる乳幼児期は発達途上であることもあり、その時々に子どもが示す行動によって保育者がその子どもの「感じ方」や「捉え方」、ニーズなどを把握する必要がある。これまでの統合保育では、明確な障害の診断名がある子どもが配慮の対象であったため、診断名を頼りに子どもを理解することができた。しかし、「気になる子ども」はそもそも診断がつきにくい子どもたちであり、たとえ診断が得られたとしても１人ひとりでその様相は異なっている。実際の対応を考えるためには、目の前の子ども一人ひとりを理解することが必要不可欠である。

このように考えると、インクルーシブ保育にはある一定の効果的な保育方法というものが見いだしにくく、目の前の子どもたち一人ひとりを理解し、

加えてそれらの子ども同士の関係性も理解しながら、保育のあり方そのもの
を子どもたちに合ったものにしていく必要があるといえる。この定式化の難
しさがインクルーシブ保育実践の困難さの大きな要因となっている。

（2）保育者の専門性と物的・人的環境の課題

　上記のような保育を実施するためには、保育者の高い専門性が不可欠であ
る。保育士資格取得までの保育士養成課程や国家試験の中では、障害児保育
について学ぶ機会があるものの、一人ひとりの多様なニーズとそれに合わせ
た保育についてすべて網羅して身につけることは不可能である。そのため、
実践の中で日々の保育をていねいに振り返り、省察を繰り返すことで、子ど
もを理解する力やそれに合わせて保育を計画し実施する力を養っていく必要
がある。しかし、現在の保育現場には省察することのできるゆとりがない場
合も多い。先述の通り、クラスの中に配慮が必要な子どもが複数いるため、
その対応に追われて疲弊している場合もある。また、保育の振り返りや見直
しの方法の1つに保育記録や保育計画の作成があるが、業務時間内に記録等
を作成するためのノンコンタクトタイム[注8]が「まったくとれない」と回答した
保育者が約4割にのぼる（公益社団法人全国私立保育園連盟調査部編 2019）。こ
うしたことから、現在の保育現場では一人ひとりをじっくり観察して理解に
努めたり、保育のあり方そのものを見直したりするゆとりがなく、その場し
のぎの対応に終始してしまいやすい。ゆえに、適切なインクルーシブ保育の
実践や、そのために必要な保育者の専門性の向上もはかりにくい。

　また、たとえば先述の事例のように、クラスの劇遊び中にＹさんが別の
保育室で遊んでおくためには、それが可能となる複数の保育室と保育者が必
要である。しかし、近年は都市部を中心に待機児童の問題があり、保育室の
数やスペースにゆとりのない園も増えている。また、現在の保育士の配置基
準（たとえば、4、5歳児で子ども30人に対し保育士1人）では、一人ひとりの
違いに合わせた保育は困難である。一人の保育者が30人の子どもを一度に保
育しようとすると、子どもたち全員が「同じ」ように活動することを強制せ
ざるを得ない場面が頻繁に生じてしまう。一人ひとりの違いを前提としたイ
ンクルーシブ保育を実践していくためには、こうした国の基準そのものを見

直し、保育の物的・人的環境もより適切なものに変えていく必要があるだろう。また、一人ひとりに合わせた保育は、ともすれば子どもを甘やかしているなどと否定的に受け止められやすい。園全体でインクルーシブ保育の理念をただしく理解し、保育者同士の多様性も認め合いながら、互いの保育を肯定的に支え合える連携体制が求められる。

5．おわりに

　本章では、まず「障害」と「健常」はひと続きのものであり、明確に二分できるものではないことを示した。次に、脳機能の違いや感覚の違いを例に挙げ、「感じ方」や「捉え方」というのは人によって異なる可能性があることを述べた。そのうえで、一人ひとりの違いを前提として、すべての子どもたちを包むこむインクルーシブ保育の理念と必要性、実践の具体例を紹介した。最後にインクルーシブ保育を実践する際の課題として、一人ひとりの違いを理解し、集団の中で複数の違いに合わせることの困難さ、保育者の専門性と人的・物的環境の問題を指摘した。

　これらのことから、インクルーシブ保育の理念が保育現場に浸透することで、すぐに適切な実践ができるわけではなく、インクルーシブ保育が可能となるために保育現場を支えるシステムの構築が必要であると考える。保育者は子どもやその家族の一番身近な存在であり、それゆえにさまざまな役割が期待されている。保育者があらゆる面で専門性を高めることは現実的ではなく、一人の保育者のみで解決できることにも限りがある。社会全体で子どもをよりよく育てていくためにも、園内のみならずさまざまな専門機関や専門職等との連携体制の構築が今後さらに重要となるだろう。そうした連携の中でインクルーシブ保育の理念に沿った保育の実践を積み重ね、保育現場にとどまらず社会全体がインクルーシブな環境になるように努めていく必要がある。サラマンカ声明やニューロダイバーシティの考えにもあるように、本来子どもたちは一人ひとり異なるということを前提に、どのように保育をしていくことが「誰一人取り残さない持続可能で多様性と包摂性のある」保育になるのか、SDGsのゴール3「すべての人に健康と福祉を」や、ゴール4「質の高い教育をみんなに」の達成につながる保育の実施のためにも、今後

も検討を続けていきたい。

注

1　DSM-5とは、アメリカ精神医学会（American Psychiatric Association）によっ
　　て示されている精神障害の診断と統計マニュアル（Diagnostic and Statistical
　　Manual of Mental Disorders）の第5版のことである。

2　ICD-11とは、世界保健機構（World Health Organization: WHO）によって示さ
　　れている国際疾病分類の第11版のことである。

3　本章では発達障害とは「自閉症、アスペルガー症候群その他の広汎性発達障害、
　　学習障害、注意欠陥多動性障害その他これに類する脳機能の障害であってその
　　症状が通常低年齢において発現するものとして政令で定めるもの」とする発達
　　障害者支援法の定義を採用する。ただし、個別の診断名についてはDSM-5に基
　　づいて記述する。

4　子どもは本来このように育つという「正常発達」が存在するわけではない。一般
　　的に「正常発達」と呼ばれるものも、その時代や社会の中の一般的な養育形態
　　を通して育った子どもたちの平均をとればどのような発達のパターン（定型）
　　が取り出せるかということに過ぎない（滝川 2017）。そのため、ここでは「正
　　常発達」ではなく平均的な発達のパターンという意味で「定型発達」という言
　　葉を使用している。

5　固有覚とは、「筋肉や関節に感じる感覚で、体の位置や動くときの力の入れ方
　　（加減）を理解するために使うもの」（藤原2015：18）である。

6　前庭覚とは、「内耳にある三半規管に感じる感覚で、自分の頭の位置を感じ体の
　　バランスをとったり姿勢を保ったり、動くときのスピードを理解するために使
　　うもの」（藤原2015：18）である。

7　1990年代に「高機能」自閉症スペクトラム障害の成人のコミュニティの中から出
　　現した考え方とされている（美馬 2017）。

8　ノンコンタクトタイムとは、通常の連続した8時間の勤務時間内で休憩時間とは
　　別に、物理的に子どもと離れ、各種業務を行うことを指す（公益社団法人全国
　　私立保育園連盟調査部編 2019）。ノンコンタクトタイムを勤務時間内に確保す
　　ることで、保育記録や計画等の書類作成作業等に集中して取り組むことができ、
　　残業削減という保育者の労働環境の改善や保育の質の向上にもつながると期待
　　されている。

引用・参考文献

藤原里美（2015）『多様な子どもたちの発達支援　園内研修ガイド』学研教育みらい

浜谷直人（2018）「同質性（同じ）を前提とする保育から多様性の尊重へ」浜谷直
　　人・芦澤清音・五十嵐元子・三山岳『多様性がいきるインクルーシブ保育――
　　対話と活動を生み出す豊かな実践に学ぶ』ミネルヴァ書房，3-45

今村明（2020）「第2章　特別の支援を必要とする子どもの理解　2．注意欠如・多動症（ADHD）の子どもの発達」吉田ゆり編『特別の支援を必要とする多様な子どもの理解—「医教連携」で読み解く発達支援—』北大路書房，31-46

木曽陽子（2016）『発達障害の可能性がある子どもの保護者支援——保育士による気づきからの支援』晃洋書房，4

国立特別支援教育総合研究所『サラマンカ声明』http://www.nise.go.jp/blog/2000/05/b1_h060600_01.html#sen1（最終閲覧日2021年10月26日）

公益社団法人全国私立保育園連盟調査部編（2019）『ノンコンタクトタイム調査報告書』https://www.zenshihoren.or.jp/pdf/torikumi_7.pdf（最終閲覧日2021年10月26日）

美馬達哉（2017）「脳多様性論（neurodiversity）と発達障害支援」『精神科治療学』32（12），1643-1648

村中直人（2020）『ニューロダイバーシティの教科書——多様性尊重社会へのキーワード』金子書房，2

日本LD学会編（2017）『LD・ADHD等関連用語集第4版』，82

庭野賀津子（2021）「注意欠如・多動症の支援に脳科学を活かす」『東北福祉大学教育・教職センター特別支援教育研究年報』（13）97-106

佐藤日菜・田口敦子・山口拓洋・大森純子（2019）「保育士による発達上「気になる子」の保護者への支援の実態と関連要因の探索：発達上の課題の伝達に着目して」『日本公衆衛生雑誌』66（7），356-369

島田博祐（2019）「第13章　ADHD」梅永雄二・島田博祐・森下由規子編『みんなで考える特別支援教育』北樹出版、135-140

髙橋三郎，大野　裕（監訳）（2014）『DSM-5 精神疾患の診断・統計マニュアル』医学書院，58-59

滝川一廣（2017）『子どものための精神医学』医学書院，66

第6章
障害者アイデンティティとは

田垣 正晋

1．持続可能な開発目標とアイデンティティ

　本稿の目的は、国連の持続可能な開発目標（SDG）sの「10．人や国の不平等をなくそう：国内および国家間の格差を是正する」を念頭において、障害者アイデンティティという考え方の概要を、発生した経緯や隣接概念との関係性を示すとともに、その形成の実践的意義を提唱することである。

　不平等の解消や格差の是正を考える際、人々の多様性をどのように尊重するかが重要になる。個々人のみならず、地域社会、集団、国それぞれがさまざまな属性をもっている。本稿のテーマである「障害者」も同様である。男性の運動機能障害者と、同じく視覚障害者ならば、ジェンダーは同じでも、障害の種類は異なる。どの属性も重要だが、本稿で問うのは、個々の障害者が、場面やライフステージにおいて、どの属性に注目するかについてである。これを考える上で「アイデンティティ」という考え方が極めて有効である。これは、SDGsの目標の多くは障害者の課題と関連しており（横地、2017）、今回の論考は、目標4の一部である生涯学習の機会の促進、目標8の雇用と働きがい、目標11の包摂的で安全かつ強靱（レジリエント）で持続可能な都市および人間居住とも関係している。

　アイデンティティとは、精神分析学者のエリクソン（Erikson, 1959/2011）によって提唱され、自己同一性と訳される。簡単にいえば、その意味は、自分が何者であるかに関する認識、およびこれを問う行為自体といえる。アイデンティティは、単に現在の生活のみならず、過去から未来に至るまで時間軸をもった自己のとらえ方である。一般的には、アイデンティティが確立している人は、明確な自己像、安定した心理状態といった、望ましい状態にいるとみなされやすい。そうでない場合には、自分が何者かがわからなく、自

己像や心理状態が不安定ととらえられやすい。エリクソン自身がアイデンティティを問い続けていたことをふまえれば、このような二分法は単純すぎるものの、ある程度は妥当である。

　エリクソンの伝記（Friedman、1999/2003）によれば、彼は、オーストリアにおいて、母親の初婚相手との間に生まれ、再婚相手のもとで育った。当初は画家としての教育をうけ、その後独学で精神分析を学んだ。ナチスの迫害を恐れて、ヨーロッパからアメリカに移住し、精神分析学者あるいは心理学者の大家になった。だが、このように、出自、居住地、仕事の専門性に至るまで、確固たる出自あるいは基盤を問い続けていたようである。アイデンティティのという考え方には、彼の人生が強く反映されている。

　エリクソン自身は、アイデンティティを個人ではなく、極めて社会文化的あるいは歴史的なものととらえていたが、社会、特に集団に焦点化した、「社会的アイデンティティ」という考え方が提唱された。提唱者は、個人が属するさまざまな集団、および集団間の相互作用としての成員の関係性に注目し（Hogg & Abrams, 1988/1995）、社会的アイデンティティとは、その成員に対する感情や価値付けから、どのような自己像を持っているかを問うている。社会的アイデンティティにおける集団には、ジェンダー、エスニシティ、勤め先、出身校、出身地などいろいろなものを想定でき、「障害者」もこれらの一つになりうる。

2．障害者アイデンティティ

（1）障害者アイデンティティと社会的アイデンティティ

Forber-Pratt, Merrin, Mueller, Price, & Kettrey（2020）は、障害者アイデンティティには多くの意味があるものの、障害を持つ自己および障害者コミュニティに対する帰属あるいは連帯意識とまとめている。障害者アイデンティティをもつことは、障害者が社会的あるいは日常生活上の困難に直面した際に、解決策を考える上で有利であり、特に、健常者が多数を占める社会において、必要においてみずからの立場を申し立てたり、自分の価値を示したりする。

　障害者アイデンティティは、社会的アイデンティティと関係している

（Nario-Redmond & Oleson, 2015）。社会的アイデンティティ理論では、政治的および集合的な活動を行う集団とのつながりから、人が自己の肯定感をもつことを重視する。障害者運動はこのような活動の一つといえ、障害者のアイデンティ確立や社会変革になってきた。

　障害者が障害者アイデンティティをどの程度持っているのかを調べるための尺度が開発されている。Forber-Pratt, Merrin, Mueller, Price, & Kettrey（2020）は、青年期以降の、さまざまな種類や程度の障害者を対象に質問紙調査をし、その回答から次のような4つの因子を見いだしている。「自分の障害と障害者コミュニティに対する信念」とは、障害者が障害者関連の活動に参加したり、他の障害者と経験を共有したりすることである。「障害に関係する怒りやフラストレーション」とは、社会資源や建物へのアクセスビリティの悪さ、差別的な態度、サポートの不足、連帯感の欠如に基づいている。「障害者コミュニティが持つ価値観の取得」とは、健常者中心主義に対する異議申し立てであり、場合によっては差別的な対応に困っている障害者を助けたりすることがあるという。「障害者コミュニティへの貢献」は、価値を共有するのみならず、より積極的に活動に関与したり、障害者コミュニティの考え方を広めたりすることである。以上をふまえれば、障害者アイデンティティは、社会的アイデンティティよりも、より広い社会文化的な文脈から、自己の価値を強めようといえる。

　障害者アイデンティティは、偉業を成し遂げた障害者を賛美するものではない。特に、超越的な障害者を賞賛することに対しては、通常の生活を送ろうとしているの障害者から厳しい批判がなされている。障害者アイデンティティの研究では、このことをふまえるべきだろう。

（2）リハビリテーション心理学と障害者アイデンティティ

　障害者アイデンティティの研究は近年発展してきたが（Dunn, 2019）、従来のリハビリテーション心理学の知見と通じると考えられる。リハビリテーション心理学は、元々は第二次世界大戦における傷痍軍人の支援のためにアメリカにおいて始まり、現在では広く障害者の理解促進や心理的支援を目的としている。

　その基盤の一つは、Wright（1983）による価値転換理論である。Wright（1983）は、傷痍軍人へのインタビュー調査をもとにして、障害者が障害を不便かつ制約的なものでありながらも、自分の全体を価値低下させるものではないと認識することと定義している。いいかえれば、障害者が、たとえ障害によりみずからの価値を低くめると感じるにしても、それは自己の一部にとどめることの重要性を指摘した。それには、自己の価値を判断する際には、他者と比較する（比較価値）ではなく、みずからの判断基準（資産価値）が重要であることを重視した。その後の研究においてWright（1983）の有用性が指示されている。

　リハビリテーション心理学は、価値転換理論に基盤を置いており、障害者個人に焦点をおいていると見受けられるが、社会文化的側面はもちろん、政策を意識している（Dunn, 2019）。特に、Wright（1983）は、障害者の障害ばかりに焦点を当てる社会的態度の改善を強く意識し、アメリカ障害者法の成立にも影響を及ぼしたと考えられている（Wurl, 2008）。

3．優生思想と障害者アイデンティティ

　前述したように、障害者アイデンティティには、障害者コミュニティが有する価値観、特に、健常者が多数を占める社会に対する異議が含まれている。その一つが、優生思想に対する危機意識であり、障害者運動を含めたさまざまな活動、および連帯意識の醸成とつながっている。優生思想とは、優生学"eugenics"から派生しており、障害者や病者など、社会的弱者とされる人たちを否定する価値観といえる。優生学自体は、イギリスのフランシス・ゴルトン"Francis Galton"によって、命名され、人類の遺伝的素質を改善することによって、悪質な遺伝的形質を淘汰し、優良なものを保存することにより、人類の発展を目指す学問的立場である。

　優生思想への異議の基盤は、1970年代に展開した障害者運動、特に、脳性麻痺の人々が中心になった青い芝の会にある。ある親が障害のある我が子を殺したことに対して、減刑運動が始まった。同会は当初は親睦団体だったが、このような活動は、障害者の存在を否定するものだと反対運動を展開し、その後は公共交通へのアクセスの改善など、いろいろな課題をアピール

するようになった。同会は、「内なる優生思想」という言葉を使って、当時の経済成長や生産性、あるいは、身体的美しさや、何かができることをよいとする能力主義を批判するようになった。

　優生思想があらためて注目されるようになったのは、2016年の相模原障害者施設（神奈川県）における殺傷事件である。元職員が45人の入所者を殺傷し、その動機の趣旨は、犯人がいうところの、話すことができない、障害者の生を否定するようなものだった。この事件から施設の安全管理や入所施設自体の問題など、いろいろな議論が生じた。本稿との関連でいえば、犯人の動機が、優生思想の顕在化ととらえられていることである（鶴野、2017）。障害者団体は、社会の多くが犯人を非難するものの、犯行動機に理解を示すような見解が見られることに危機感をもっている。事件後、障害者においては、自身自分に対する他者の視線をおそれるようになったとこともある。

　鶴野（2017）によれば、この事件で再認識された優生思想は、障害者福祉における「共生」といった啓発メッセージの限界を示している。ただし、犯人が語る動機には、人類や民族の進化といった考えをうかがえないことから、今回の事件を優生思想と単純に結びつけることに異論が出されている（二宮、2019）。

　青い芝の会が提唱した「内なる優生思想」は、厳密には、障害者がもつ「内なる健全者幻想」として、障害者側の認識の変化を期待していた（森岡、2009）。障害者自身が、少しでも「健全者」（健常者、あるいは障害がない人）に近づきたい、障害者は不幸であり、障害がない人は幸福だ、といった考え方に異を唱えた。マジョリティである健常者が用意した、障害を否定的に捉える障害者像と価値基準」の批判から出発しており、障害者がみずからを肯定し、障害者独自のものの見方、考え方を肯定することを促した。

　優生思想は社会運動的な意味合いや、前述の事件のように社会的インパクトの強い出来事と関係しているために、障害者がなじみにくいかもしれない。しかし、障害者アイデンティティにおける社会変革、および障害者コミュニティにおいて共有されている価値規範としては意義深いのである。

4．言説としての社会モデル

（1）社会モデルとは

　障害者アイデンティティが重視する、既存の価値規範への対抗の根拠の一つが障害の社会モデルである。社会モデルは、簡単にいえば、障害者がもつさまざまな支障の第一義緒的な要因は、広義の社会環境にある、という立場である。広い意味での社会的、文化的、歴史的環境にある、というものである。社会モデル自体よりも、社会モデルという名称自体が、みずからの障害に対する肯定的な意味づけ、既存の障害者観やへの異議や、物理的制度的障壁の改善を障害者に語らしめているといえる。

　社会モデルの意味合いはさまざまである。その理由の一つは、医学モデルにおける社会環境への注目との混同と思われる。医学モデルにおいても、環境要因は重視されてきたが、根本的な要因としての生物学的あるいは医学的状態はおかれたままである。ここで、足の麻痺により車いすを使う人が、エレベーターがついていない建物の上層階にいけない理由を考えてみる。その理由が、「エレベーターがないことことが大きい。足が不自由でなければ、上層階には行ける」ということだとすれば、この理由は、後者が含まれる点において、社会モデルを反映しきれていない。

（2）障害学と社会モデル

　社会モデルは、1990年代にイギリスおよびアメリカで発展した障害学という学問分野によって提唱された。障害学が目指すのは、医療、社会福祉、教育といった従来の「援助」という枠組みからいったん離れて、障害者に関する社会文化的事象を研究する。障害学は、援助を不要とするのではなく、障害者を援助という枠組のみでみることへの異議申し立てである。障害学の発展に寄与した多くの研究者自身が障害者であり、障害者運動にも従事していた。イギリスとアメリカの障害学には違いがあり、前者では労働市場における生産性に、後者ではマイノリティの社会的自己に焦点をあてているが、共に従来の生物医学的状態を根本原因とする障害者観を否定する。我が国の障害学は、学会活動としては2000年前後から活発になっているが、1970年代の

障害者運動が基盤に置いた優生思想は、障害学あるいは社会モデルと相通じる（石島、2016）。

（3）我が国の障害者政策と社会モデル

我が国の障害者政策においては、社会モデル的な考えとして、社会的障壁がつかわれている。障害者基本法の文言は注目に値する。

第二条　この法律において、次の各号に掲げる用語の意義は、それぞれ当該各号に定めるところによる。

一　障害者身体障害、知的障害、精神障害（発達障害を含む。）その他の心身の機能の障害（以下「障害」と総称する。）がある者であって、障害および社会的障壁により継続的に日常生活または社会生活に相当な制限を受ける状態にあるものをいう。

二　社会的障壁障害がある者にとつて日常生活または社会生活を営む上で障壁となるような社会における事物、制度、慣行、観念その他一切のものをいう。

第二条の第二項「社会における事物、制度、慣行、観念その他一切のもの」とは、社会的に自明視されていることも含まれるととらえることができる。障害者差別解消法にもこの文言は用いられている。ただし、法制度である以上やむを得ないのかもしれないが、これらの法律における社会的障壁を誰により除去あるいは軽減されるのか、従来の生物学的医学的要因との兼ね合いははっきりしない。我が国の政策では、社会モデルが示す、広範囲な社会環境の意味をとらえようとしているものの、その介入的側面には踏み込んでいないといえる。

5．障害者アイデンティティが醸成される場

（1）障害者アイデンティティにおける依拠する基準

障害者アイデンティティの理論的基盤の社会的アイデンティティは、社会比較という考え方をもっている。それは、人は自己を他者と比較すること

で、その社会的位置づけを認識することといえる。社会比較は、障害者同士の「比べあい」として望ましくない行為とみなされているかもしれない。だが、障害者としての自分のみならず、自分以外の障害者、自分を含めた障害者一般と社会とのつながりを考える契機になる。

　各障害者が自分以外の障害者や障害者コミュニティとつながる際に、各障害者が依拠する基準はさまざまである。たとえば、障害の種類、障害の程度、受障時期（幼少期からか青年期以降か）、年齢、ジェンダー、エスニシティなどである。障害の種類がしばしば用いられ、障害者団体や、障害者政策も同様である。

　ニーズを基準にしたつながりも想定できる。視覚障害者と運動機能障害者は、移動の支援を要することがある。視覚障害者と聴覚障害者は、点字や拡大文字、音声読み上げ、手話や要約筆記、音声の文字化など、情報伝達手段の代替措置を要する。内部障害、知的障害者、発達障害者は、外見上わかりにくい障害をもつため、その困難を理解されにくい。内部障害と精神障害者は、医療や服薬のつながりが強く、このことが災害時に顕著になる。医療的ケアを要する障害者の場合の連帯感もあるかもしれない。

　障害者になってからの時間が長い合、準拠基準は変化しうる。田垣（2004）によれば、脊髄損傷者は、当初は自分と同じ種類の障害者と経験を共有し、連帯感を持っていたものの、障害者団体においていろいろな障害者と接する中で、視覚障害者など、自分とは種類が異なる障害者と社会的境遇が類似していることを知るようになった。

（2）当事者参加型会議と障害者同士の関係性

　田垣（2004）は、個々の障害者の立場から障害者アイデンティティの形成を検定しているが、障害者が集まる場面での研究も必要だろう（Forber-Pratt, Lyew, Mueller, & Samples, 2017）。ここでは、筆者が長年関与してきた、大阪府八尾市における、障害者政策の住民会議を取り上げる（Tagaki, 2017; 2021）。この住民会議は、実質的には2002年度から始まり、その目的は障害者政策の進捗に、多様な種類の障害者が継続的に関わることである。一年間に5,6回開催され、構成員は15名程度である。

　八尾市という自治体が設置している住民会議ではあるが、メンバーはみずからが属する障害者団体や組織の利害にとらわれないこと、メンバーの障害の種類は、運動機能障害、視覚障害、聴覚障害、内部障害、知的障害、精神障害など多様であるために、双方の違いを尊重することを進行上合意していた。

　障害の種類はさまざまではあるが、いろいろな活動が会議から派生した。たとえば、障害者理解促進の冊子、災害時の障害者支援のマニュアル、放置自転車の軽減のキャンペーン、年に１度のシンポジウムなどである。

　メンバー間には、障害者同士および、障害者以外の人々と活動をすることによって、ある種の連帯感が醸成されたようである。メンバーが障害者の雇用を促進する方法について話し合った際、一般の労働市場では障害者が不利であること、健常者がもつ障害者の雇用上の能力観に対する異議、障害者ゆえにできる仕事を見いだすことの重要性がメンバー間において共有された。この住民会議では、公共交通のアクセスビリティや市街地の歩道の通りやすさを改善するために、高齢者、ベビーカーを使う人たちなど、いろいろな人と協働した。同時に、この協働によって、障害者ならではの課題への取り組みが減るかもしれないという懸念がメンバー間にあったようである。また、公共交通における多言語の運行情報や安全の説明は、障害者を含めて多様な社会的マイノリティに有益であると同時に、一部の障害者は情報の取捨選択をしづらくなりうるという見解もあった。メンバーは、障害者を含めたより広範囲な基準に依拠することの利点と、それによる課題、そして障害者同士の凝集性を認識したかもしれない。

　障害者間の違いも顕在化した。たとえば、ある精神障害のあるメンバーは、自分の苦労を、同じ経験をしていない人には理解されにくいことを指摘した。身体障害をもつメンバーは、精神障害と身体障害の違いはそれほど大きくなく、身体的な困難が精神的な困難につながることがあると主張した。多様な障害者が集まる住民会議においては、このやりとりは、否定されるものではないだろう。このやりの後も住民会議は続いている。

　障害者の多様性を尊重するには、各メンバーは自分の経験を話すことになり、他のメンバーは、完全には理解しにくいことがるだろう。Maitlis &

Christianson，（2014）によれば、組織のメンバーが、曖昧さや不確実さに直面した際、そのメンバーは、新しい方法でその状況をとらえようとする。ただ、このためには、本住民会議のように、長い活動期間が必要だろう。

　なお、八尾市の住民会議は、SDGsの目標4と8および10のみならず、11とも関連する。障害者間の相違、障害者と他の地域組織との共同のあり方、それによる住民の心理社会的側面の変容を考えている。

6．障害者の生涯学習と障害者アイデンティティ

　さいごに、障害者アイデンティティの研究と、障害者の生涯学習とのつながりについて検討する。文部科学省（2017）は「特別支援教育の生涯学習化」をうちだした。この背景には、社会モデルを重視する、障害者権利条約の批准があると考えられる（井口、2020）と同時に、SDGsの目標4や10はもちろん、学習活動が町作りと一体化すれば11とも関係する。同時に、障害者本人や支援者たちにより行われてきた活動を顕在化させるだけではなく、公民館といった既存の施設の活用方法（井口、2020）を問うことになる。

　筆者は、「特別支援教育」というよりも、障害者の「生涯学習」により、障害者アイデンティティの形成に結果的になることを期待する。「特別支援教育」をあえて含めないのは、少なくとも我が国においては、本稿でいう障害者アイデンティティについては論じられていないようだからである。津田（2019）は、障害者の学習を、学校や社会福祉協議会が行う「フォーマル性の高い」ものと、障害者が働く喫茶やたまり場といった「インフォーマル性の高い」ものとにわけている。筆者は、後者の特徴をもつ活動において、障害者アイデンティティの形成が生じると考える。少なくとも、障害者アイデンティティをフォーマルな教育の目標として入れ込むことは難しいだろう。八尾市の住民会議において顕著だったように、障害者アイデンティティの形成には、多様な障害者が集まっていること、その活動において不確実さや曖昧さが生じることが重要と思われる。

　今後、インフォーマル性の高い活動における障害者アイデンティティの形成の知見の蓄積を要する。また、既存の膨大なアイデンティティ研究と障害者アイデンティティとのつながりをより検討すれば、インフォーマルな教育

における障害者アイデンティティの形成についての知見を得られるかもしれない。

文献

Dunn, D. S.（2019）. *Understanding the experience of disability: Perspectives from social and rehabilitation psychology*, NewYork, NY: Oxford University Press.

Erikson, E. H.（1959）. *Identity and the life cycle: Selected papers*. New York: International Universities Press.（西平直・中島由恵（訳）(2011). アイデンティティとライフサイクル. 誠信書房）.

Friedman, L.（1999）. *Identity's architect: A Biography of Erik H. Erikson*. Cambridge, Massachusetts: Harvard University Press, やまだようこ・西平直（監訳)鈴木真理子・三宅真季子（訳)(2003). エリクソンの人生　アイデンティティの探究者. 新曜社.

Forber-Pratt, A. J., Lyew, D. A., Mueller, C., & Samples, L. B.（2017）. Disability identity development: A systematic review of the literature. *Rehabilitation Psychology, 62（2）*, 198-207.

Forber-Pratt, A. J., Merrin, G. J., Mueller, C. O., Price, L. R., & Kettrey, H. H.（2020）. Initial factor exploration of disability identity. *Rehabilitation Psychology*. doi:http://dx.doi.org/10.1037/rep0000308

Hogg, M. A. and Abrams, D.（1988）. *Social identification: A social psychology of intergroup relations and group processes*, London: Routledge.（吉森讓・野村泰代（訳)(1995)社会的アイデンティティ理論. 北大路書房）.

井口, 啓.（2020）.「障害者の生涯学習」政策と公民館の課題. 日本公民館学会年報, 17, 92-97. doi:10.24661/kominkan.17.0_92

石島, 健.（2016）. 障害者介助における意思の尊重と推察のあわい. 年報社会学論集, 2016（29）, 33-43. doi:10.5690/kantoh.2016.33

Maitlis, S., & Christianson, M.（2014）. Sensemaking in organizations: Taking stock and moving forward. *Academy of Management Annals, 8（1）*, 57-125.

文部科学省（2017)特別支援教育の生涯学習化に向けて. https://warp.ndl.go.jp/info:ndljp/pid/11402417/www.mext.go.jp/b_menu/houdou/29/04/1384235.htm

森岡次郎.（2009）. 障害者解放理論から「他者への欲望」へ（報告論文，障害者解放理論から「他者への欲望」へ，フォーラム2). 近代教育フォーラム. 18, 45-62.

Nario-Redmond, M. R., & Oleson, K. C.（2015）. Disability group identification and disability-rights advocacy: Contingencies among emerging and other adults. *Emerging Adulthood, 4（3）*, 207-218. doi:10.1177/2167696815579830

二宮雅人．(2019).現代の障害者差別の中の「相模原障害者施設殺傷事件」の位置
　　づけ．社会臨床雑誌，27(1)，37-43．

田垣正晋（2004）．中途重度肢体障害者は障害をどのように意味づけるか：脊髄損傷
　　者のライフストーリーより　社会心理学研究，19(3)，159-174．

Tagaki, M.（2017）. Action research on drafting municipal policies for people
　　with disabilities in Japan. *SAGE Open 7*, http://journals.sagepub.com/doi/
　　full/10.1177/2158244017723050

Tagaki, M.（2021）. Action research on meaning-making at residents' meetings
　　for local disability policy. *Japanese Psychological Research.* https://doi.
　　org/10.1111/jpr.12372

鶴野隆浩．(2017)．理論・思想部門．社会福祉学，58（3），68-79．

津田英二．(2019)．障害者の生涯学習推進政策の概念的枠組みと未来社会に関する素描.
　　神戸大学大学院人間発達環境学研究科研究紀要，12（2），165-177．
　　http://www.h.kobe-u.ac.jp/ja/node/18

Wright, B. A.（1983）. *Physical disability: A psychosocial approach.* New York,
　　NY: Harper & Row.

Wurl, S. L.（2008）. *Beatrice A. Wright: A life history.*（Doctoral dissertation,
　　University of Tenessee, Knoxville）.
　　https://trace.tennessee.edu/utk_graddiss/357/

横地晃　(2017) 持続可能な開発目標（SDGs)に関する国の取組、ノーマライゼー
　　ション，431．
　　https://www.dinf.ne.jp/doc/japanese/prdl/jsrd/norma/n431/n431004.html

第7章

貧困をなくすために教育に何ができるか？

―「貧困の連鎖」論の再考と「学校の力」―

西田　芳正

1．はじめに

「あらゆる場所のあらゆる形態の貧困を終わらせる」、「すべての人々への、包摂的かつ公正な質の高い教育を提供し、生涯学習の機会を促進する」という目標は、17項目設定されている「持続可能な開発目標（SDGs）」の1番目と4番目に掲げられたものである。

貧困問題の解決は途上国において特に急がれる課題である。そして、現れ方は異なるとはいえ豊かな国々でも深刻な課題であり続け、さまざまな対策が展開されてきた。日本においては、高度経済成長を経て人々が豊かさを享受するなかで忘れられてきたが、1990年代後半以降に再び関心が集まり、貧困対策を掲げた法律が制定され施策も展開されるに至っている。そして、解決の主要な手段として教育が位置づけられているのである。

冒頭に示したSDGsの2つの目標に照らして、日本でも望ましい方向に進みつつあると評価できるだろうか。後にみるように、残念ながらそこには大きな問題があると言わざるを得ない。本章では、対象を日本社会に、そして学校教育に限定し、貧困の軽減、解決にとって意味のある教育のあり方について検討する。

2．貧困の「広がり」「深さ」と「見えにくさ」

「貧困を終わらせる」とするSDGsの目標の細目1.1には、「2030年までに、現在1日1.25ドル未満で生活する人々と定義されている極度の貧困をあらゆる場所で終わらせる」と掲げられている。ここで言う貧困の捉え方は、人間

の生存そのものが脅かされた状態を指す「絶対的貧困」の考えに立ったものである。この定義を日本社会に当てはめると、貧困はほとんど存在しないとされてしまう。この点について続く細目1.2では「各国定義によるあらゆる次元の貧困状態」の割合を2030年までに半減させることがあげられており、日本を含む先進諸国で用いられている貧困の定義が「相対的貧困」と呼ばれているものである。これは、その時代において「人間として当然あるべき生活」の最低限のラインを設定し、それに満たない生活は「あってはならない」ものとする考え方から設定されたものである。

　TVの報道番組では、昼夜のパート仕事を続けてようやく2人の小学生を育てている母子家庭や、リストラにより仕事を失った父親のアルバイト収入で生活を維持している家族などが貧困の例として紹介されている。「あんまり寝てないから夜の仕事をやめてほしい」と母親の身体を案じ、学校で購入を指示された3,000円の習字道具について「しんどそうやから」と親に話せない小学生の姿。子どもが病気になったら病院に連れていくが自分たちは我慢する、子どもが18歳になるまでは何としても頑張らないと、などと口にする親たち。日常生活は何とか営めているとしても余分な出費はかなわないなかでの子どもの経験を想像すれば、肩身の狭い思い、寂しさと悔しさ、さらに将来に向かって不利が何重にも覆いかぶさる状況が容易に浮かび上がる。自身や自分の子がそうした事態に陥ることは「何としても避けたい」と考える人が大半であろう。

　「相対的貧困」を測るために世界的に用いられているのが、平均的な所得水準のさらに半分のラインを「貧困線」とするモノサシであり、それ以下の生活を送る人の割合を「貧困率」として算出している。日本社会での直近（2018年）の「貧困線」は1人当たり年間127万円、「貧困線」は15.4％（17歳以下の子どもについて集計した「子どもの貧困率」は13.5％）となり、それは貧困の「広がり」を表す数値である。

　「7人に1人」などと語られる貧困の「広がり」のなかには、「貧困線」のラインよりもさらに厳しい生活を強いられているケースが含まれている。貧困の「深さ」はそうした事態を指す言葉であり、他の先進諸国に比して生活の底支えとなるセーフティネットの機能が弱い日本では「深い」貧困に陥っ

ている人の割合が高い。その例として母子世帯に関するデータをあげておこう。母子世帯の貧困率は50%を超えることが知られているが、可処分所得が貧困線のさらに半分にも満たない状態に母子世帯の1割以上（13.3%）が置かれていることを明らかにした調査結果がある（労働政策研究・研修機構2019）。給食のない夏休み明けに痩せた姿で登校する子ども、経済的理由が原因での親子無理心中事件の報道などからも、「深い貧困」のただ中に置かれた子ども、そして親の存在を知ることができる。

　2014年に千葉県銚子市で起きた心中未遂・娘の殺人事件について触れておきたい。離婚後も夫の借金を背負い、ようやく見つけた学校給食調理員の非正規の仕事は、学校の春夏冬休み中には収入がなく、「働いているから」と生活保護の相談も受けられなかった母親は、県営住宅の家賃を滞納し退去処分の当日に自殺するつもりだった。その朝学校に行くのをしぶった娘を殺してしまったこの事件については、娘がアイドルのファンクラブに入っていたことなどがバッシングの対象となったことが知られている。

　この事件からは、女性が労働市場で置かれた状況、福祉制度の不備、母親自身が生活を守る知識を得られていないという教育の問題など多くの課題を引き出すことができるが、バッシングについても重要である。「なぜそのようなぜいたくを娘が求めたのか、母親が許したのか」という非難は、「貧乏ならば赤貧に甘んじるべきだ」という考えから発せられるのだろう。しかし、アイドルのファンクラブは娘のささやかな楽しみであると同時に、仲間との関係を続けるためになくてはならないものであったことも容易に想像できる。

　「今どきの子どもはみんなスマホを持っている、流行の服や靴を履いている。貧困など考えられない」という見方は広く共有されている。しかし今日それらのモノは何とか手に入る価格であり、同時に、それを身につけることが本人にとって切実であるという背景もあるはずだ。モノがあふれる現代社会では、貧困が非常に見えにくいものとなっていることに留意する必要がある。

　最低限の生活すらも脅かされている非常に深刻な事例も含め、「あってはならない」貧困の「広がり」と「深さ」を踏まえると、その軽減、解消は

「待ったなし」の緊急課題である。

3.「子どもの貧困」対策の問題性

○「子どもの」貧困対策と「連鎖を断つ」という課題設定

90年代の半ば以降、日本社会のなかの「格差」に注目が集まり、2000年代に入って以降は「貧困」という言葉も盛んに取り上げられるようになった。冒頭に述べた通り、問題の深刻化と人々の関心の高まりを受けて「貧困」を名称にもつ日本で初めての法律が成立したのは2013年である。この「子どもの貧困対策推進法」では、貧困な家庭で生まれ育つ子どもが将来親と同様の生活に陥る事態を防ぐ、つまり「貧困の連鎖を断つ」ことに主眼が置かれ、手段としては学習支援が重視されている。その内容を端的に示す例として、2016年に当時の安倍首相の名で公表された「日本の未来を担うみなさんへ」と題されたメッセージをあげておこう[注2]。子どもたちに対して優しく語りかける内容となっているが、先に想起した「待ったなし」で解決が待たれる生活の現実を突き合せたとき、強い違和感を抱かざるを得ない。

「子どもの貧困」をターゲットとして置くとしても、真っ先に求められるのは現在の生活の困難さを軽減する手立てであり、親を含めた生活の安定こそが優先されるべきであるにもかかわらず、その点についての言及はない[注3]。

それでは、貧困が理由で十分な教育を受けられない子どもに学習の機会を提供して学力を伸ばし、学歴を得て安定した仕事に就けるように支援することで「貧困の連鎖を断つ」という課題設定についてはどうだろうか。

就労を条件として福祉を提供する、あるいは福祉からの脱却を目指して就労に向けた支援を提供するという施策を「ワーク・フェア」と呼びその問題点が指摘されているが、教育によって貧困（福祉受給）からの脱却を促す施策についても「ラーン・フェア」として批判的な検討が加えられている（堅田 2019、桜井 2019）。

教育を受けることで安定した仕事に就けた子どもがいるとしても、それは他の誰かが替わって不利な状況に置かれることを意味している。さらに、貧困状況にとどまった、あるいは新たに加わった層に対しては「せっかくの機会を活かさなかった努力不足か、そもそも能力が足りなかったのか」などと

いうまなざしが向けられることも予想される。

　加えて、雇用の不安定化、有利な仕事と不利な仕事の分極化が貧困拡大の最重要の原因であるにもかかわらずそうした状況が手つかずのままであれば、ある程度の学歴や資格を得たとしても安定度の高い仕事に就くための路は非常に狭いことに変わりなく、富裕な家庭に生まれ育った子どもたちが有利さを活かすことにより世代を超えて高い地位が再生産される構図に変化はない。要するに、個人の教育達成を高めることでは貧困はなくならないばかりか、「チャンスが開かれ支援がなされる」ことによって貧困を生み出す社会の側の問題が見過ごされ、「失敗する個人の問題」とされてしまう危険を伴うのである。

〇学校教育の本体部分が問われないまま

　学習塾などのウェイトが高まりつつあるとはいえ、子どもたちが勉強し学力を身に着けるメインの場所は学校であり日々の授業であることは言うまでもない。しかし、元首相のメッセージで「勉強を助けてくれる」のは「お兄さん、お姉さん」とされているように、実際の対策においても学校外に学習の場を提供することに主眼が置かれている。「学校をプラットフォームに」という言葉が「子どもの貧困対策」には頻出するが、それはスクールソーシャルワーカーなど多様な人々が教師とともに子どもを支える福祉面での協働が想定されたものであり、教師による日々の授業や取り組みについてはほとんど言及がない。ここでも違和感がつのる。

　それでは、貧困ななかで暮らし通ってくる子どもたちにとって学校はどのような場所なのか、教師はどのように受け止め、対応しているのだろうか。

４．貧困に抗する「学校の力」

（１）排除が起きる場・排除の担い手としての教師

　今日、生活保護受給世帯を中心とした生活困窮層の中高生を対象に、進学を可能にし中退を防止することを目的とした学習支援の場が広がっている。そのスタッフから、「ここに来ると勉強を教えてもらえる。学校では『わからない』と言えず教えてもらえない」という言葉を子どもたちが口にするこ

とが多いと聞いたことがある。また、別の学習会の主催者は参加する子ども
たちの前向きな変化について「現場で起きている奇跡」という言葉で強調し
ている（渡辺2018：97）。学力だけでなく多様な能力と自信を高める場となっ
ていることは評価されるべきだ。しかし同時に、学校で「わからないと言え
ない」子どもたちが学力を伸ばせないばかりか疎外感を深めている姿を踏ま
えることも重要である。先の言葉は、排除が生起する場としての学校、排除
の担い手としての教師の存在を物語っている。

　こうした議論は乱暴だと思われるかもしれない。しかしながら、社会経済
的に低い家庭出身の子どもの学力が低位な傾向にあり、学校で疎外感を抱き
教師との関係が疎遠になりがちであることが明らかにされている。欧米で
は、教師には安定した家庭出身者が多いことが要因として大きく影響してい
ることを示す研究が蓄積されている。日本でも、「勉強できる、言うことを
聞く」子どもを「よい子」だと見なす教師側の強固な枠組みの存在が指摘さ
れており、貧困を含め不利な条件が折り重なるなかで暮らしている「しんど
い」背景をもつ子たちがはじき出されがちな傾向とのつながりを想定すべき
であろう。[注4]

（2）学力を底支えする「力のある学校」の取り組み

　「しんどい」背景をもつ子どもをはじき落としてきた場と担い手としての
学校・教師について指摘したが、子どもたちを支える取り組みを重ねること
で大きな成果をあげている学校も確かに存在している。欧米で展開された
「効果のある学校」研究に触発された志水宏吉は、子どもの生活背景と学力
を突き合せて分析した結果、不利な子どもたちの学力を底支えしている学校
を見つけ出した。そして、詳細な観察調査をもとに「わからないことをわか
らないと言える」いじめや差別をゆるさない子どもたちの集団づくりの取り
組みがその要因となっていることを明らかにしている（志水 2005）。

　志水は、子どもの学力を高めるだけでなく親や教師を含めてエンパワーメ
ントをもたらしていることから「力のある学校」と名付け、同様の成果をあ
げている他の学校での知見を踏まえてその条件を整理している。ただし、一
連の研究は学力向上を主要なテーマとしており、「学校の力」の他の側面に

ついて十分に明らかにされているとは言い難い。以下、筆者自身の調査経験から、中学高校の事例を紹介し「学校の力」について考えていきたい。

（3）困難ななかで生きる子どもを支える「学校の力」
○「荒れ」からの脱却をはたした「東中学校」

　ある地域調査の過程で出会った「東中」（仮名）は、生徒の問題行動が長期間続いた学校であり、校区の地域事情によりさまざまな困難を家庭に抱えた生徒の比率が高いことがその背景の一つにあげられる。筆者が訪れたのは教師たちの奮闘で学校が落ち着きを取り戻したというタイミングであった。その過程での教師の取り組み、生徒の思いを知りたいと考えた筆者はその旨をリーダー層の教師に伝え、転出者を含む教師と卒業生の合わせて二十数人から当時の様子をうかがい、現在の学校の取り組みについても見せていただく機会を得ることができた。

　以前の「東中」は、教室に入らず「浮遊」する生徒が多数おり、生徒の力が教師を上回る状況が長期に渡るなかで教師の病休、退職が続いていたという。そうしたなかで「学校を変えよう」と数人の教師が声を上げ、５年ほどの歳月を要した取り組みの後に「見違える学校になった」と地域住民から評されるまでになったという。

　最初に取り組んだのは、生徒たちに最低限のルールを守らせ、遅刻せずに登校し教室に入る、授業を聞くようにうながしたことである。ただし、力による指導は難しく、教師の思いを伝えることに力点が置かれた。夜遅くまで家庭訪問を繰り返し、親と話し込むことを重ねて信頼関係を築くことも同時に行われている。「ヤンチャ」な生徒のトップ格であったという卒業生は、集団で遅刻を繰り返す自分たちのグループに向かって泣きながら怒りつづけた教師の言葉を覚えていると教えてくれた。彼は、学校が落ち着いた頃の思い出として「クラスのみんなと一緒に頑張ることがカッコいいんだというふうに考えが変わったんです」と話し、変化を促した存在として部活動の顧問、担任、生徒指導、保健室の先生が「自分たちのことを考えていろいろ動いてくれたんです」と言葉をつづけた。

　学校の「荒れ」を解決するにあたって部活動（クラブ活動）がカギとなっ

たという経験を別の学校でもしばしば聞いてきたが、「東中」でも同様である。

　授業が終わり放課後になると、昼間とは様子が一変した学校となる。生徒たちは生き生きと活動し、顧問教師の言葉を聞き漏らさないよう表情を引き締める。仲間とともに、うまくなりたい、強くなって勝ちたいという願いがあり、教師に対しては、技量の高さに対する敬意や長時間活動をともにすることを通しての信頼感が抱かれるのだろう。教師の側には、「指導が入る」実感が抱かれているはずである。

　「東中」で特筆すべきは「部活動集会」である。夏休み前などの節目の時期に部活動参加者だけが集まり、各部のキャプテンが運営する集会では、試合への決意、後輩への思い、親への感謝などが語られる。その成果として「部活動はしっかり取り組まなければならない。それは学校生活の他の場面でも同じことだ」という自覚を持たせることにつながったと複数の教師が話してくれた。

　体育大会や文化発表会などの行事が仕掛けとして活用されていることも指摘できる。体育大会では集団演技に向けた練習の成果が発揮され、達成感が生徒・教師に共有されていた。また、ある学年では沖縄への修学旅行をメインに据えた活動が展開され、オキナワを題材とした合唱が取り組まれた。途中落ち着きを失った時期も挟みつつ、その学年の卒業式の合唱では保護者から多くの賛辞が寄せられている。教師が生徒に向けてしばしば口にするのは「卒業と進路に向けて」という言葉であり、筆者は見る機会を持てなかったが、それぞれのクラスでの教師の働きかけもやはり「卒業と進路に向けて」進められたはずである。

　こうした、部活動や行事が表舞台とすれば、学校の目立たない場所で生徒の声に耳を傾ける教師の姿も見られた。当時の保健室は「浮遊」する子たちのたまり場となっていたが、養護教諭の方針で閉鎖することはせず、病気やケガでやってくる子の利用を妨げないルールを生徒とともに作っていったという。何時間も過ごす生徒が漏らすつぶやきを受け止める養護教諭は、「家にも居場所がない子は、自分のことを大事に思ってくれる人はいないと感じている。『そうではないんだよ、心配している大人がここにいるよ』と伝え

ることが大事だと思っています」と話してくれた。また、「部活動顧問と生徒の間にあるパキッという関係が私には無理」と語る別の教師は、空き教室で不登校気味の生徒と一対一で過ごす時間を大切にしてきたという。そこで聞き取られた言葉は他の教師たちに適宜伝えられ、必要なかかわりに活かされる体制が整えられていった。

　取り組みの中心にいた教師の一人は、個別に、そして生徒全員に対して「お前らに幸せになってほしい、周りの人間を幸せにする人間になってほしい」と繰り返し伝えてきた。どのような言葉が用いられるかは教師によってさまざまだが、「卒業と進路に向けて」こんな大人になってほしいという思いが子どもたちに伝えられている。

　大半の中学生にとって卒業後の進路は高校進学である。次に、「卒業と進路」がより切実な課題となる高校に目を移してみよう。

○「格差の連鎖を断つ」「しんどい」子の自立をミッションとする西成高校
　1974年に開学した大阪府立西成高校は、難易度ランキングの最底辺に位置づけられ、社会的マイノリティの人たちが多く暮らす地域であるという要因も加わって否定的なまなざしが向けられてきた学校であった。生活背景も学習面も非常に厳しい生徒が多数通うなかで深刻な「荒れ」が続いたが、2000年代に入って以降は教師たちの地道な取り組みにより姿を変えた学校として知られている。筆者は学校運営協議会の委員として学校の取り組みから多くを学んでおり、ここでは雑誌に掲載された校長のインタビュー記事（山田 2011）、関連する書籍に筆者の知見を加えて取り組みを紹介する。なお、本校ではマイナスの評価を覆すためにさまざまな発信を行っていることから、ここでも実名で紹介する。[注5]

　取り組みについて、「まずは授業を受けさせることに力を入れ」たが、その手法としては「懲戒を前提とした指導ではない。繰り返し生徒と話し、家庭訪問」をするという「中学で行うような生徒指導」だったという。そして、「荒れの原因をつきつめると、そこにはいつも厳しい生活状況があり、親から子へと格差が連鎖している傾向がみられた。どこかでそれを絶たなくては。それには最低限、高校を卒業させ、社会に送り出すことだ」という認

識から「格差の連鎖を断つ」というミッションが掲げられることになった（山田 2011：61）。

　そのミッションを具体化する取り組みの一つが「反貧困学習」である。フィリピンのストリートチルドレンの映像から始まる1年間の授業は、母子世帯の貧困、労働者の権利や社会福祉の制度といった自分たちの暮らしの「しんどさ」やそこから身を守る術について仲間や教師と語り合う内容で構成されている（大阪府立西成高等学校 2009）。また、他の学校にはない組織として生徒支援委員会が置かれ、出身の中学校や福祉機関等と緊密な情報交換のもとで必要な手立てが打たれている。そのリーダーの役にある教師は「自分たちのことは何でも知っている先生」と生徒から呼ばれているという。

　小中学校で十分な学力を身に着けられなかった生徒に向けた学び直しのカリキュラムが組まれ、さらに卒業後の生活をなり立たせるための職業的自立への支援がなされている。改革の当初、「進学者を増やせば学校がよくなるという錯覚はもうやめよう。きちんと就職できる生徒をつくろう」という進路指導部長の宣言を受けて、教師による就職先の開拓、生徒を連れての職場見学、就職試験に向けた指導が繰り返される他、前段としてのアルバイト就労の支援、卒業後の職場定着に向けたフォローまでもが取り組まれている。

　もう一点、若者支援を担うNPO団体によって週に2回開設されている「学校内居場所カフェ」についても触れておきたい。学校を中退した後では支援から完全に切れてしまうというNPO側の危機意識と、教師による支援だけでは支えきれないという学校側の思いが一致したところから始まった「居場所カフェ」は、飲み物を手に生徒たちが思い思いに過ごし、教師ではない大人たちとの会話ができる場となっている。たとえば下のキョウダイのために自分の食事を我慢して登校した生徒が居場所カフェで用意されているおにぎりを頬張る前にやり場のない思いを口にしたり、「誕生日を初めて祝ってもらった」という言葉が月に一度開かれるお祝いの会で聞かれるとい^{注6}う。

○「学校の力」とは何か
　ここまで2つの学校の取り組みについて紹介してきた。両校は、生徒が学

校に持ち込む生活の厳しさ、そして「勉強すれば成功できるよ」とする学校のメッセージに価値を置かない生徒を前に苦闘し、前向きに応えることで活路を見出してきたのであり、「学校の力」を発揮せざるを得なかったということができる。

また、西成高校の掲げる「連鎖を断つ」というミッションについては、「子どもの貧困対策」で言われる「連鎖を断つ」とは異なり、今まさに子どもたちが置かれている生活の現実とそれに続く将来を踏まえた取り組みである点に重要な違いがある[注7]。

以下、「学校の力」について社会学の言葉をいくつか用いながら整理していこう。社会学では、学校が社会化と地位配分という2つの機能をはたしていると説明する。

社会化とは、教えられる内容を学び身に着けることであるが、それは授業での教科の内容だけでなく、部活動や学校行事等、広く学校の場全般でなされる営みである。たとえばみずから選んで加入する部活動での「集い、鍛え、挑む[注8]」経験は、その過程でのトラブルや敗北等を含めて多様かつ重要な力を育むことに寄与しているはずである。さまざまな学校行事等も含めて、「非認知的能力」として注目されている資質を身に着ける場として学校があることを指摘できる。

このように、集団のなかで子どもたちの成長を促すところに「学校の力」の重要な部分があるのと同時に、「頑張れない」事情を抱えた子どもを守る、「安心して居る」場を提供し耳を傾けることで支えるという側面も忘れてはならない。

文化資本と社会関係資本という言葉については、これらの資源に恵まれない子どもが学校での達成において不利だとする研究が蓄積されてきた。しかし、授業や課外活動で出会う芸術やスポーツ活動、クラブ顧問など多様な教師、大人や仲間との間で結ばれる関係は将来にわたって財産となるはずであり、学校は2つの資本を提供する重要な場となっているのである。

ここまで整理してきた経験はすべての子どもにとって重要であるが、不利な条件のもとで育つ子どもたちにとってはまさに不可欠なものといえよう。

それでは「地位の配分」、つまり身に着けた学力に応じて社会的地位（職

業）に配分するという側面についてはどうだろうか。高い学力、学歴を得て有利な仕事に就くという観点からは先に紹介した2つの学校の成果は低いものと言わざるを得ない。しかし、高い学歴の結果得られる「大企業型」の暮らしが日本社会全体のなかで多数を占めるというわけではなく、そうではない「地元型」の仕事と暮らしを営む人々がいることを忘れてはならない（小熊 2019）^{注9}。たとえ「AIが席巻する時代」となったとしても、そうした人々が社会全体を支える存在であることは確かだろう。こうした、「地元」の地域社会で必要とされる仕事に確実に就ける力をつけることが求められている。そして、西成高校の「反貧困学習」が下積み・不安定な仕事と暮らしを仲間とともに作り変えていく力を身に着けることを目指すものであることに注目すれば、社会をより良いものに変えていくスキルを次の世代に伝える営みとしての「学校の力」と評価することもできるだろう。

〇「学校の力」を削ぐ方向での近年の動きについて

「学校の力」を再確認し、特に「しんどい」子どもが多数通う学校において「力」が発揮される条件が整えられなければならない。その必要性が高まる今日、「学校の力」を削ぐ方向への動きがみられることに筆者は強い危惧を抱いている。

「子どもの貧困対策」に学校・教師への言及が少ないことの背景として、現在の教師が担っている過重な負担を軽減するための「教師の働き方改革」の動きがあることが指摘されている（末冨2020）。実際に、「働き方改革」の流れのなかで部活指導の軽減が議論され、家庭訪問を取りやめる学校も増えているのである。

また、西成高校をはじめ生徒支援に力を注いでいる大阪府内の公立高校の何校かでは定員割れの事態に追い込まれている。授業料の公的な補助が拡充したことにより「軽い負担で行けます」という私学側の宣伝が広くなされていることが背景として指摘されているのだが、「荒れた学校」としていったん定着した評価を覆し、私学への流れを押しとどめることは非常に困難である。

さらに、「年に数日の登校で」「自由に、楽しく、好きなことを学んで」高

卒業資格が取れることをうたい文句としてTVやネット上での宣伝を繰り返す通信制高校の存在も大きい。遅刻や欠席日数が理由で中退する生徒が転学する先として選ばれていることに加えて、中学生と保護者に向けた宣伝に力が入れられており、今後は通信制を進学先とする数が増加していくことが予想される。

　現在の大阪では、定員割れが続く公立高校は「選ばれない＝競争に負けた」存在とみなされ統廃合の対象とされてしまう。しかしそれは健全な競争の結果なのだろうか。そしてさらに、駆逐されるのは公立高校だけではない。「楽しさと自由」をうたう華やかな宣伝で選んだ子どもがその後にどのような経験をし、どのような力をつけて社会に出ていくのだろうか。実態の把握が急がれるが、不利な状況に置かれた子ども・親が民間の教育産業から搾取される構図があらわになる危険性をはらむことに十分な留意が必要である。

5．おわりに―貧困をなくすために教育に何ができるか

　SDGsの2つの目標から議論を始めた。「貧困をなくすために教育に何ができるか」を考える際、教育・学校にできることは限られたものでしかなく、労働と福祉の在り方こそが大きな意味を持っていることを踏まえておくことは重要である。しかし、教育にできること、学校にしかできないことも極めて重要な意味を持っていることを「学校の力」として整理してきた。

　本章の議論からは、現状の「子どもの貧困対策」の在り方、「連鎖を断つ」という問題設定がはらむ問題性に気づくことが重要である。そして、「学校教育の本体部分」に、特に困難な条件に置かれ苦難のなかで奮闘を重ねてきた教師たちが、「持続可能な」かたちで、余裕のある労働条件のもとで「学校の力」を発揮できるよう十分な資源が配分されるべきであるという結論を導くことができる。

　貧困ななかで育つ子どもに対して、大学での教育機会が開かれることは大変重要なことであるが、それと同時に、高校までの充実した教育経験が提供されることによって、地元で暮らし地元を支えるための力を身に着けることの意義についても合わせて強調しておきたい。

注

1　事件の詳細は井上他編2016を参照。
2　その内容は以下の通り。「あなたは決してひとりではありません。こども食堂でともにテーブルを囲んでくれるおじさん、おばさん。学校で分からなかった勉強を助けてくれるお兄さん、お姉さん。あなたが助けを求めて一歩ふみだせば、そばで支え、その手を導いてくれる人が必ずいます。あなたの未来を決めるのはあなた自身です。あたなが興味をもったこと、好きなことに思い切りチャレンジしてください。あなたが夢をかなえ、活躍することを、応援しています。」
3　先のメッセージの前段にある「子ども食堂」の取り組みについては、地域社会の活性化、子育て支援のネットワーク構築、居場所の提供など非常に重要な意義を持ち高く評価されるべきである。しかしながら、市民の善意による活動が「貧困」問題に関してカバーし支えられる部分はわずかなものでしかない。「子ども食堂」が2本柱の一つとして語られるこのメッセージは、日本の「貧困対策の貧困」を雄弁に物語っている。
4　学校・教師の排除性については西田 2012・2021を参照。
5　2021年1月25日にはNHKで「逆転人生　貧困の連鎖を断て！　西成高校の挑戦」が放送された。
6　他校での事例を含め、居場所カフェ立ち上げプロジェクト編著2019に取り組みが紹介されている。
7　子どもや親が置かれた「しんどい」生活の現実について教師が改めて「知る」ことが「排除に抗する学校」への変革の重要な契機となっていることを筆者は整理している（西田 2012）。
8　学校外での若者の成長を促すイギリスのユースサービス（青少年支援）活動で重視されている3つの原理として柴野（1990）が紹介している。また、ユースサービスの実践・方法としてのユースワークで重視されるグループ・ワークの基本原理として、「各メンバーが、①他の人びとと結びつき、②成長の機会をもつ経験を与えられ、③ひいてはそのことが、個人・グループ・地域社会の向上・発展に寄与する、という点を重視した」（柴野 2009:17）ものであると説明されている。こうした原理は、日本の部活動にも当てはまるものであり、さらに「学校の力」と重なるものと筆者は考えている。
9　「地元」で暮らす人々については西田（2022）を参照。

文献

井上英夫・山口一秀・荒井新二編 2016『なぜ母親は娘を手にかけたのか―居住貧困と銚子市母子心中事件』旬報社
居場所カフェ立ち上げプロジェクト編著 2019『学校に居場所カフェをつくろう！―生きづらさを抱える高校生への寄り添い型支援』明石書店

堅田香緒里 2019「「子どもの貧困」再考—「教育」を中心とする「子どもの貧困対策」のゆくえ」佐々木宏・鳥山まどか編著『シリーズ子どもの貧困③教える・学ぶ　教育に何ができるか』明石書店

西田芳正 2012『排除する社会・排除に抗する学校』大阪大学出版会

西田芳正 2021「貧困の拡大と学校・教師」油布佐和子編著『教育と社会』学文社

西田芳正 2022「公営住宅が多い街・大阪—ハシゴをのぼらない暮らし方の可能性」住友陽文・西尾純二編『大学的大阪ガイド』昭和堂（近刊予定）

小熊英二 2019『日本社会のしくみ—雇用・教育・福祉の歴史社会学』講談社

大阪府立西成高等学校 2009『反貧困学習—格差の連鎖を断つために』解放出版社

労働政策研究・研修機構 2019「第5回子育て世帯全国調査」結果速報（10月17日プレスリリース）

桜井啓太 2019「生活保護世帯の子どもへの教育支援」佐々木宏・鳥山まどか編著『シリーズ子どもの貧困③』明石書店

柴野昌山 1990『現代の青少年』学文社

柴野昌山 2009「グループの力を生かす自立支援の技法」柴野編『青少年・若者の自立支援—ユースワークによる学校・地域の再生』世界思想社

志水宏吉 2005『学力を育てる』岩波書店

末冨　芳 2020「子どもの貧困における教育と「政治」—2019年子どもの貧困対策法・大綱改正を中心に」『教育社会学研究』106集

渡辺由美子 2018『子どもの貧困—未来へつなぐためにできること』水曜社

山田勝治 2011「ここは、日本社会の縮図　教育の原点に出合える場所」『Career Guidance』No.38、リクルート

<h1 style="text-align:center">第8章</h1>

<h1 style="text-align:center">社会的養護における教育福祉的アプローチとしての
「ソーシャル・ペダゴジー」を考える</h1>

伊藤　嘉余子

1．緒言

（1）社会的養護とSDGs

　SDGs（エスディージーズ：Sustainable Development Goals　持続可能な開発目標）とは、2001年に策定されたミレニアム開発目標（MDGs）の後継として、2015年9月の国連サミットで採択された「持続可能な開発のための2030アジェンダ」に記載されている2016年から2030年までの国際目標である。持続可能な世界を実現するための17のゴール・169のターゲットから構成され、地球上の「誰一人として取り残さない」ことを誓っている。

　近年、社会的養護関連施設を運営する社会福祉法人や、社会的養護の子どもたちを支援するNPO等の各種法人や団体、地方自治体等が「社会的養護とSDGs」を結び付けた理念や目標を掲げたり、関連する事業を展開したりしている。たとえば、沖縄県は「1.貧困をなくそう」、「3.あらゆる年齢のすべての人々の健康的な生活を確保し、福祉を促進する」、「4.質の高い教育をみんなに」、「8.働きがいも経済成長も」、「10.人や国の不平等をなくそう」、「16.平和と公正をすべての人に」、の6つのゴールと社会的養護施策を含む子ども家庭福祉施策を関連付けた地域福祉計画を策定し、公表している（https://www.pref.okinawa.jp/site/kodomo/kosodate/documents/07sdgs.pdf）。また、日本BBS連盟は、「1.貧困をなくそう」、「3.あらゆる年齢のすべての人々の健康的な生活を確保し、福祉を促進する」、「4.質の高い教育をみんなに」、「10.人や国の不平等をなくそう」、「11.住み続けられるまちづくりを」、「16.平和と公正をすべての人に」、「17.パートナーシップで目標を達成しよう」、の計7つの目標に基づき団体としての各種活動を位置付けてい

る。

　社会的養護においては、しばしば「世代間連鎖（社会的養護のもとで育った子どもが大人になり、家庭をや子どもをもった後、子育てが困難になり、自分もまた親として我が子の養育を社会的養護に託すこと）」が話題になり、連鎖を防ぐには？という視点からの論稿もみられる（橋本2014、住友他2018）。社会的養護のもとで育った子どもが大人になって、自らの子育てに困ったときに、社会的養護にSOSを出し利用すること自体は、必ずしも「よくないこと」だとはいえないと筆者は考えている。なぜなら社会的養護の利用は虐待だけでなく、病気や入院などさまざまな理由での利用が可能であり、その社会資源を知っていることと、利用しようとすることは「依存先を複数もっている」望ましい状態であるともいえると考えるからである。しかし、子どもを虐待する親や親に虐待される子どもは減らさなければいけないという問題意識は当然もっている。

　西原ら（2020）は、日本の全児童養護施設および乳児院を対象に、2世代にわたって施設を利用したケースについて調査した。その結果、社会的養護が連鎖する確率は4.7%であり、統制群の約30倍に上ることを明らかにするとともに、こうした連鎖のプロセスには貧困とネグレクトが関連していることを指摘した。

　貧困状態にある子育て家庭では、生活への余裕のなさからネグレクト（養育の放棄・怠慢）が生じやすい。そこに親の悪意や自覚があるかないかにかかわらず、経済的に厳しい家庭の方が親子で過ごす時間が貧困ではない家庭よりも短いことが明らかにされている。たとえば、石井・浦川（2014）は、ひとり親世帯や経済的に苦しい世帯ほど「時間貧困」に陥りやすく、そうした世帯の親は、そうではない世帯の親と比べて子どもとともに食事をする時間が有意に少ないことを示している。

（2）教育福祉的アプローチとしてみるソーシャル・ペダゴジー

　社会的養護のもとで育った子どもが、大人になって貧困や虐待を繰り返さずに、その連鎖のサイクルから抜け出すために、社会的養護のもとで暮らしている期間に、子どもに伝えるべきこと、育むべき力は何か。そしてそれ

を可能にする教育福祉的アプローチについて考えるにあたって、本稿では、
「ソーシャル・ペダゴジー」によるアプローチや理念等について概説した上
で、今後の日本の児童養護実践として援用される可能性について若干の検討
を加えたい。

　「ソーシャル・ペダゴジー」（Social Pedagogy）とは、「社会教育」「社会に
おける子育て」などと訳されている、「社会福祉と教育の分野にまたがる実
践を表す概念」である（藤村 2017）。ソーシャル・ペダゴジーは、19世紀半
ばにドイツで初めて概念化され、現在、イギリスや北欧諸国をはじめ、多く
のヨーロッパ諸国における幼児教育や社会的養護等の幅広い分野で共通基盤
となる重要な概念であり実践方法である。また日本においても近年、ソー
シャル・ペダゴジーに関心をもつ社会的養護関係者は増えており、2018年に
「日本ソーシャル・ペダゴジー学会」が発足している。

　本稿では、ソーシャル・ペダゴジーの全体像について概説した上で、あら
ためて、日本の社会的養護の子どもたちにとって必要な「教育福祉的アプ
ローチ」としてのソーシャル・ペダゴジーの可能性について考察したい。

2．社会的養護における教育福祉的アプローチ：
　　ソーシャル・ペダゴジー

（1）ソーシャル・ペダゴジーの萌芽

　ソーシャル・ペダゴジーとは、1844年ドイツのカール・マーガー（Karl
Mager）によって概念化され、その後ヨーロッパ大陸諸国で広がっている、
教育と児童福祉等を横断する理念、理論、実践方法である[注1]。その担い手は
ソーシャル・ペダゴーグと呼ばれ、大学レベルで養成される専門職である。
英米等の英語圏においては、ソーシャルワークと（レジデンシャル）ケア
ワークは別の専門性・専門職として認識され、養成課程も確立されており、
保育士や社会的養護施設の職員はソーシャルワーカーではなくケアワーカー
として捉えられている。

　ソーシャル・ペダゴジーに影響を与えた思想家として、ルソー
（Rousseau）、ペスタロッチ（Pestalozzi）、モンテッソーリ（Montessori）、コル

チャック（Korczak）（1878-1942）らが挙げられる。

　ルソーは、人間は生まれたとき自然に最も近く「本質的に善」であり、その後社会とその制度が人間を腐敗させ、変質させるという彼の信念に基づいて彼の教育理論を発展させた。その結果、ルソーの教育理論は「善を維持するために自然とその法則に従って子どもを育てること」が軸となっていく（Stewart & McCann：1967）。

　こうしたルソーの思想を洗練されたものにしたのがペスタロッチである。ペスタロッチが唱えた「心の道徳教育」は、ソーシャル・ペダゴジーの主要概念の一つである「Head, Heart and Hands（知識、熱意・情緒的関係、スキル）」に大きな影響を与えている。ペスタロッチの思想や実践的手法に加えて、幼児教育・幼稚園を創設したフレーベルの思想と、孤児院を開設した子どもの権利擁護の主要な提唱者であるコルチャックのアイデア・実践もその後のソーシャル・ペダゴジーに大きな影響を与えている。

　Hamalainen（2003）は、ソーシャル・ペダゴジー実践について、「社会問題を教育的に解決するためのアプローチである」と定義するとともに、「ソーシャル・ペダゴジーは、メソッドでも、メソッドのセットでもない。学問として、それは世界に対して独自の理論的方向性を持っている。ソーシャル・ペダゴジーは私たちがしていることではなく、むしろ私たちがどのような態度と目的で実践に取り組むかということである。これはまた、私たちがしていることでもしていないことでもないことを意味する」と述べている。

（2）ソーシャル・ペダゴジーと社会的養護

　ソーシャル・ペダゴジーは、社会教育的な手段を通して広く子どもの養育にかかわっている。ここでいう「教育」とは、狭義での学校教育ではなく、教え育むこと全般を意味する。

　このように、ソーシャル・ペダゴジーは、もともと社会的養護を想定して体系化された思想・理論・実践方法ではないにもかかわらず、英国や北欧等では、広く社会的養護（とりわけ里親養育よりも施設ケア）の領域に浸透していった。英国スコットランドの研究者であるマーク・スミス（Mark Smith）

は、「広い意味での教育的（ペダゴジー的）な考え方を社会的養護に取り入れ
ようと考えたのは、子どもたちの心理的な欠点に注意を向けるのではなく、
彼らの成長や発達あるいは、もっと一般的に『子どもの成長に大切なもの』
を強調するという転換の必要性を感じたからである」と述べている（Smith,
2013）。つまり、子どもがもつ虐待等の逆境体験やトラウマとその治療等だ
けに焦点をあてたケアではなく、より子どもたちの潜在能力や可能性に注目
し働きかけるアプローチが施設ケアには必要であり重要だと判断、評価し
たのだと考えられる。また、Petrie et al.（2006）は、ソーシャル・ペダゴ
ジーの原理は、施設養育の本質を追求しており、ソーシャルワーク以上に期
待できるパラダイムだと期待を述べている。

　さらにソーシャル・ペダゴジーの代表的な概念の一つである「養育
（upbringing）」は、社会的養護への汎用性を示唆しているともいえる。ドイ
ツにおける「エアツィアー（Erzieher）：教育者」は、「ペダゴーグ（ペダゴ
ジーの担い手）」の一種であり、日本語で「養育者（upbringer）」とも訳され
る。別のドイツ語の「ビルドゥング（Bildung）：人格形成・陶冶」は、直接
的な翻訳が難しく、教育の概念の中に広い意味が含まれていることを示唆し
ている。

　「ビルドゥング」は、社会の成員として、子どもの人格形成および道徳形
成を行うという含意があり、既存の教育や学習の考え方を包含しつつ、それ
を同時に超越する概念である。養育やビルドゥングの考え方には、「子ども
が健全で有能な大人に育つために求められるもの」すべてが含まれている。
社会的養護を必要とする子どもの養育者である施設職員は、まさにこのビル
ドゥングとしての役割が求められているといえよう。

　しかし、社会的養護におけるソーシャル・ペダゴジーでは、養育につい
て、子どもを教え育むすべての概念として位置付けるとともに、その営み
を「家族による子育て」と同列に並べることの危険性やそこから生じる緊張
を避けている。社会的養育は、いわゆる「良き親」があたりまえに行ってい
る役割を担うが、一方で、ケアする人（carer 養育者）は、実親による子育て
の中に含まれる「血縁の役割」は引き受けられないし、そうすべきではない
（Smith, 2013）。

（3）ソーシャル・ペダゴジーの概念

ソーシャル・ペダゴジーは、基本的に「1．Well-being, Learning and Growth（ウェルビーイング、学習、成長）」、「2．Empowerment（エンパワメント）」、「3．Social Justice（社会正義）」の3点に焦点をあてている。この3つの視点から、世界をどうみるか、そしてどのような人を育てるかを考えるよりどころにするのである（Chafre, 2019）

さらに、ソーシャル・ペダゴジーには、いくつかのキーコンセプト：概念がある。その中から主要なものを紹介する。

1）Head, Heart and Hands（知識、熱意・情緒的関係、スキル）

これは、ソーシャル・ペダゴジーにおいて、最も重要視されている概念といえる。Headとは知識のことで、子どもと接する際に、心理学、教育学、社会学、法律、芸術などの分野の理論や研究を用いて働きかけることを意味する。Heartとは、感情的・精神的学習を意味し、子どもに共感し、関係を築くことと、自分自身の実践、感情、精神面を常に振り返ることを意味する。Handsは、実践と身体的スキルのことで、日常生活の家事などを含む他愛もない営みを通して、子どもとあたたかな人間関係をつくることを意味する。[注2]

2）3つのP（Professional, Personal and private）（Jappe: 2010）

3つのPは、養育者の3つの姿をあらわすものである。Professional（専門職）な自己とは、自分の専門的な枠組みや知識を通して、子どもを理解し、アプローチすることを意味する。子どもとの関係は、プロとしての目的を持ったものでなくてはならない。Personal（個人的）な自己とは、自分の欠点を含め、一人の人間としての自分を明らかにすることで、子どもとの真の関係を築くことを意味する。また、関係を築くうえで先述した「養育者としての職業上の目的」と共有している個人情報の使用目的を常に考える必要がある。Private（プライベート）な自己とは、個人的な事柄を取り巻く境界線に関係する。つまり、子どもと共有することが不適切なものである。何を共

有するか／しないかは、各人の個人的かつ専門的な判断になるが、その判断は子どもの利益に基づいて決定されるべきである。

3）コモン・サード（Common Third）

コモン・サードとは、養育者と子どもとの関係を強化するための活動のことである。コモン・サードの活動は、すべての参加者が対等な立場で、共通の体験と共有の学習機会を生み出すものでなくてはならない。すべての活動が自動的にコモン・サードになるわけではない。目的が明確で、関係性の構築に焦点が当てられている必要がある（図8-1）。

また、このコモン・サードにおいては、「活動（Activity）の内容」も非常に重要になる。フェラン（Phelan, 1999）は、「子ども・若者のケア・ワーカーの重要な仕事は、子どもが自分の能力と希望を信頼できるような体験を用意することである」と述べている。つまり養育者である施設職員は「体験の手配者（experience arrangers）」としての役割を担う必要があることが、ソーシャル・ペダゴジーでは強調されている。

さらに、このコモン・サードでは、用意される活動が「日常生活のルールから解き放たれた」「自由空間」であることが重要になる（Phelan, 2001）。たとえば、子どもと職員が一緒にスポーツをしてみたら、子どもの方が職員よりも上手であるかもしれない。そうすると、普段の上下関係が反転する。

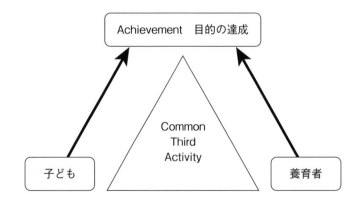

図 8-1　Common Third（Thempra（2017）をもとに筆者作成）

ここに先述した「すべての参加者が対等である」という関係性が成立するのである。つまり、子どもだけに何か活動をさせるのではなく、子どもと一緒に行うこともまた重要な要素の一つといえよう。

　4）4つのF　（Facts, Feelings, Findings, Futures）

　4つのFは、子どもがいわゆる「問題行動」とか「パニック行動」といわれるような行動をしたときの養育者としての対応のあり方を示すものである（図8-2）。

　第一ステージが「Facts（事実）」である。「どうしてそんなことをするの」ではなく「何が起きたの（What happened?）」と尋ねようというものである。そう尋ねた方が、子どもは自分に何が起きているか、なぜそのような行動に至ったかを説明しやすくなる。第二ステージは「Feelings（感情）」である。「あなたにとってどうだったか（How was it for you? How did you feel?）」と子どもの気持ちに焦点をあてて理解しようとすることが大事である。第三ステージは「Findings（発見）」である。「あなたはそこから何に気づいたか。期待通りの結果か否か（What did you discover? Was the outcome as you

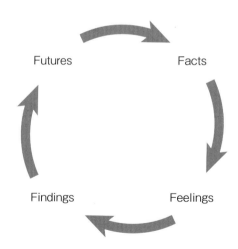

The Fostering Network, Jacaranda Development Ltd, Professor Pat Petrie
and ThemPra Social Pedagogy（2014）

図8-2　THE 4 F'S（4 つの F）

expected?)」と尋ね、子ども自身に自分の行動の背景や結果についての気づきを促す。最後の第四ステージが「Futures（これから）」である。一連の発見や気づきを踏まえ「次から同じようなことが起こったらどうしたらいいか（What would you do next time? How could you alter your practise?)」を子どもと一緒に考える姿勢が養育者には求められている。

　施設職員を含む大人はしばしば、子どもに対して〈ちゃんと口で言いなさい〉〈言葉にしないとわからないよ〉と言うことが多くないだろうか。しかしその前に、子どもの混沌とした内面を想像し、子どもたちが感じていると思われる未分化な感覚や情動に寄り添い、時には言葉を足しながら、子ども自身の自己表現を洗練させていくことが養育者には求められる。

5）Learning Zone
ラーニングゾーンモデルは、Senninger（2000）によって提唱されたモデルである。これは子どもの特性やポイントを理解するだけでなく、子どもなりの学習プロセスや発達をサポートするツールとしても有用なフレームワー

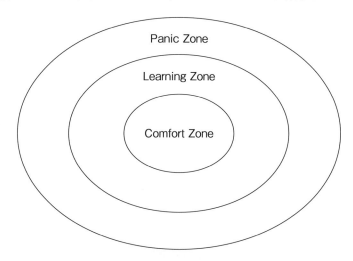

（The Fostering Network, Jacaranda Development Ltd, Professor Pat Petrie
and ThemPra Social Pedagogy（2014））

図8-3　Learning Zone Model

クといえる。このモデルは、図8-3に示すように３つの領域で構成されている。

　コンフォートゾーンとは、安全な場所、慣れ親しんだ場所で、行動したり考えたりすることである。ラーニングゾーンは、子どもにとって自分の能力と限界のギリギリのところにいると感じているゾーンである。コンフォートゾーンを広げるには、ラーニングゾーンに足を踏み入れる必要があり、養育者はここで子どもにさまざまな経験を提供し働きかける。パニックゾーンは、子どもが学習をほとんど、あるいはまったくできない経験の領域を意味する。しかしパニックゾーンに近づくと学習効果が高まるので、そこに近づきつつも入らないようにする必要がある。

　重要なのは、この３つのゾーンは状況や人によって異なるということである。私たちは皆、自分だけのコンフォートゾーン、ラーニングゾーン、パニックゾーンを持っている。たとえば、ある家庭環境で育った子どもにとって、汚れたコップで飲み物を飲むことはまったく普通のことであり、コンフォートゾーンの範囲内かもしれない。しかし、その子にとって「誰かと一緒に食事をすること」は、コンフォートゾーンではなくパニックゾーンに該当することかもしれないのである。一方のゾーンがどこで終わり、他方のゾーンがどこで始まるかは、はっきりとはわからないことが多い。つまり、どこからどこまでがラーニングゾーンなのかわからないので、養育者の価値基準や判断や経験で、子どもをラーニングゾーンに押し込んではいけないということである。養育者の役割は、子どもにコンフォートゾーンから離れるように誘い、その決断を評価し、真剣に受け止め、学びや経験を支援しながらパニックゾーンに入らないようにサポートすることである。

６）Zone of Proximal Development　（近接発達領域）

　近接発達領域（ZPD）とは、子どもがが「手助けなしでできること」と、「大人や仲間の手助けがあればできること」の差のことである。このモデルでは、学習は社会的な文脈の中で最も有効なアプローチであると強調されている。たとえば、ある分野で経験豊富なメンター（養育者、ソーシャルワーカー、教師、友人など）のサポートを受けている場合には、子どもはメン

ターのお手本を見ながら、人の助けを借りずに特定のタスクをこなす能力を徐々に身につけていくことができる機会が豊富にあるということである（Vygotsky, 1978）。

　子どものZPDは固定的なものではない。学習に対する感受性のゾーンまたは領域は、最初は知的成長の分野における子どもの既存の知識や能力によって定義されるが、学習に対する適切なサポートがあれば、その分野における子どもの能力レベルは変化し、それに応じて子どものZPDも変化する。このことを理解した養育者による、子どもの成長や変化を促すような働きかけが求められている。

　7）The Diamond Model　（ダイアモンド・モデル）
　ダイアモンド・モデルとは、「幸福」「エンパワメント」「関係性」「包括的な教育」からなるダイアモンドを「肯定的な経験」によって磨くことである（図8-4）。そのため、ソーシャル・ペダゴジーでは、「コモン・サード」で述

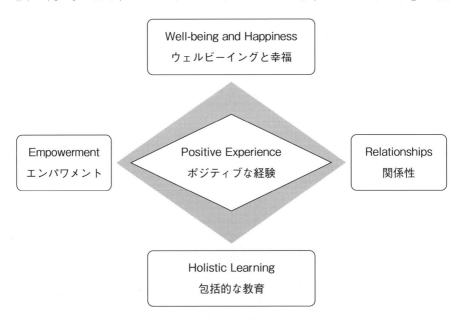

図8-4　**The Diamond Model**（Eichstellar and Holyhoff, 2012 に筆者が和訳を追記）

べたとおり、養育者の役割の一つとして「経験の手配者」を挙げている。

　ここで大切なことは、子ども・人にとってのウェルビーイングと幸福の意味は非常に個人的なものであり、状況に応じて変化するものだということを理解することである。その子どもが何を望んでいるのか、どんな時に幸せや喜びや楽しさを感じることができるのかをしっかり理解する必要があるし、理解できるだけの信頼関係を構築することが必要である。

　また、ソーシャル・ペダゴジーは必ずしも万能のアプローチではないことを自覚しながら、子どもたちの個々のニーズに応えるために、ホリスティックな学習プロセスを養育者は個々の子どもに提供する必要がある。そのプロセスを通じて、子ども一人ひとりが自分自身の可能性に到達することをサポートすることが養育者の役割である。こうした要素で構成される、子どもにとっての「ポジティブな経験」を通して、子どもが自分の人生に責任を持つことができるように育むことをソーシャル・ペダゴジーは目指している。

3．おわりに

（1）日本の児童養護におけるソーシャルペダゴジー導入の意義と可能性

　ソーシャル・ペダゴジーは、これまで、施設職員が行ってきた一つひとつの実践に対して「それはこういう意味や意図、目的をもつべきものなのだ」と示唆したり、必要な視点や方法のヒントを与えたり、何気なくおこなっていた営みに「専門的な名前」をつけてくれたりする理念・理論・実践方法として受け入れられつつあるようにみえる。

　一方、ソーシャル・ペダゴジーにおける養育者（施設職員）とは「行動中の自己」であり、養育者はさまざまな状況を考慮しながら、自分が「何を行っているか」「なぜ行っているか」を省察することが絶えず求められている。イギリスでは、里親研修として「Head, Heart and Hands プロジェクト」を2013年から3年間実施したが、少なくない里親から「これは、手段を重視し、手続きに縛られる感じがする」「縛られる感じがする一方で、達成できた／できなかったの判断が曖昧であり、モチベーションの維持が難しい」等といった声が多く聞かれ、その後は継続に至っていない。Smith（2013）も、リスクを嫌うイギリスにおける施設養育の文化にはソーシャル・

ペダゴジーは必ずしも相容れないものであったとコメントしている。こうした英国での実績も踏まえ、今後、日本の児童養護においてソーシャル・ペダゴジーをどう位置付け、どう導入していけるか、現場と研究者とで一緒に考えていきたいと考える。またソーシャル・ペダゴジーの理念や価値、方法論は、施設養護に必要なものであり、今後職員研修や大学等の養成課程のなかで、紹介される機会が増えることを期待する。

　ソーシャル・ペダゴジーに基づく実践は、生活場面の中で、子どもたちに将来、社会でよりよく生きていくために必要となる多様な力を「子どもとの関係性をベースにして」「多様な学問領域の知識とアプローチを用いながら」「有意義な経験を数多く提供することによって」育もうとするものである。つまり、「関係性」「専門知識とスキル」「経験の提供」の３つが主要な要素だと理解できる。

（2）「家庭的」であり「社会的」である養育は、子どもが求める「持続可　　能なもの」を提供できるか

　親と一緒に「健全な家庭生活」といわれる暮らしを経験できなかった子どもが、その代わりに社会から与えられた「社会的養護」という生活の中で、一般家庭の子どもが当たり前に享受し、育む多様なものを育むことができるか、と同時に、一般家庭ではない「社会的な養育」ならではの専門性も社会的養護には問われている。子どもには家庭が必要だと国連の子どもの権利条約にある。施設や里親養育をはじめとする「社会的養護」は、「（良質な）家庭的」であることと「社会的（専門的）」であることを求められている。社会的養護の担い手が、このディレンマをどう乗り越えていくかという点と、はたして子どもは後者の「社会的（専門的）」であることを社会的養護にどこまで求めているかという点について、あまり議論される機会はない。スコットランドの施設で暮らす子どもにインタビューしたときに、英国の社会的養護の理念である「corporate parent（社会的共同親）という言葉が大嫌い」と複数の子どもがコメントした。「corporate」という言葉に、いかにも義務という感じがするというのである。自分たちが欲しいのは「義務感からの／仕事としてのケア」ではなく「無償の愛によるケア」なのだと。近

年、日本でも「当事者である子どもの声を聴こう」という機運が高まり、アドボケイトの導入などについて検討が始まっている。もし、子どもたちからスコットランドと同じような声が多数あがったとしたら、私たち大人は、社会は、その声にどう応えるのだろうか。

　社会的養護のもとで育つ子どもたちは、親・家庭の代わりに「養育」を提供してくれる人を必要としている。子どもたちが求める「養育」と、社会が提供しようとしている「養育」は一致しているだろうか。もしくは不足しているものはないだろうか。

　社会的養護の子どもたちの虐待や貧困のループを防ぎ、そこから抜け出すための力を育む教育的アプローチと、子どもたちが背負わされたしんどさ・生きづらさに寄り添う福祉的アプローチを統合したアプローチとしてソーシャル・ペダゴジーへの期待は大きい。社会の持続可能性を考えたとき、貧困や虐待の連鎖の解消は重要な課題の一つである。その一方、子どもたちの人生の持続可能性という観点から、社会的養護のもとを巣立ち自立した後の、子ども・若者の生活や人生にも「あたたかな関係性をベースにして」ずっと伴走できるようなケア・支援・関係性・地域・制度・社会のあり方についても考えていかなければいけないのではないか。

　社会的養護のもとで生活できる期間は限られているが、そこで育まれた子どもの「生きる力」と養育者との関係が持続可能なものになるために必要なものは何か、当事者である子ども・若者の声を大切にしながら、引き続き考えていきたい。

注
1　Karl Mager が最初に「ソーシャル・ペダゴジー」という用語を用いたのは、いわゆる論文や書籍ではなく「パンフレット」に該当する資料であるため、文献としては残っていない。しかし、このパンフレットが世界で最初に「ソーシャル・ペダゴジー」という用語を定義・概念化したものであることが、ドイツ、英国、北欧などペダゴジーが拡がった諸国において定説として認められているとのことである。(http://www.thempra.org.uk/social-pedagogy/historic-developments-in-social-pedagogy/)
2　英国スコットランド内の多くの児童養護施設 (Children's House) では、子どものケアをするケアワーカーの他に、調理スタッフや掃除スタッフなどをパー

トタイムで雇用し、ケアワーカーが子どもとのかかわりに専念できるようにしている施設が多い。しかし、数は少ないがソーシャル・ペダゴジックな実践や理念を大切にしている施設では、あえて調理や掃除などの家事スタッフを雇用せずにケアワーカーがその役割を担っている。このことについて、ペダゴジーのことを知らない人からすると「人件費の節約」に見えるかもしれないが、英国で各施設の職員配置をみるとき、その施設や法人がどのような理念で運営・実践しているのかを確認することが大切である。

参考文献

新たな社会的養育の在り方に関する検討会（2019）「新しい社会的養育ビジョン」厚生労働省.

Charfe., lowis and Garder., Ali. (2019), 'Social Pedagogy and Social Work', SAGE.

藤村好美（2017）「カナダのアンティゴニッシュ運動の思想と実践―Social Pedagogy の視点からの考察―」『群馬県立女子大学紀要』(38) pp181-192.

Hamalainen, J. (2003) 'The concept of social policy in the field of social work', Journal of Social Work, 3 (1), pp69-80.

橋本達昌（2014）「問われる社会的養護の展開力：貧困の連鎖を断ち切るために」『月刊福祉』97 (7)、pp27-30.

細井勇（2016）「ソーシャル・ペダゴジーと児童養護施設―福祉レジームの観点からの国際比較研究―」『福岡県立大学人間社会学部紀要』(24) 2，pp1-21.

石井加代子・浦川邦夫（2014）「生活時間を考慮した貧困分析」『三田商学研究』57 (4)．pp97-121.

Jappe, E. (2010) The 3 Ps. Available at : http://10rs1gruppe6.blogspot.com/2010/09/de-3-per.html（最終閲覧：2021年10月16日）

楢原真也（2015）「子どもの虐待と治療的養育：児童養護施設におけるライフストーリーワークの展開」『金剛出版』

楢原真也監訳：マーク・スミス／レオン・フルーチャー／ピーター・ドラン著（2018）『ソーシャルペダゴジーから考える施設養育の新たな挑戦』明石書店

日本BBS連盟（2020）「SDGsってなに？」http://bbs-japan.org/sdgs/ （最終閲覧：2021年10月16日）

西原直之・MOON YOO MI（2020）「社会的養護が世代間を連鎖するプロセスの研究－児童養護施設と乳児院への全国調査の分析」『日本文化研究』(75)，pp169-194.

Petrie, P., Boddy, J., Cameron, C., Wigfall, V. and Simon, A. (2006) 'Working with children in care: European perspectives' London: Open University Press.

Phelan, J.（2001）'Experiential counselling and the CYC practitioner', Journal of Child and Youth Care Work, vol.15 and 16, spetial edition, pp.256-263.

Phelan, J.（1999）'Experiments with experience', Journal of Child and Youth Care Work, vol14, pp.25-28.

Smith, M., Fulche, L and Doran, Pr.（2013）, 'Residential Child Care in Practice', The Policy Press.

Stewart, W.A.C & McCann. W.P.（1967）'Educational Innovators' MACMILLAN

住友修・荘保共子他（2018）「こどもの最善の利益を鑑みながら、新たな虐待・貧困の連鎖を断ち切る、地域での『子どもの居場所』としてのこれからの里親・ファミリーホームの役割」『社会的養護とファミリーホーム』（8）、pp57-68.

The Fostering Network, Jacaranda Development Ltd, Professor Pat Petrie and ThemPra Social Pedagogy（2014）'Short Reference Guide Introducing Social Pedagogy into Foster Care'（https://www.basw.co.uk/system/files/resources/basw_100448-3_0.pdf）（最終閲覧：2021年10月16日）

Thempra Social Pedagogy Community Interest Company（2021）'Historic Developments in Social Pedagogy'（http://www.thempra.org.uk/social-pedagogy/historic-developments-in-social-pedagogy/）（最終閲覧：2021年10月16日）

Thempra（2017）The Common Third. Available at: www.thempra.org.uk/social-pedagogy/key-concepts-in-social-pedagogy/the-common-thied/（最終閲覧：2021年10月16日）

打田信彦（2012）「ある事例を通した世代間連鎖の考察―マズローのヒューマンニーズの階層からアプローチ―」『近畿医療福祉大学紀要』13（1）, pp59-66.

Vygotsky, L.S.（1978）Mind in Society; The Development of Higher Psychological Processes. Cambridge, MA: Harvard University Press.

第9章
健康福祉の理念と実際

吉武　信二

1．めざすべき健康福祉のあり方

　人の幸福を考える上で、健康という要素を完全に排除することは難しい。よって健康福祉の意義は非常に大きなものであると考えられる。世界的に見ても、すべての人々が可能な最高の健康水準に到達することを目的に掲げた世界保健憲章が1946年に制定（日本では1951年に公布）され、健康の基本理念とともにその重要性が示されている。さらに、「ひとつの国で健康の増進と保護を達成することができれば、その国のみならず世界全体にとっても有意義なことである。」（日本WHO協会，2021）とされており、各国の事情に応じた健康の増進と保護が推奨されている。

　このことに加え、近年では持続可能な社会の実現が求められるようになり、その開発目標としてSDGs（Sustainable Development Goals）が2015年に国連で採択された。ここで定められた17の目標の一つに「目標3：あらゆる年齢のすべての人々の健康的な生活を確保し、福祉を促進する」という項目（具体的な13のターゲットで構成）が設定されており（外務省，2015）、健康への関心が世界規模で高まっている様子がうかがえる。

　ただし、このターゲットの内容をよく見ると、主に身体的健康について、最低限の確保をめざすようなものが中心であり、これさえ達成できれば十分というものではない。もちろん、衛生環境が十分整備されていないような発展途上国においては達成が急務とされる喫緊の問題であり、これらの内容をすべての人が享受できるようにしていくことは、何よりも重要なことである。しかし、世界保健憲章が掲げる「すべての人々が可能な最高の健康水準に到達」という目標と、各国の事情に合わせた健康増進が推奨されているこ

とを鑑みると、わが国のように比較的衛生環境が良好な国においては、この
ターゲット項目をそのまま最終的な目標とするのは妥当ではないと思われ
る。

　例えば、生死にかかわるような病気にかかっていなくても、長期間にわ
たって身体的、精神的、社会的な苦痛を強いられるような状態にさらされて
いるような事例は多く存在するであろう。そのような人々は、一見どこも悪
くないように見えるため、周囲の人も、また本人でさえも「健康ではないこ
と」に気づきにくい。その結果、対策が遅れたために、本来の健康が遠のい
てしまうリスクがあると考えられる。よって、目に見える病気ではないから
といって、放置してもよいということにはならない。

　そこで、本稿では「目に見える不健康」だけでなく、できれば改善が望ま
れる「見えにくい不健康」にも焦点をあて、本来めざすべき健康福祉のあり
方について論究する。

（1）獲得型健康志向の推奨

　わが国における人々の健康観が「禁忌の健康観」から「獲得の健康観」に
推移してきた経緯（池田，1990）と現代社会の実態を鑑みると、今の健康状
態を「守る」のではなく、新たに健康を「獲得する」という考え方が必要と
思われる。つまり、この「獲得型健康志向」こそが、真の健康に近づく方向
である（吉武，2017）。これは、健康を害する行いを避ける「禁忌」だけで
は真の健康は手に入らず、健康を増進させる行動を積極的に実践することで
一つ上の健康の「獲得」につながり、初めて真の健康が得られるという考え
方である。この健康志向の違いと健康状態の関係を整理してみると、図9-1
のように示すことができる。

　人の健康状態を「Ａ：完全に良好な状態（真の健康）」、「Ｂ：病気ではない
状態（不十分な健康）」、「Ｃ：病気の状態」という３段階に分けた場合、本
来人々がめざすべき段階はＡの状態であろう。WHOによる健康の定義で
も、「健康とは病気でないとか、弱っていないということではなく、肉体的
にも、精神的にも、そして社会的にも、すべてが満たされている状態」（日
本WHO協会，2021）とされており、Ｂの状態では「健康」とはいえないこ

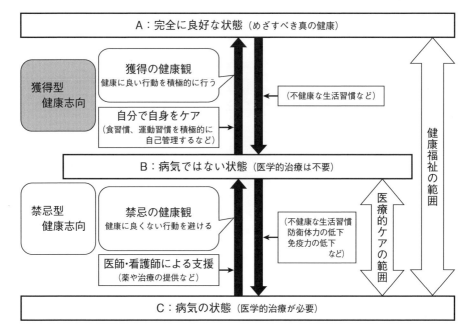

図 9-1　健康志向の分類と健康状態（著者作成）

とが明示されている。その上で、実際の日常行動に目を移すと図中にもあるように、過度の飲食といった身体に害のある行動を避けるだけの「禁忌型健康志向」では、Bよりも上の段階に向上することは期待できないと思われる。また、医師や看護師といった医療の専門家から助言や治療行為などの医療的ケアを受けることで、CからBの段階まで健康状態が好転することは大いに期待できるが、Bを超えてAの段階まで向上することは、やはりあまり期待できないであろう。したがって、真の健康を達成するためには、Bを超えてAの段階に少しでも近づけるように働きかけることが重要であり、より積極的に健康を増進させる行動を起こそうとする「獲得型健康志向」の推奨が求められることになる。

　一方、この「獲得型健康志向」は「健康福祉」という視点から見ても重要な意味を持つ。「健康福祉」の目標が真の健康であるとすれば、ゴールはあくまでもAの段階である。しかし、「禁忌型健康志向」や医療的ケアの範囲

の対応だけでは、Bの段階までしか到達が見込まれないことから、健康福祉としては不十分である。よって、どうしてもこの「獲得型健康志向」を普及させなければ、健康福祉の理念を完全に達成することはできないことになる。特に、長寿世界一を競うようなわが国においては、人々の健康状態をこのBからAの段階へ向上させることにこそ目を向けるべきであろう。同時に、このことは結果的にCの段階から遠ざけることになり、現在わが国で社会問題にもなっている国の医療費負担の軽減や、要介護者の減少にも貢献すると考えられる。

（2）SDGsの目標とターゲットから見た健康のとらえかた

　国連で採択されたSDGsの目標にあげられた「あらゆる年齢のすべての人々の健康的な生活を確保し、福祉を促進する」という内容を示した13のターゲット項目を見ると、やはりこれが最終目標としてはやや不十分であることが読み取れる（表9-1）。

　先の図9-1と照らしあわせてみると、この内容に含まれるのは、CからBの段階に向上させるものか、もしくはBからCの段階に後退しないように努めるものがほとんどである。いずれも、Bを超えてAの段階に進むことが期待できるものは皆無に近いと思われる。つまり、このターゲットは医療的ケアの範囲にとどまっており、健康福祉の範囲を十分にカバーしているとはいえない。これらの内容は、すでにこれを達成されている国々が、未達成の国々への支援を啓発・促進する上では非常に意味があるととらえられるが、本来の健康の理念から考えると、必要条件ではあっても十分条件ではないと認識するのが妥当であろう。よって、これらの目標を現在達成しているか、あるいは将来的に達成を果たした場合においてもそこで終わるのではなく、さらに発展的な健康を求めていくべきであるととらえられる。

（3）真の健康をめざすための行動変容と健康教育

　真の健康である、完全に良好な状態（図9-1のAの状態）へ近づけるためには、自分の健康管理を医師や看護師などの医療スタッフに任せきりにしたり、禁酒禁煙といった身体に悪い行動を制限するだけでは不十分であること

表9-1　SDGsの目標3とそのターゲット内容

目標3.　あらゆる年齢のすべての人々の健康的な生活を確保し、福祉を促進する

3.1　2030年までに、世界の妊産婦の死亡率を出生10万人当たり70人未満に削減する。

3.2　すべての国が新生児死亡率を少なくとも出生1,000件中12件以下まで減らし、5歳以下死亡率を少なくとも出生1,000件中25件以下まで減らすことを目指し、2030年までに、新生児及び5歳未満児の予防可能な死亡を根絶する。

3.3　2030年までに、エイズ、結核、マラリア及び顧みられない熱帯病といった伝染病を根絶するとともに肝炎、水系感染症及びその他の感染症に対処する。

3.4　2030年までに、非感染性疾患による若年死亡率を、予防や治療を通じて3分の1減少させ、精神保健及び福祉を促進する。

3.5　薬物乱用やアルコールの有害な摂取を含む、物質乱用の防止・治療を強化する。

3.6　2020年までに、世界の道路交通事故による死傷者を半減させる。

3.7　2030年までに、家族計画、情報・教育及び性と生殖に関する健康の国家戦略・計画への組み入れを含む、性と生殖に関する保健サービスをすべての人々が利用できるようにする。

3.8　すべての人々に対する財政リスクからの保護、質の高い基礎的な保健サービスへのアクセス及び安全で効果的かつ質が高く安価な必須医薬品とワクチンへのアクセスを含む、ユニバーサル・ヘルス・カバレッジ（UHC）を達成する。

3.9　2030年までに、有害化学物質、ならびに大気、水質及び土壌の汚染による死亡及び疾病の件数を大幅に減少させる。

3.a　すべての国々において、たばこの規制に関する世界保健機関枠組条約の実施を適宜強化する。

3.b　主に開発途上国に影響を及ぼす感染性及び非感染性疾患のワクチン及び医薬品の研究開発を支援する。また、知的所有権の貿易関連の側面に関する協定（TRIPS協定）及び公衆の健康に関するドーハ宣言に従い、安価な必須医薬品及びワクチンへのアクセスを提供する。同宣言は公衆衛生保護及び、特にすべての人々への医薬品のアクセス提供にかかわる「知的所有権の貿易関連の側面に関する協定（TRIPS協定）」の柔軟性に関する規定を最大限に行使する開発途上国の権利を確約したものである。

3.C　開発途上国、特に後発開発途上国及び小島嶼間発途上国において保健財政及び保健人材の採用、能力開発・訓練及び定着を大幅に拡大させる。

3.d　すべての国々、特に開発途上国の国家・世界規模な健康危険因子の早期警告、危険因子緩和及び危険因子管理のための能力を強化する。

外務省（2015）「我々の世界を変革する：持続可能な開発のための2030アジェンダ」より引用、著者一部改変

が示された。よって積極的に生活習慣全体（食事・運動・休養）をチェックした上で、必要に応じて見直すなど自己管理と行動変容が必要となる。可能ならば、四六時中専門家が付き添って助言指導・支援することが望ましいが、それは現実的に困難であり、その行動選択は、個々人にゆだねられていることが多い。よって、確かな健康増進効果を出すためには、具体的にどの

ような行動をするべきなのかをその人自身がよく知っておく必要があり、これを担うのが健康教育ということになるであろう。

　健康に関する知識は、多くの人々が学校の教育課程の中にある保健体育などで基本的なことは学習済みと思われる。しかし、それは一般論を中心とした単純な知識の習得や前述の医療的ケアの範囲内にとどまっていて、獲得型健康志向の実践に活用できる水準に達している人はそれほど多くないであろう。これに加えて、マスメディアを通じて大量に提供されている健康に関する情報は、必ずしも正しい情報ばかりではない現状があり、これらの中から正しい情報や自分に合う情報を取捨選択する能力が必要となる。ところが、実際には過去の学校教育の中における学習機会だけでなく、成人後に専門的な健康教育を受ける機会も乏しく、この能力が十分養成されていない現状がうかがえる。

　このような現状を踏まえると、健康教育は生涯にわたって継続的に、かつすべての人に充実させるべきものであり、その内容もより実践的なものが求められているといえる。

　そこで、ここからは、日常生活の中で比較的身近に直面する事例をとりあげながら、具体的にどのような対応や行動をすべきかについて、専門的な視点から解説し、めざすべき健康の獲得に貢献する行動変容を検討する。

２．めざすべき健康獲得に向けた行動変容の実践

（１）健康的な食習慣の実際（食べるタイミングと食後の過ごし方がカギ）

　世界における飢餓と飽食について、藤田（2008）は地球人口66億人のうち、12億人が肥満で悩んでいる一方で、8.5億人が飢餓状態にあることを示している。また、国際農林業協働協会（2021）は、この肥満と飢餓が双方とも昨今増加していることを報告している。飢餓問題は生命にかかわる重大事項であり、その深刻度を考えると肥満と単純に比較するのは適当でないかもしれないが、数字だけを見ると実は肥満者の方が多い点は認識しておく必要があろう。また、肥満は後々間違いなく身体に悪影響を及ぼす重大因子ではあるが、今すぐに生命を脅かすものではない。よって、日常生活ではそれほど深刻な症状が表出しないため、放置されがちな「見えにくい不健康」に含

まれる。しかし、わが国では、肥満は非常に身近で深刻な健康問題ととらえられるため、決して放置してはならない問題の一つである。

　肥満を正常者に比べて体脂肪が過剰に蓄積した状態と仮定すれば、その原因は摂取エネルギーと消費エネルギーのアンバランスにある。つまり、相対的に摂取エネルギーが多すぎるか、消費エネルギーが少なすぎるかが原因である（大野，1991）。よって、エネルギーの過剰摂取を控えることは、肥満予防に効果的であるが、この行動だけでは現状の健康状態を維持することはできても、現状より健康状態をさらに向上させることは難しいと考えられる。これは、ちょうど「悪いものは食べないようする」という禁忌型健康志向に近いものがあり、健康増進効果を期待するのであれば、「より体に良いものを食べる」とか「食べるタイミングや食べた後の過ごし方を工夫する」といった一歩進んだ行動、すなわち獲得型健康志向による行動変容が重要となる。そこで、どのようなものを中心に、どのタイミングで食べ、どのように過ごせば積極的にエネルギーを消費するかを検討してみる。

　図9-2は、食べたものが人間の体の中で、どのような道筋を通って最終的にどうなるのかをモデル化したものである。まず、食べたものは主に5大栄養素別に血液中に吸収される。この中で、無機塩類とビタミンは体内の様々な代謝をスムーズに進行させる役割を担うが、筋肉や脂肪にはならず、エネルギー源にもならないので、仮に摂りすぎても肥満になる心配はないといえる。その上、不足してしまうと、代謝がスムーズに行われなくなるので健康にはマイナス要因となる。よって、基本的には摂りすぎることを気にせず、十分な摂取を心がけることが大切である（吉武，2011）。

　次にタンパク質については、血液中ではアミノ酸になり、皮膚や毛髪などを含め、人間の細胞を作る基本的な材料となる。また、代謝を高める筋肉の源でもあり、脂肪が増える原因にはほとんどならないので、摂りすぎても肥満になる心配はないといえる。その上、不足してしまうと、筋肉量が減少する可能性があるので健康にはマイナス要因となる。よって、これも基本的には摂りすぎることは気にせず、十分な摂取を心がけることが大切である（吉武，2011）。

　そうなると、残っているのは脂肪と糖質であるが、この2つについては、

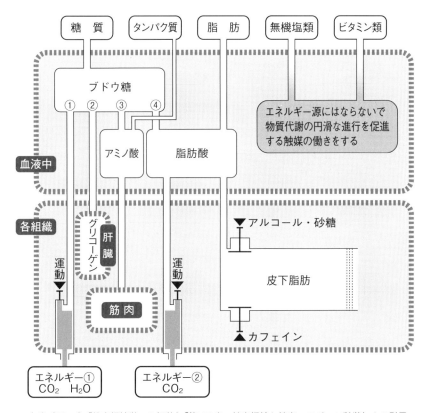

吉武（2011）『教育福祉学への招待』「第15章　健康福祉と健康・スポーツ科学」より引用

図 9-2　身体のエネルギー代謝の仕組みモデル

摂りすぎると肥満の原因になる。まず、脂肪については、体内に入ると血液
中で脂肪酸になる。すると、脂肪酸の血中濃度を一定に保つため、血中の脂
肪酸を血中から追い出そうとする反応を示す。その時、身体が活発に活動し
ている状態であれば、活動のためのエネルギーとしてこの脂肪酸が燃焼され
て消費する（図中のエネルギー②）が、それでも消費しきれずに余った脂
肪酸は固体化され、内臓や血管中または皮下に脂肪組織として蓄えられる。
これがいわゆる体脂肪であり、多すぎると肥満や疾病の原因となる（吉武,
2011）。

　一方、糖質については、体内に入ると血液中でブドウ糖になる。そして血液中の糖濃度（血糖値）が上がると、その時の身体の状況に応じ、主に次の4通りの道を進むことになる（図中のブドウ糖①②③④）（吉武，2011）。

①　運動（特に瞬発的なもの）や脳の活動などは、糖質を元にしたエネルギーが必要不可欠と言われており、ここで多くのブドウ糖が分解される。

②　血中の糖濃度が低下した場合に備え、脂肪酸を合成するよりも速く糖質を補充できるように、グリコーゲンになって、肝臓や筋肉中に蓄えられる。

③　アミノ酸が不足している場合、ブドウ糖はアミノ酸に変化して、身体組織を作る材料になる。

④　上記①②③で消費されてもなおかつ血糖値が高く、適正な濃度を超えてしまった分のブドウ糖は脂肪酸に変化する（鈴木，1988）。

　これらのことから、食事で上昇した血糖値が十分に下がりきらないうちに次の食事を摂ったり、食後にあまり活動しないで安静状態を続ければ、ブドウ糖が脂肪酸に転換する割合（図中の④）が増え、その結果皮下脂肪に転換する率が高くなって肥満の原因になると考えられている。そして、これが「食べてすぐ寝ると太る」といわれる所以であり、「炭水化物（糖質）を食べたら太る」といわれる根拠でもある。ただし、だからと言って安易に糖質を控えるのは避けた方がよい。この図からもわかるように、糖質を控えすぎるとエネルギー①が不足するため脳がエネルギー不足となり、認知症発症のリスクを上げる可能性がある。よって、このリスクを回避しながら肥満を予防・改善するためには、適切に糖質を摂取した上で、それが脂肪酸に変化しないようにする（④に流れる量を減らす）ことが有効である。具体的にはある程度食事と食事の間隔を空け、それぞれの食事の後にできるだけ活動的に過ごすことが重要であると考えられる。

　以上のことから、肥満を防止して健康増進をさらに効果的にするためには、たんぱく質を多く食べ、脂質を控え、炭水化物・ビタミン・ミネラルを

過不足なく摂取することを心がけることが有効であるといえる。また、食べるタイミングとしては、食事と食事の間を一定時間確保する（間食しない）ように努めることが望ましい。さらに、食べた後の過ごし方としては、食事（特に夕食）直後の完全休養や睡眠を避けるような行動を積極的に行うことが有効と考えられる。

（2）健康的な運動習慣の実際（毎日休まず運動するのは最適ではなかった）

　一方、運動習慣は、その人のエネルギー消費を左右する非常に大きな要因であり、望ましい運動習慣がもたらす適度な運動量の確保は、肥満の予防だけでなく、肥満の改善にも効果的とされている。また、筋力・総合的体力の向上とともに防衛体力が向上し、病気から遠ざける効果も期待できる。そういう意味では食習慣以上に運動習慣は健康に及ぼす影響が大きいととらえられる。

　一般に、運動が健康に良いことは広く周知されていて、すでに多くの人は運動不足にならないように心がけているであろう。しかし、運動不足を回避するだけでは、現状の健康を維持することはできても、現状よりさらに健康状態を向上させることはやはり難しいと思われる。よって、より積極的に運動に取り組む志向を持ち、適切な運動負荷をかけるように努めることが望ましい。ところが、具体的にどれぐらいの負荷の運動を、どのような頻度で継続すればよいのかについてはあまり周知されておらず、運動負荷が小さすぎて効果の乏しい例や、逆に負荷が大きすぎてかえって健康を損ねている例も多々見受けられる。そのため、科学的な根拠のある理論を知り、健康状態を現状より向上させるのにふさわしい運動刺激を追求する必要がある。

　そこで、ここからは、スポーツ競技者が自身の能力を向上させるために行っているトレーニングの科学的理論をとりあげ、一般の人々の運動習慣のあり方を検討する。

　健康のために運動をする人が、「翌日に疲れを残さないような負荷で、毎日継続して運動しよう」と言ったり、主に運動系の部活動に励む生徒たちが、「強い負荷で毎日休まず練習（運動）しなければ強くなれない（体力は向上しない）」と言っているのをよく耳にする。しかし、結論から言うとこ

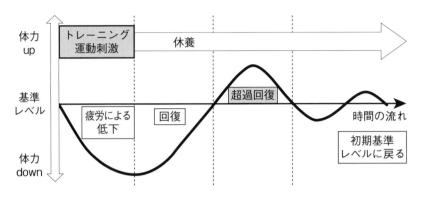

尾縣（2014）『トレーニングの基礎・原理を考える』より引用、著者改変

図9-3　超過回復が起こる仕組み

れはどちらも正しいとはいえない。実は、健康・スポーツ科学の理論から
考えると「翌日に少し疲れが残る程度の負荷で2〜3日連続して運動した
ら、1日は運動しない休養日を確保する」というのが最も効果的に体力を向
上させる方法だと思われる。そして、その根拠とされるのが、スポーツ科学
領域で用いられる超過回復理論（図9-3）であり、国内外のスポーツ科学者
の間で広く支持されている（Yakovlev，1975; 図子，2013; Bompa，2015）。内
容としては、人はトレーニングという負荷が与えられると身体が疲労状態に
なり、一時的にその機能が低下するが、その後休息（回復）を取ると、ある
タイミングで低下していた機能がトレーニング前のレベルを超える状態にな
る（尾縣，2014）というものであり、これを積極的に活用することが体力な
どの向上に効果的であるとされている。つまり、疲労を伴う運動をした後に
適切な休養をとり、超過回復が出現したタイミングで次の運動を行うこと
で、効果的な体力向上が実現すると考えられている（図9-4　パターンA）。
ただ、この超過回復によるレベルの向上は時間の経過とともに元のレベル
に戻っていくとされている（図9-3）。つまり、次の運動までの間隔が空きす
ぎると、現状維持はできても向上は期待できない（図9-4　パターンB）。ま
た、逆に短過ぎる（毎日休みなく運動する）と十分な回復が見られず、向上
どころか低下していってしまうと考えられている（図9-4　パターンC）。こ

●パターンＡ：理論上最も効果的な体力向上

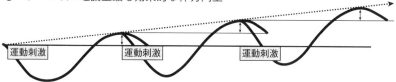

●パターンＢ：運動の間隔が長すぎる（休養が多すぎる）→体力は現状維持

●パターンＣ：運動間隔が短すぎる（休養が足りない）→体力は低下

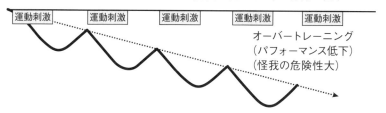

●パターンＤ：現実的に最も効果的な体力向上

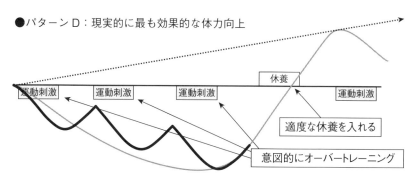

尾縣（2014）『トレーニングの基礎・原理を考える』より引用、著者改変

図9-4　超過回復理論とトレーニング効果の違い

れがいわゆるオーバートレーニングという状態であり、スポーツ障害など怪我発症のリスクも大きくなることから、効果的な運動方法とはいえない。さらに、超過回復が出現するタイミングは、その人の体力や運動負荷、健康状態によって異なるため、1回の運動による超過回復出現のタイミングを正確に見極めるのは難しいのが実情である。

　そこで、多くのアスリートたちに推奨されるのが、「意図的に翌日に疲れが残る程度の負荷で2〜3日連続して運動したら、1日は運動しない休養日を確保する」というものになる（図9-4　パターンD）。このように意図して一時的にオーバートレーニングの状態を作った後、意識的に休養を確保することで、把握することが難しかった超過回復出現のタイミングを明確に認識できるようになる。その結果、最適のタイミングで次のトレーニング刺激を与えることが可能となり、効果的なパフォーマンスの向上が期待できるということになる。

　実際に、3日連続トレーニング＋1日休養＋2日連続トレーニング＋1日休養というように、1週間あたり2日の休養日を採用している一流アスリートは比較的多く見受けられる。しかし、一般の人々は彼らが「厳しいトレーニングを1日も欠かさずしている」と思い込んでいることが多いように思われる。さらに、中学や高校の部活動では「1日練習を休むとそれを取り戻すのに3日かかる」などという言葉をよく耳にするが、実際にこれを証明した科学的根拠は私の知る限り全くない。にもかかわらず、わが国ではこの「毎日休まないこと」を称賛する文化が根付いているせいなのか、科学的根拠に基づいているこちらの超過回復理論の方が浸透しにくい状況を生じさせているようである。そして、このことが、効果のあまり上がらない方法で運動を一生懸命続ける人を多く生み出している可能性がある。だとすると、そのような人は、オーバートレーニング状態が続くことによるパフォーマンスの低下や疲労の蓄積、怪我の発症などから運動へのモチベーションを低下させ、運動そのものが嫌いになってしまうことにつながる可能性も高くなる。つまり、「毎日休まず運動しなければならない」という考え方が、結果的に運動習慣の定着を遠ざける要因になってしまっていると考えられる。

　このように、正しい運動の方法を知らないことで、健康のために運動をし

ようとしていたはずなのに、実は運動によってかえって不健康になっていることもある。よって、今回例にあげた超過回復理論の他、健康・スポーツ科学に基づいた運動方法についてはアスリートだけでなく、一般の人々にも広く周知させる必要があるととらえられる。

　以上、めざすべき健康獲得に向けた行動変容の実践例として、健康的な食習慣と運動習慣の実際を検討した。これらの知見を最大限に活用し、多くの人々が獲得型健康志向による行動変容を実践することで、「見えにくい不健康」を抱える人の健康が着実に改善されていくことを期待したい。

引用・参考文献

Bompa，Tudor O．（2015）Periodization training for sports-Third Edition，Human Kinetics，pp.311-333

藤田弘夫（2008）都市社会のリスク－飢餓と飽食の世界－,学術の動向13 巻 11号,pp.18-23

外務省（2015）我々の世界を変革する：持続可能な開発のための 2030 アジェンダ，外務省,pp.14-17

池田光穂（1990）日本人に見られる「禁忌の健康観」,教育と医学,第38巻10号，pp.907-913

国際農林業協働協会（2021）世界の食料安全保障と栄養の現状2020年報告：要約版－健康的な食事を手の届くものにするためのフードシステムの変革－，誠文堂，p.11,18

日本WHO協会（2021）世界保健機関憲章,目で見る WHO第75号，p37

尾縣貢（2014）トレーニングの基礎・原理を考える，陸上競技学会誌，Vol.12，pp.77-88

Yakovlev，N.N（1975）Biochemistry of sport in the Soviet Union：beginning，development，and present status，Medicine and Science in Sports．7（4），pp.237-247

吉武信二（2011）教育福祉への招待 第15章 健康福祉と健康・スポーツ科学，せせらぎ出版，pp.236-249

吉武信二（2017）教育福祉学の挑戦 第10章 健康福祉の充実と健康教育の活用，せせらぎ出版，pp.134-146

図子浩二（2013）日本体育協会公認スポーツ指導者養テキスト共通科目Ⅲ 第5章 トレーニングの理論と方法論,日本体育協会,pp.104-117

第10章
社会格差と健康格差

隅田　好美

1．SDGsから考える健康格差

　持続可能な開発目標（Sustainable Development Goals　以下「SDGs」）の目標
3は、「あらゆる年齢のすべての人の健康的な生活を確保し、福祉を促進す
る」（外務省 仮訳）ことである。本章ではSDGsの目標3と日本の健康施策を
中心に、健康格差について考えていく。

　SDGsの保健医療に関する新アジェンダの1つは、「防ぐことのできる
死をなくすこと」であり、身体的、精神的な健康と福祉の増進とすべての
人々の寿命の延長のために、ユニバーサル・ヘルス・カバレッジ（Universal
Health Coverage　以下「UHC」）と質の高い保健医療へのアクセスを達成する
ことである。UHCとは「人々が必要とする質の高い保健医療サービスを経
済的困難にさらされることなく受けられること」である（WHO 2015）。

　1978年にWHOとユニセフの合同会議において議決されたアルマ・アタ
宣言では、先進国と発展途上国の健康格差を縮小することの重要性を指摘
し、2000年までに、世界中のすべての人々が社会的、経済的に生産的な生
活を送ることができるような健康状態を達成することを目標として掲げた。
その目標達成をするための鍵として、プライマリーヘルスケアが提唱され
た。UHCはプライマリーヘルスケア（Primary health care）を基礎としてい
る（WHO 2019）。

　SDGsの目標3のターゲットは、新生児、5歳未満児、妊産婦の死亡率の
低下、家族計画など性と生殖に関する保健サービス（Reproductive Health）
の確保、エイズ、結核、マラリアの三大感染症や、熱帯地域の貧困層を中
心に蔓延している顧みられない熱帯病（Neglected Tropical Diseases）といっ
た伝染病の根絶、肝炎、コレラのように病原微生物に汚染された水による

水系感染症などへの対処、非感染性疾患（Non-communicable diseases　以下
「NCDs」）の予防や治療である。

　ターゲットの１つであるNCDsには、心血管疾患、癌、呼吸器疾患、糖尿
病等があり、毎年NCDsで死亡する人が全世界の死亡者数の71％（4,100万
人）を占める。NCDsによる死亡リスクは、喫煙、運動不足、アルコールの
有害な摂取、不健康な食生活により増大する。また、NCDsによる死亡者に
は健康格差が存在し、NCDsによる全死亡者の77％が低中所得国の人びとで
ある（日本WHO 2021）。さらに、早期死亡者（30歳から69歳）の85％が、低中
所得国の人びとである。この現状を踏まえ、NCDsによる若年死亡率を、予
防や治療を通じて３分の１に減少させることが、SDGsのターゲット（目標
3.4）となった。

　日本におけるUHCの歩みについて厚生労働省は、1961年に国民皆保険が
導入され、すべての国民が加入する公的医療保険が確立したことと、1973年
に１県１医大構想が閣議決定されたことで保健医療へのアクセスが改善し、
早期にUHCを達成したと、説明している（厚生労働省 2019）。しかし、現在
もなお日本には後述するように健康格差が存在している。

２．　日本における健康施策

（１）戦争直後の健康施策（感染症予防）

　1946年にWHOが示した健康の定義は、「病気ではないとか、弱っていな
いということではなく、肉体的にも、精神的にも、そして社会的にも、すべ
てが満たされた状態にあること」（日本WHO協会仮訳）である。また、「最高
水準の健康に恵まれる」ことは基本的人権であり、国には「自国民の健康に
対する責任」があると明記された。1946年に制定された日本国憲法では、健
康な生活営むことが国民の権利だということと、国の責務が示された。

　SDGsのターゲットの１つに、結核などの伝染病の根絶がある。戦前戦後
の日本の健康対策は、結核予防が中心であった。1937年に旧保健所法が制定
され、国の健康指導相談の機関として保健所が設置された。1947年には保健
所法が改正され、公衆衛生の第一線機関としての機能が強化された。1951年
には結核予防法が制定され、結核対策を社会保障制度の一環として、患者の

医療費負担を公費により軽減する制度が設けられた。また、結核の治療薬が開発されたことで、1935年から1950年の日本の死因の第1位を占めていた結核が、1957年には5位以下となり、2019年は31位となった。

（2）健康自己責任を中核とした健康づくり対策

　戦後の日本の健康施策は、健康自己責任の考えが基底にあった（芝田2020）。平成26年度厚生労働白書によると、1964年に開催されたオリンピック東京大会を契機として健康・体力づくりの機運が高まった（厚生労働省2014：13-14）。また、健康づくり対策は、資本主義を支えるためのものだという考えがあった。「国民の健康・体力増強について」（1964年）の趣旨は、「労働の生産性を高め、経済発展の原動力を培い、国際社会における日本の躍進の礎を築く」ために、健康増資と体力増強を積極的に実践することであった。また、健康は「他から与えられるものではなく、自らつくり出すもの」であり、「国民の自主的実践活動」を促進することが基本方針であった。

　1978年に第1次国民健康づくり対策として10ヵ年計画が策定され、1988年に第2次国民健康づくり対策（アクティブ80ヘルスプラン）が策定された。世界では1978年にアルマ・アタ宣言が、1986年の第1回ヘルスプロモーション会議で、オタワ憲章が決議された。ヘルスプロモーションとは、「人びとが自らの健康をコントロールし、改善することができるようにするプロセスである」（島内 2013：79）。

　日本の第1次国民健康づくり対策の基本的な考え方は、成人病予防のための一次予防を中心とした健康づくりの推進と、健康づくりの3要素（栄養、運動、休養）に関する健康増進事業の推進であった（厚生労働省 2014：21-22）。アルマ・アタ宣言では、人々が生活し労働する場所になるべく近接して保健サービスを提供することを提唱している。日本では保健所が都道府県に設置されていたが、市町村保健センターを10年間で整備し、地域住民に身近な市町村で対人保健サービスを提供することが計画に盛り込まれた。

　第2次国民健康づくり対策は、一次予防と二次予防を重視し、「自分の健康は自分で守るという自覚を国民一人ひとりに促す」（厚生労働省 2014：21）という健康自己責任を促進するためのものであった。また、1986年に日本の

女性の平均寿命が80歳を超えたことで、「80歳になっても身の回りのことができ、社会参加もできるようにする」という趣旨で、アクティブ80ヘルスプランが計画された。

　1996年の公衆衛生審議会成人病難病対策部会において、「生活習慣に着目した疾病対策の基本的方向性について（意見具申）」（厚生労働省 1996）がまとめられ、「生活習慣病」という概念が導入された。生活習慣病は「食習慣、運動習慣、休養、喫煙、飲酒等の生活習慣が、その発症・進行に関与する疾患群」である。成人病という概念が「加齢という現象はやむを得ないもの」と認識されることから、生活習慣に着目した疾病概念が導入された。芝田（2020）、は生活習慣改善を「『個人の努力』にすり替える」ことで、健康自己責任を強調することになると指摘している。

　2000年に第3次国民健康づくり対策として、「21世紀における国民健康づくり運動（健康日本21）」（以下「健康日本21」）が策定され、2003年に健康日本21を推進するための法的基盤として、健康増進法が成立した。この時代は、急速な高齢化が進み高齢社会対策が課題となっていた。また、平均寿命が延伸していることから、健康日本21の目的は、健康寿命の延伸と生活の質の向上を実現することであった（厚生労働省 2014:29）。健康寿命とは「健康上の問題で日常生活が制限されることなく生活できる期間」である。健康日本21は一次予防を重視し、一人ひとりが主体的に取り組む課題として、栄養・食生活、身体活動・運動など9分野からなる生活習慣病予防に向けた具体的な目標が設定された。

（3）社会環境整備と健康格差縮小・健康寿命の延伸

　WHOが2003年に発効した「健康の社会的決定要因（第2版）」（高野 2004）では、先進国の健康に関する社会的不平等について指摘している。健康の社会格差として、社会の最下部層に近いほど平均寿命は短く、疾病が多くなることが明らかとなっている。また、社会的・経済的に不利な条件下では、生涯を通じて人々の健康に影響を及ぼす。オタワ憲章では、健康に影響を与える要因として、政治的、経済的、社会的、文化的、環境的、行動科学的、生物的な諸要因を挙げている。

　これまでの日本の健康政策は、身体的な視点から個人への働きかけが中心であった。そのため、生活習慣病の一次予防の観点から、個人の健康的な生活習慣の確立を目指した。「健康日本21（第二次）の推進に関する参考資料」では、健康日本21の理念は生活習慣に着目した施策であり、社会環境の観点が希薄であったと指摘し、「個人の健康と社会環境の整備は車の両輪のようにいずれも必要」だと提言している（厚生科学審議会地域保健健康増進栄養部会 2012）。これらの提言を踏まえ、2013年に策定された健康日本21（第二次）では、健康寿命の延伸に加え、健康格差の縮小が国民の健康の増進の推進に関する基本的な方向の１つとなった。また、健康寿命の延伸と健康格差の縮小は、生活習慣の改善や社会環境の整備によって実現されるべき最終的な目標だとした。

　健康日本21（第二次）の基本方針の１つである健康寿命の延伸は、少し効果が現れている。2016年の日本人の平均寿命は、女性が87.14歳、男性が80.98歳であった。健康寿命は女性が74.79歳、男性が72.14歳で、平均寿命と健康寿命の差は女性が12.35歳、男性が8.81歳であった（内閣府 2020：28）。2019年の健康寿命は女性75.5歳、男性72.9歳となり、平均寿命と健康寿命の差は2016年よりも縮小した。しかし、健康格差が是正されているという評価は、筆者が調べた限りでは見つけることができなかった。

3．フレイル予防

（1）フレイル

　健康寿命の延伸に向けた取組の１つに、フレイル予防がある。2014年、日本老年医学会は「虚弱」を「フレイル」と呼ぶことを提唱した。2018年に策定された「高齢者の特性を踏まえた保健事業ガイドライン」（厚生労働省）には、フレイル対策が盛り込まれた。フレイルとは、「加齢に伴う様々な機能変化や予備能力低下によって健康障害に対する脆弱性が増加した状態」である（荒井2014）。Friedらは体重減少、握力低下、易疲労感、歩行速度低下、身体活動性の低下のうち3項目以上該当した場合をフレイル、1〜2項目に該当した場合をプレフレイルと定義した（Fried 2001）。プレフレイル、フレイルは明らかな機能障害を伴っていない状態であり、機能障害がある

"disability" と区別する（葛谷 2010：85）。また、フレイルはno frailty（健康）と disability（身体機能障害）の間に位置し、no frailty（健康）→ frailty（フレイル）→ disability（機能障害）が常に一方向に動いているわけではない（葛谷 2010：86）。フレイルの段階で適切な介入を行うことで生活機能の維持・向上を図り、要支援・要介護状態になることを予防し、健康寿命を延ばすことが可能となる。

　下方ら（2017）は全国の65歳以上の高齢者のプレフレイルを1,795万人、フレイルを309万人と推計している。Murayamaら（2020）は全国の65歳以上の高齢者のうちプレフレイル40.8％、フレイル8.7％と推計している。また、島田（2015）の２年間の追跡調査では、要介護状態の新規発生率がフレイルのない高齢者（2.7％）と比較してフレイルがある高齢者（15.0％）の割合が高かった。つまり、フレイルがある場合には、要介護状態になる可能性が高くなるといえる。

　フレイルの原因として、サルコペニアが注目されている（荒井 2014）。EWGSOP（European Working Group on Sarcopenia in Older People）によるサルコペニアの定義は「身体的な障害や生活の質の低下、および死などの有害な転帰のリスクを伴うものであり、進行性および全身性の骨格筋量および骨格筋力の低下を特徴とする症候群である」（木村 2014）。高齢者は筋肉量の減少がある一定レベル以上に進行すると身体機能が低下し、ADL低下、転倒、入院、死亡などのリスクが高まる（荒井 2014）。図10-1に示したように、サルコペニアにより筋力が低下することで、歩行速度低下、活動量低下というフレイルサイクルの悪循環が生じる。

　フレイルには身体的フレイル、精神心理的フレイル、社会的フレイルがある。精神心理的フレイルとは「身体機能が低下した高齢者にみられる可逆性の認知障害で、放置すると認知症への進展リスクが高い状態」である（桜井 2015）。本章では社会福祉の立場から社会的フレイルについて検討する。

（２）社会的フレイル

　西（2015）は社会的フレイルを「地域社会や人との関係性（relation）が希薄化している生活状態像を総称した概念」と定義した。社会的フレイルに陥

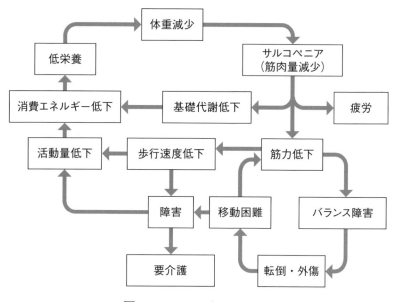

図 10-1　フレイルサイクル

国立研究開発法人　国立長寿医療研究センター HP
https://www.ncgg.go.jp/hospital/navi/07.html（2021.11.2）
文献 Xue Q.L.（2008）より引用　著者改変

るリスク要因として、個人レベルでは社会的孤立、ソーシャルサポートが少ない、ソーシャルネットワークが狭い、生活空間が狭い、社会との関わりが少ない、閉じこもり、社会経済的地位が低いなどを挙げ、地域社会レベルでは、社会的脆弱性、社会関係資本が低い、社会環境や地域環境が悪いなどを挙げている。

　近藤ら（2015：137）は貧困とは低所得だけではなく、「社会参加や他者との交流、社会保障といった制度との接点、労働市場におる地位など、さまざまな社会的な不利益を内包する概念」と定義し、「さまざまな不利が複合的に個人の健康をむしばんでいる」と述べている。貧困による健康への影響は前述したとおりである。身体的フレイルと社会的要因に関する研究では、社会参加や社会的孤立、社会的活動、経済状況の関連が報告されている。

　老年社会科学会は、「『社会的側面からみたフレイル』検討委員会からの提

言」（2021）をまとめた。社会的フレイルの指標とされる社会活動、社会関係、社会環境などは相互に関連するため、独立したリスク要因ではない。また、フレイルの社会的側面は、環境から切り離された個人の病的な特性ではないと指摘している。

（3）フレイルと社会的要因の関連
1）研究方法
　筆者は2019年に、フレイルとその関連要因に関する調査を実施した。本章ではフレイルと社会的要因の一部の結果について紹介する。
　対象者は65歳以上の介護予防ニーズ調査対象者（一般高齢者、介護予防・日常生活支援総合事業対象者、要支援者）とした。幅広い層の高齢者を対象とするために、大阪府堺市と大分県大分市の65歳以上の地域住民とした。また、地域高齢者に加え 堺市と大分市の住宅街にある同系列のフィットネスクラブ高齢者会員（以下「FC会員」）も調査対象とした。調査を行った2019年度の高齢化率は 堺市28.0%（人口約83万人）、大分市27.3%（人口約47万人）であった。
　対象者は地域住民227名（堺市112名、大分市115名）、FC会員278名（堺市144名、大分市134名）、合計505名であった。性別は男性195名（38.6%）、女性305名（60.4%）、無回答5名（1%）であった。介護保険利用者は18名（3.6%）であり、要支援1が14名、要支援2が1名、無回答3名であった。

2）フレイルとの関連
　研究は質問紙による調査を実施した。フレイルの評価には、簡易フレイルを利用した。簡易フレイルは下記の質問のうち3項目以上に該当する場合はフレイル、1～2項目がプレフレイと判定した（荒井2019：25）。

①　6ヵ月間で2～3kgの体重減少がありましたか？（はい）
②　以前に比べて歩く速度が遅くなったと思いますか？（はい）
③　ウォーキング等の運動を週に1回以上していますか？（いいえ）
④　5分前のことが思い出せますか？（いいえ）

⑤　（ここ 2 週間）わけもなく疲れた感じがする。（はい）

　社会的要因に関する質問は、介護予防日常生活圏域ニーズ調査票から経済状態、社会参加、社会的ネットワークを使用した。生活満足度Kは現在の気持ちについて 9 項目質問し、古谷野（1993）の研究にそって合計を算出した。分析はクロス集計とカイ二乗検定を行い、有意水準を 5 ％とした。

　結果を表10-1に示した。年齢が高くなるほどフレイルの割合が有意に高くなった（p<0.05）。現在の経済状況が「大変苦しい」は、「フレイル」が75％（ 3 名）であった（p<0.01）。「健康」では経済状況が「大変苦しい」は 0 ％で、「やや苦しい」「普通」「ややゆとりがある」「大変ゆとりがある」の順に割合が増加した。先行研究においても、フレイルと経済状況の関連について報告されている（吉田ら 2021: 児玉ら 2016）. 児玉ら（2016）は、前期高齢者では経済的満足感がフレイル予防に直接影響を及ぼし、後期高齢者では経済的満足感が精神・情緒的健康（主観的幸福感・生活満足度）を介して、間接的に関連すると報告している。

　「プレフレイル」と「フレイル」では生活満足度Kの「平均以上」よりも「平均以下」の割合が有意に高く、「健康」では「平均以上」の割合が高かった（p<0.01）。本研究は横断研究のため、フレイル傾向と生活満足度の因果関係について述べることはできないが、生活満足度低値該当者では健康に関心をもつ余裕がないために、フレイルになる可能性が高くなること、また、フレイルに関係する身体的理由で活動が制限され、生活満足度が低くなることが考えられる。

　社会的要因の結果を表10-2に示した。本研究では社会参加は有意差がなかったが、「フレイル」では「週 1 回未満」の割合が「週 1 回以上」よりも高かった。社会的に孤立している人は、孤立していない人と比較して要介護状態になりやすい（斎藤ら 2013）。また、同居者以外との交流が週 1 回未満の場合には、要介護や認知症になる可能性が高く、月 1 回未満になると早期死亡と関連している（斎藤ら 2015）。

　フレイルと社会活動では、さまざまな活動との関連について研究が行われている。その中でもボランティア、趣味関係、スポーツ関係、介護予防・健

表10-1　フレイルと属性・生活状況の関連

		健康		プレフレイル		フレイル		合計		
		人数	割合	人数	割合	人数	割合	人数	割合	
性別 (n=481)	男	58	30.4%	117	61.3%	16	8.4%	191	100.0%	n.s.
	女	99	34.1%	167	57.6%	24	8.3%	290	100.0%	
年齢 (n=478)	70歳未満	40	39.2%	58	56.9%	4	3.9%	102	100.0%	*
	70以上75歳 未満	52	36.4%	80	55.9%	11	7.7%	143	100.0%	
	75歳以上80 歳未満	47	34.3%	76	55.5%	14	10.2%	137	100.0%	
	80歳以上	18	18.8%	68	70.8%	10	10.4%	96	100.0%	
現在の 経済状況 (n=479)	大変苦しい	0	0.0%	1	25.0%	3	75.0%	4	100.0%	**
	やや苦しい	10	25.6%	26	66.7%	3	7.7%	39	100.0%	
	ふつう	103	32.0%	191	59.3%	28	8.7%	322	100.0%	
	ややゆとり がある	29	34.1%	51	60.0%	5	5.9%	85	100.0%	
	大変ゆとり がある	13	44.8%	15	51.7%	1	3.4%	29	100.0%	
生活満足 度K (n=464)	平均以上	102	39.2%	144	55.4%	14	5.4%	260	100.0%	**
	平均以下	52	25.5%	128	62.7%	24	11.8%	204	100.0%	

*p<0.05　**p<0.01　n.s. not significant

康づくりの研究づくりの活動の地域活動の参加率が高いときには、介護保険の要介護認定率が低くなると報告されている（伊藤ら2019，Kanamoriら2014）。また、活動の種類が増えることで要介護認定率が低くなると報告されている（Kanamoriら2014）。吉澤ら（2019）の研究によると、何も活動を実施していない人がフレイルになる確率は、身体活動、文化活動、地域活動の3種類の活動を実施している人の約16倍であった。筆者らの研究では他の項目についても質問したが、趣味関係のグループのみ有意差があった。

　社会的ネットワークに関する質問では、「情緒的サポート提供」と「手段的サポート提供」が有意に関連し、いずれも、提供が「あり」よりも「な

表10-2　フレイルと社会的要因の関連

		健康		プレフレイル		フレイル		合計		
		人数	割合	数	割合	人数	割合	人数	割合	
社会参加（週） (n=477)	週1回 以上	124	33.7%	215	58.4%	29	7.9%	368	100.0%	n.s.
	週1回 未満	32	29.4%	66	60.6%	11	10.1%	109	100.0%	
趣味関係のグループ (n=454)	参加	92	36.1%	148	58.0%	15	5.9%	255	100.0%	*
	参加なし	55	27.6%	122	61.3%	22	11.1%	199	100.0%	
情緒的サポート受領 (n=480)	あり	137	33.9%	233	57.7%	34	8.4%	404	100.0%	n.s.
	なし	19	25.0%	51	67.1%	6	7.9%	76	100.0%	
情緒的サポート提供 (n=481)	あり	153	33.4%	271	59.2%	34	7.4%	458	100.0%	*
	なし	5	21.7%	12	52.2%	6	26.1%	23	100.0%	
手段的サポート受領 (n=480)	あり	148	32.9%	268	59.6%	34	7.6%	450	100.0%	n.s.
	なし	9	30.0%	15	50.0%	6	20.0%	30	100.0%	
手段的サポート提供 (n=472)	あり	132	32.3%	249	60.9%	28	6.8%	409	100.0%	*
	なし	21	33.3%	31	49.2%	11	17.5%	63	100.0%	

*p<0.05　**p<0.01　n.s. not significant

し」の方がフレイルの割合が高かった。介護予防・日常生活支援総合事業（以下「総合支援事業」）の基本的な考え方の1つに、「高齢者の社会参加と地域における支え合いの体制づくり」がある。総合支援事業のガイドラインでは、「『心身機能』『活動』『参加』のそれぞれの要素にバランスよく働きかけることが重要」という考えに即した介護予防を推奨している。とくに、「社会参加・社会役割をもつことが生きがいや介護予防につながる」ことから、「元気な高齢者をはじめとした、地域の高齢者の活動の場」を創出するなど、環境へのアプローチを重視している。また、フレイルとソーシャルキャピタルの関連についても報告されている（桂ら 2018）。本研究においても情緒的サポートと手段的サポートの提供が有意に関連していた結果から、改めて介護予防における地域活動の相互の支え合いの重要性が示されたといえる。

　筆者らの研究は、地域の自治会や老人クラブを通して研究の依頼をした。また、日常的にフィットネスクラブに通う高齢者である。比較的社会とのつ

ながりがある対象者の可能性が高いが、それでも社会参加や経済状況とフレイルの関係があった。社会とのつながりが少ない人の調査への参加を試みたが、参加者はほとんどいなかった。そのため、本調査は社会的弱者の現状を反映していると述べるには限界がある。

4．まとめ

WHOは「Health for All」を目指してきた。先進国と発展途上国の健康格差だけではなく、先進国の国内にも社会格差が存在し健康格差が生じている。同じ国内であっても社会の最下部層に近いほど平均寿命は短く、疾患をもつ人が多い。

日本の健康づくり対策は健康自己責任を中核とした施策から、健康日本21（第二次）では社会環境に配慮した施策へと変化してきた。現在では健康寿命の延伸のために、フレイル対策が重視されている。フレイルと社会的要因に関する研究では、社会参加や社会的孤立、社会的活動、経済状況の関連が報告されている。総合支援事業では住民参加による地域づくりを促進している。また、「高齢者の特性を踏まえた保健事業ガイドライン」（2018）も、フレイル予防として高齢者の社会参加の促進を目指している。しかし、「健康格差の解消により健康寿命の延伸を目指すためのアプローチ」として示されているのは、「健康無関心層も含めた予防・健康づくりの推進」と「地域間格差の解消」である（内閣府　2018）。

近藤ら（2015:137）によると、貧困は低所得だけではなく、社会参加や他者との交流、社会保障といった制度との接点、労働市場におる地位など、さまざまな社会的な不利益を内包している。それらの社会格差から健康格差が生じる。社会的・経済的に不利な条件下では、生涯を通じて人々の健康に影響を及ぼすといわれている。筆者の研究では、「現在の経済状況」とフレイルが関連いていた。しかし、健康はへの影響は「現在の経済状況」にとどまらず、「過去の経済状況」が影響する。社会経済状況が低い集団では不健康な生活習慣の人の割合が高く、社会的弱者は好ましくない食環境に陥りやすい（福田ら　2015　163-173）。そのような生活習慣が長期間継続することで、NCDsを発症したり進行したりする。しかし、現在の健康施策は、貧困層の

人びとの長期間の生活を視野に入れた施策になっているとは言い難い。

　また、日本では子どもの貧困が深刻な状態である。子どもの健康には、保護者の社会経済状況が影響する。幼児期には「保護者の現在の社会経済状況」が影響し、成人後は「現在の社会経済状況」と「過去の保護者の社会経済状況」が影響する。幼少期の環境は子どもの健康に大きな影響を及ぼし、その影響は長期的・持続的であり、成人後の介入では十分に軽減されない（藤原ら 2015:77-90）。そのため、「貧困―不健康の世代間連鎖を断ち切る政策」が必要となる。

　健康日本21（第二次）では、健康寿命の延伸と健康格差を縮小には、生活習慣の改善と社会環境の整備を重視している。そのため、ヘルスプロモーションの考え方を取り入れ、住民参加により地域活動を強化するという健康づくりの社会環境整備を促進している。しかし、近藤らが定義した広義の貧困の人を対象とした社会環境整備だとは言い難い。UHCが推奨するように、社会格差による健康格差のサイクルを断ち切るための経済的、社会的、環境的決定要因に焦点を当て、「すべての政策に健康を位置づける」ことで、健康格差の縮小に向けた取り組みを検討することが必要だと考える。

注
1　病気を予防する方法には、病気の原因のもとからたつ1次予防、病気の早期発見、早期治療の2次予防、リハビリテーションで社会的不利を予防する第3次予防の3段階がある。1次予防は①生活スタイルの改善を通した健康増進、②環境における危険因子の削減を目指す健康保護（職場の安全や健康、環境保健など）、③病気の発生の予防を目指す疾病予防がある（健康日本21総論：8）
2　本研究は令和元年度科学研究費助成事業（科学研究費補助金）基盤B（19H01588）の助成を受けて実施した．また、大阪府立大学人間社会システム科学研究科倫理審査委員会の承認を得て行った（承認番号：2019(1)-14）。

引用文献
荒井秀典（2014）「フレイルの定義」『日本老年医学会雑誌』51(6),497-501.
荒井秀典（2019）『介護予防ガイド』メディカルビュー社.
Fried L.P.,Tangen C.M.,Walston J.,et al. (2001) Fraility in Older Adults: Evidence for a Phenotype, The Journals of Gerontology: Series A, 568 (3),

M146-M157．

伊藤大介，斉藤雅茂，宮國康弘，他（2019）「91市区町における地域組織参加率と要支援・介護認定率の関連―地域組織の種類・都市度別の分析―JAGESプロジェクト」『厚生の指標』66（8），1-8．

福田吉治，宮木幸一（2015）「生活習慣の社会格差と健康」川上憲人，橋本英樹，近藤尚己編『社会と健康―健康格差解消に向けた統合科学的アプローチ』東京大学出版．

藤原武男，小塩隆士（2015）「幼少期の環境と健康」川上憲人，橋本英樹，近藤尚己編『社会と健康―健康格差解消に向けた統合科学的アプローチ』東京大学出版．

Kanamori S., KaiY., Aida J., et al.（2014）Social Participation and the Prevention of Functional Disability in Older Japanese: The JAGES Cohort Study, PLoS One. 9(6): e99638．

葛谷雅文（2010）「老年医学におけるsarcopenia & frailtyの重要性」日本老年医学会雑誌編集委員会『老年医学update2010-11』メジカルビュー社．

桂敏樹，古俣理子，小倉真衣，他（2018）「地域閉じこもり高齢者におけるソーシャルキャピタルとフレイルとの関連」『日本農村医学会雑誌』67（4），457-468．

木村みさか（2015）「介護予防からみたfrailtyとサルコペニアの意義」『日本老年医学会雑誌』52(4)，329-325．

近藤尚己，阿部彩（2015）「貧困・社会的排除・所得格差」川上憲人，橋本英樹尚己編『社会と健康―健康格差解消に向けた統合科学的アプローチ』東京大学出版．

厚生科学審議会地域保健健康増進栄養部会，次期国民健康づくり運動プラン策定専門委員会（2012）「健康日本21（第2次）の推進に関する参考資料　平成24年7月 」https://www.mhlw.go.jp/bunya/kenkou/dl/kenkounippon21_02.pdf（最終閲覧 2021.11.5）．

厚生労働省（2014）「我が国における健康をめぐる施策の変遷」『厚生労働白書平成26年度版』https://www.mhlw.go.jp/wp/hakusyo/kousei/14/dl/1-01.pdf（最終閲覧 2021.11.5）．

厚生労働省（1996）「生活習慣に着目した疾病対策の基本的方向性について（意見具申）」https://www.mhlw.go.jp/www1/houdou/0812/1217-4.html（最終閲覧 2021.11.5）．

児玉小百合，栗盛須雅子，星旦二，他（2016）「沖縄県農村地域に居住する健常な高齢者のフレイルに関連する多面的な要素と食の質・経済的満足感との関連構造」『社会医学研究』33（2），25-38．

古谷野亘（1993）「老後の幸福感の関連要因―構造方程式モデルによる全国データの解析」理論と方法8（2），111-125．

Murayama H., Kobayashi E., Okamoto S., et al.(2020) National prevalence of frailty in the older Japanese population: Findings from a nationally representative survey, Archives of Gerontology and Geriatrics, 91, 1-7.

内閣府（2018）「平成30年第4回経済財政諮問会議資料　加藤臨時議員提出資料」 https://www5.cao.go.jp/keizai-shimon/kaigi/minutes/2018/0412/shiryo_02. pdf（最終閲覧 2021.11.5）.

内閣府（2020）『令和2年版高齢者白書』日経印刷.

日本WHO協会（2021）「非感染性疾患」（WHOファクトシート）https://japan-who.or.jp/factsheets/factsheets_type/noncommunicable-diseases/（最終閲覧 2021.11.5）.

西真理子（2015）「社会的フレイルの意義」『Modern Physician』35(7), 831-883.

斉藤雅茂, 近藤克則, 尾島俊之, 他（2013）「高齢者の生活に満足した社会的孤立と健康寿命喪失との関連―AGESプロジェクト4年間コホート研究より―」『老年社会科学』35(3), 331-341.

斉藤雅茂, 近藤克則, 尾島俊之, 他（2015）「健康指標との関連からみた高齢者の社会的孤立基準の検討―10年間の AGES コホートより」『日本公衆衛生雑誌』62 (3), 95-105.

櫻井孝（2015）「精神心理的フレイルの意義」『Modern Physician』35 (7), 827-830.

芝田英昭（2020）「社会保障における『自己責任論』の本質と目的」『立教大学コミュニティ福祉研究所紀要』8.

島内憲夫（2013）「ヘルスプロモーション―WHO：オタワ憲章－」島内憲夫、鈴木美奈子『21世紀の健康戦略シリーズ1・2　ヘルスプロモーション―WHO：オタワ憲章－』垣内出版.

島田裕之（2015）「身体的フレイルの意義」『Modern Physician』35(7), 823-826.

下方浩史, 安藤富士子（2017）「フレイル・サルコペニアの長期縦断疫学研究」『体力科学』66(2), 133-142.

高野健人監訳（2004）「健康の社会的決定要因（第二版）」https://www.tmd. ac.jp/med/hlth/whocc/pdf/solidfacts2nd.pdf（最終閲覧2021.11.5）.

WHO, 世界銀行グループ（2015）「TRACKING UNIVERSAL HEALTH COVER-AGE First Global Monitoring Report エグゼクティブ・サマリー（日本語抄訳）」 https://extranet.who.int/kobe_centre/sites/default/files/pdf/uhc_report_ exec_summary_ja.pdf（最終閲覧 2021.11.5）.

WHO（2019）「ユニバーサル・ヘルス・カバレッジに関するハイレベル会合での政治宣言」http://kyokuhp.ncgm.go.jp/topics/2020/UN_UHC_J_2020925.pdf（最終閲覧 2021.11.5）.

Xue Qian-L., Roche K. B., Varadhan R., J. Zhou, L.P. Fried (2008) Initial manifestations of frailty criteria and the development of frailty phenotype in the Women's Health and Aging Study Ⅱ、Journal of Gerontology: MEDICAL SCIENCES 63A(9), 984-990.

吉澤裕世，田中友規，高橋競，他（2019）「地域在住高齢者における身体・文化・地域活動の重複実施とフレイルとの関係」『日本公衆衛生雑誌』66(6)，306-316.

吉田司，瀧本秀美，西信雄，他（2021）「大阪府摂津市および阪南市における働く世代からのフレイル該当割合ならびにその関連要因」『日本公衆衛生雑誌』68(8)，525-537.

第11章

第8期市町村介護保険事業計画（2021〜2023年度）に記された認知症高齢者施策に関する実証研究

―大阪府下市町村と7つの先進自治体における「小さな変化」の意味を考える―

吉原　雅昭

１．研究の背景

　私は、基礎自治体レベルにおける認知症高齢者の支援システムについて研究している。日本では「認知症高齢者だけ」に焦点を絞った市町村計画は法定化されていないが、介護保険法（完全施行は2000年）により市町村が３年ごとに介護保険事業計画を策定、公表し、これに基づいてサービスを実施することが定着している。度重なる法改正によって市町村の認知症高齢者支援の責任は重くなっており、現在は市町村介護保険計画に認知症高齢者支援について「具体的に記す」ことが求められている。これは国レベルにおける高齢者政策の変化を受けたものであり、特に2008年以降年を追うごとに高齢者政策全体における認知症関連施策の位置づけや優先順位が上がっていることに影響されている。

２．研究の対象と方法

　私は2020年に、大阪府下全市町村の第７期介護保険事業計画（2018〜2020年度）を認知症施策に焦点を当てて分析した論文を公刊した（Yoshihara 2020）。大阪府下の全市町村は2021年３月までに第８期の介護保険事業計画を策定、公刊したので、前回の研究をふまえてこれらを分析することにした。対象は大阪府下全市町村（43市町村）の第８期介護保険事業計画（2021〜

2023年度）である[注1]。

　具体的な研究方法（文書分析の方法）を略記する。各市町村の公式WEBページに第8期介護保険事業計画（計画書）が掲載されているので、これらをパソコンにダウンロードする。次に計画書を通読し、認知症高齢者と認知症について記しているページを、すべて印刷する。最後に、抜き出したページを読んで私が重要と考えた部分を、市町村ごとにワードプロセッサに記した。

　以上の作業を終えると、私が作成した「全市町村計画のデータ要約メモ」ができる。これらを通読して、考察した。可能な場合には7期と8期の計画を比較し、どんな変化があったのかも検討した。各自治体の計画書の抜粋部分を読んで要約データを作成する際、私は以下の着目点（枠組み）を設定していた。

(a) 第7期計画の期間に何を目指し、どんな事業を、どのぐらいの量、実施したか

(b) さまざまな事業を実施して、第7期計画の期間に何を達成できたか（成果、効果）

(c) 第8期計画策定時点における当該自治体の認知症支援の課題や問題点は具体的に何か

(d) 第8期計画で何を目指し、どんな事業を、どのぐらい量、実施することを目指すか

　以下に分析結果の一部を記すことにする。

3．基本的だが難しい課題

　ある社会にいま認知症高齢者が何人いるのか、というのは実は非常に難しい問いである（非常に複雑な問題なので本稿もこれ以上は立ち入らない）。国も何度か「おおまかな推計値」を明らかにしただけである。国の計画策定指針等も、各自治体で介護保険事業計画を策定する際に認知症高齢者の数、今後の推計値等を明示せよとは、書いていない。実際に43市町村の計画を読んでみると、以下の3つに分かれた。

A.近年（例、第7期計画期間）または将来（例、第8期計画期間）の認知症高

齢者数の推計値を記載

B. 近年（例、第7期計画期間）および将来（例、第8期計画期間）の認知症高
齢者数の推計値を記載

C. 当該市町村の認知症高齢者数について、まったく何も記載していない

　数字を示すとAが約33％、Bが約12％、Cが約56％であった。本稿では以
下に、市町村レベルにおける認知症高齢者向けサービスの「量」についても
論じるが、市町村が認知症高齢者数について何も情報を持たないで（または
公式に示さず）、介護保険事業計画に記載が義務づけられている認知症高齢者
向けのサービス量を「数字だけ示す」のは、住民にとって望ましいとは言え
ない。

　今回非常に驚いたのは、吹田市（人口約38万人）の計画である。吹田市は
2020年度における「認知症の人数（40〜64歳を含む）」を、推計値で記して
いる（計画書28〜30ページ）。私が驚いたのは、計画書の30ページに掲載され
ている表である。この年の推計値「9047人」が「どこに暮らしているか」
が、実数入りの表で示されている。データの一部を引用してみよう。「在宅
63.7％」、「特養13.9％」、「老健6.8％」、「介護付き有料老人ホーム5.7％」、
「住宅型有料老人ホーム4.5％」、「認知症グループホーム2.7％」、「サービス
付き高齢者住宅2.6％」等である。一部の数値はある調査報告書の結果から
推計しているが、大部分の数字は市の介護保険担当課が持つデータから算出
したと記している。吹田市が特別なことをしていない場合、このような数値
データは「どの市町村でも公表できる」のではないだろうか。そして、こう
いったデータ（基本的な事実）を確認し公表せずに、今後3年間の介護保険
事業の計画を立ててよいのだろうか。

　八尾市（人口約27万人）の計画書も、認知症高齢者に関する市のデータを
いくつか掲載している。以下に、その一部を引用する（計画書26および40ペー
ジ）。

・2019年、当市で要介護認定を受けている高齢者のうち51％に認知症が見ら
　れた

・2020年に実施した要介護認定者調査によれば「介護介助が必要になった原
　因」の首位は認知症で32％だった。これはmultiple answerの結果だが、

ダントツの一位である。

　こういったデータは八尾市以外の計画書では見られないが、これらの数字に向き合うと、介護保険制度と認知症に関する「ローカルな現実」の一端を知ることができる。

４．第7期と第8期の計画に記された「認知症高齢者向け」サービスの増設計画

　第7期計画、第8期計画のいずれにおいても、大阪府下市町村の多くはニーズ調査等の結果をふまえて「認知症高齢者向け」の介護保険サービスの量的拡大を具体的に記している。ここに焦点をあてた分析結果を以下に示す。

　まず介護保険のサービスの中から4事業だけを抜き出して分析することにした。認知症対応型通所介護（以下、認知症デイと略す）、認知症対応共同生活介護（以下、認知症GHと略す）、小規模多機能型居宅介護（以下、小多機と略す）、看護小規模多機能型居宅介護（以下、看多機と略す）である[注2]。最初の2つは、認知症の方しか利用できない。小多機は、利用者の多くが認知症であると確認できる[注3]。この事業が開発、制度化された歴史的経緯をふまえても認知症高齢者向けであることは理解できる。看多機は認知症高齢者向けの事業とは言えない。しかし大阪府には43市町村あるが、うち10は町村である。これらは、すべて人口5万人以下である。人口規模の少ない町村にとって近年新たに制度化された小多機と看多機は「代替性のある事業」に見え、「どちらかを整備すればよい」という位置づけになりやすいと考えた。実際に今回調べたところ、小多機と看多機の両方を自治体内に持つ町村は無かった。両方とも持たない町村も、かなり見られた。

　各市町村の第7期および第8期の計画書には、それぞれの計画期間（今後3年間）におけるサービスの整備計画が記されている。上述の4事業はすべて域密着型サービスなので、サービスの整備計画（数値目標）は、基本的に当該市町村の住民のニーズだけを考慮して各自治体が定める。高齢者人口や認知症の方の数は人口推計をすると増加になる場合が多いので、サービス整備計画は「サービスの増設計画（実施事業所数を増やす等）」になる傾向があ

る。以下に、7期と8期を比較する。

　上記の認知症高齢者向け4事業について「サービス増設計画を1事業以上について持っていた自治体」は7期では56％、8期は49％であった。「上記4事業のいずれについてもサービス増設計画を持たない自治体」は7期では44％、8期は51％であった。以上からわかることは、大阪府下市町村は全般的に7期計画では認知症向けサービスの増設計画が多かったが、8期計画ではその傾向は弱まったということである。

　もう少し詳しく見よう。サービス増設計画を持っていた自治体において、4事業のうち「いくつの事業」についてサービス増設計画を持っていたかである。7期計画でサービス増設計画を持っていたのは24市町村である。何事業について増設を計画していたか。1事業が9自治体、2事業が6自治体、3事業が5自治体、4事業が4自治体であった。8期計画でサービス増設計画を持っていたのは21市町村である。1事業が10自治体、2事業が4自治体、3事業が7自治体、4事業の自治体は無かった。より詳細に数値を検証しても、先ほど述べた発見事項は、変わらない。むしろ、第8期計画における大阪府下市町村の認知症高齢者向け介護保険サービスの増設計画の「控え目さ、ペースダウン」が明確になった。

5．第7期計画の実施段階で経験されていた課題

　計画書を読む段階で、先ほど検討した認知症高齢者向けの介護保険サービス4事業につい常に気になっていることがあった。多くの市町村計画は、第8期の計画書に「第7期計画の進捗状況や事業実施実績」を掲載している。2020年度のデータは推計値であることが多いのだが（計画書を2020年度末に完成させるため）、第7期計画の実施期間の初年度と2年目にあたる2018年度と2019年度の実績値は、いずれも信頼できる。また新型コロナウイルス感染症の影響も、2019年度まではそう大きくなかったと推察される。4事業のうち認知症デイは、2018年度から2019年度にかけてサービスの利用実績がかなり減少傾向であったり、「横ばい」の自治体が目立ったのである。以下に、2018年度と2019年度に着目した分析結果を記す。

　計画書を読むと、自治体内に認知症デイを持つ市町村は29と推察された。

「無し」が10自治体、4自治体は計画書を読むだけでは不明だったからである。29自治体のうち認知症デイの利用実績が増加傾向だったのは15自治体である。利用実績が「横ばい」は2自治体、利用実績が減少の自治体は12あった。また、認知症デイの事業所数が7期計画期間に減少した自治体も2つあった。もう少し計画書に記された数値を示しておこう。利用実績が減少傾向の自治体のうち6つについては、計画で目指した数値に対する利用実績の達成率が年度ごとに記されていた。2019年度の概数を列記すると4割、5割、7割、7割、8割、8割である。恐ろしく低い利用実績の自治体が、少なくとも2つあった。利用実績が伸びている自治体とほぼ同じぐらい、利用実績が減少したり横ばいの自治体があった。

6. では大阪府下市町村は認知症関連施策において「何」を重視していたのか

大阪府下の全市町村の第7期計画を分析した2020年公刊の拙論でも述べたが、市町村介護保険事業計画における認知症施策の書きぶりは国計画、国の計画策定指針等にそって当該自治体では今後何をするかを記すことが中心になっているものが多い。第8期計画を通読したが、今回も同じであった。各自治体は国の事業体系等に沿って「7期計画実施で何をどれぐらいしたか、今後8期に何をどれぐらいするか」書くことを基本にしていた。失礼な言い方になるが、国が定めた数多くの質問項目（施策メニュー、事業項目）について各自治体がその時点での「答え」を書くのが計画書づくりになっている。

テキスト分析のソフトを使った分析結果ではないが、計画書を通読した私の印象では最も重視されていた事業は認知症サポーター養成講座（以下、養成講座と略す）であった。すべての自治体が7期計画の進捗状況、8期の事業実施計画において重視していた。7期の実績も8期の事業実施計画も数字を記しているものが大半だった。養成講座を認知症支援における最重要施策に位置づけていると読める計画もあった（例、堺市）。計画書における文章量、位置づけ、記述内容の具体性等から見ても、非常に重視されているという印象を持った。私はこの施策を全面的に否定する立場ではないが、近年は違和感や疑問を感じてきた。少し記しておきたい。

　それは、ことに2015年以降、さまざまな国の施策、計画においても「認知症本人の視点」が重視され（国計画全体に共通する視点とされている）。啓発についても、国の認知症施策推進大綱（2019年）の冒頭に「認知症に関する画一的で否定的なイメージを払拭する観点からも、地域で暮らす認知症の人本人とともに普及啓発を進め」と書いてあるにもかかわらず、養成講座に認知症の本人が参加することが「基本」になっていないのではないか、という疑問である。実際に、大阪府下の市町村計画には、こういった点に関する記述はほとんど無かった。^{注4}

　残念ながら、厚労省のホームページが養成講座についてリンク指示している「特定非営利活動法人地域共生政策自治体連携機構（以下、機構と略す）」に掲載されている諸情報は旧態依然のものが少なくない。まず現在の厚労省通知に記されている基本事項を示す。養成講座は90分が基本だが、示されているカリキュラム例は「認知症の基礎知識（認知症とは何か、認知症の症状とは）、早期診断・治療の重要性、権利擁護等。認知症の人への対応、家族の支援」等である。機構のWEBサイトには養成講座の基本カリキュラムの詳細版も掲載されている。一部を引用しよう。「認知症とはどういうものか、認知症の症状、中核症状、行動心理症状（BPSD）とその支援、認知症の診断治療、認知症の予防についての考え方、認知症の人と接するときの心がまえ、認知症介護をしている人の気持ちを理解する」。以上から基本的に医学モデルの認知症者像を採用していることがわかる。以上の内容なので、講習を行う講師は機構WEBサイトに記されているように基本的に医療、看護、介護、福祉等の専門職になる。私は、引用した内容がすべて不適切や不要だとは思わない。しかし「介護家族の視点」は若干含まれるが、以上の枠組みには「認知症の本人の立場や視点」は皆無である。

　2014年に日本認知症本人ワーキンググループ（JDWG）が創設され、2019年に一般社団法人格を得て活動の発展が続いている。JDWGは、2015年の国計画にも2019年の施策大綱にも、認知症本人の当事者組織として影響を与えた。国の施策大綱に記されていた認知症本人大使（希望大使）は2019年度以降、国レベルでも地方自治体レベルでも年々活動が拡大し、新しい、大きな流れになりつつある。認知症の本人の社会的活動を支援する、認知症の本人

の声を聴く、地域（市町村）を基盤として本人ミーティングを開催する、本人ミーティングで出た声を自治体施策に反映する等、近年の国の政策文書には、多くのことが記されている。大阪府下市町村の8期計画において、これらの事項は、ほとんどの自治体において「今後8期に検討、実施」する課題になっていた。7期に実績があったことを具体的に記している自治体は、ごくわずかであった（門真市と大阪市）。私が主張したいのは、認知症の本人の声を聴く、発言権を強める、本人の声を施策や事業に反映する、認知症本人とともに啓発をする等の施策メニューと、大阪府下全市町村が最重視している「認知症サポーター養成講座」はまったく別のことではない、ということである。

たとえば近年、自治体でバリアフリーの諸施策を障がい者本人や障がい者団体の参画を得ないで実施することは無いのではないだろうか。また視覚障がい、聴覚障がい、精神障がい、発達障がい、性的マイノリティ等に関する市民啓発や人権研修、ボランティア養成講座等を行う際に、本人の参加なしで行うことも、あまりないように思う。認知症については依然として「例外」になっているとすれば、あまりにも残念である。

長年素晴らしい認知症高齢者支援を実践してこられた高橋幸男医師は近著で、認知症サポーターが1300万人以上も養成されたのに「認知症に関するマイナスイメージはほとんど変わらない、偏見はなくなっていない」と指摘し、この施策に効果がないのは、認知症を病気として理解することが中心で「認知症を生きる人」についての理解が不十分だからと述べている。「認知症の人が日々どのように暮らしているのか、自分の病についてどんな思いを持ち、自分の回りの人にどのような思いを持っているのか、周囲の人たちとの関係性はどうなっているのか」等が理解されていないという見解である。[注5]

私は、守口市の計画における養成講座に関する記述（58ページ）が強く印象に残っている。養成講座の受講者数を人口比で10％にするという国の方針が重要であり、同市は8期計画で「これを実現するために小学校の全児童に養成講座を実施」するとした。市長部局（福祉部局を含む）と教育委員会が共同すると、これは可能である。しかし、こういった「受講者増員計画」に意味があると私はまったく思わない。機構がWEB掲載している認知症サ

ポーター養成講座の小学生用、中学生用の副読本の目次を見ると「日本の高れい社会と認知症、脳の細ぼうが死ぬことでさまざまなしょうじょうがあらわれます、中核症状、見当識障害、理解判断力の障害、実行機能障害、行動心理症状（BPSD）とは、家族の気持ちを理解しよう」等である。こういった情報を小中学生に集合形式で90分講義することは、はたして「よい」ことなのだろうか。受講者した小中学生は「認知症の人の多くはさまざまな支援が常時必要な人である、日常的に家族や周りの人を困らせる行動をとる人である、脳が壊れている」等を学ぶことにならないだろうか。受講後に認知症高齢者について偏ったマイナスのイメージを獲得し「自分は絶対になりたくない、親も祖父母もなってほしくない」という意識になって暮らすことにならないだろうか。私はマイナスの結果を想像してしまう。府下43市町村のうち24自治体は、認知症サポーター養成講座を小中学生等の子どもに実施すると書いていた。よい実践をしている現場もあるかもしれないが、私は基本的にこの傾向を肯定できない。

　毎日、新聞を読んでいると「道に迷った認知症高齢者や熱中症になって路上で困っていた認知症高齢者」等を小中高校生等が救助した記事を読むことも多い。しかし私は「当該児童は認知症サポーター養成講座を受けていたので救助できた」という記事を読んだことが一度もない。これは、認知症サポーター養成講座を「受けていない」小中高校生が路上で困っている認知症高齢者を助けることができる、ということを意味していると私は考える。必要なのは認知症に関する医学や脳科学の知識等ではなく「さまざまな他者（この場合、路上で困っている高齢者）ときちんと向き合い、真摯に有効なコミュニケーションができる力」だったのではないだろうか。

　地域を基盤とする優れた認知症ケア実践で注目されている「あおいけあ」の加藤忠相の実践も、私見によれば「全小学校で全児童に認知症サポーター養成講座」のような発想とは真逆である。注6 この現場では、認知症高齢者が近所の子どもに習字を教えたり、将棋をしたり、一緒に流しそうめんを楽しんだりする。加藤は日常的に事業所にふれている子どもたちに「認知症」を教えるのではなく、習字や将棋や流しそうめんを認知症高齢者とともに楽しんでもらう。習字の先生であるＡおばあさん、将棋が強いＢおじいさん、流し

そうめんの設備を上手に造るＣおじいさん（もと大工）、料理が上手なＤおばあさん、針仕事が上手なＥおばあさん、事業所の田畑で農作業の腕前を発揮するＦおじいさん等である。子どもたちはそれぞれ、固有名詞のある個々の高齢者とつきあい、時を積み重ねる。その過程で、各高齢者にはそれぞれ「やや不得意なこと」があると気づく場合もある。このようなアプローチである。ここでさまざまな経験をした子どもたちが、認知症に関する知識が十分でない、サポーター講座を受けていないから困っている認知症高齢者をうまく助けられない等ということは、考えられない。これは、楽しくて素晴らしい、深い学びではないだろうか。

　私は、多くの自治体が８期計画で記していたように、地域の小売業（スーパーマーケットやコンビニを含む）、金融機関（郵便局を含む）、公共交通機関等の職員を対象として養成講座をすることに大賛成である。第８期計画で初めて着手するなら「遅すぎる」と考える。この場合でも、認知症高齢者本人が講師側として養成講座に参加する方がよい内容になり、有効だと考える。[注7]しかし私は、子どもを対象とする養成講座については、認知症の本人が主体的に参加しないものは、基本的に肯定しない。先述した守口市の計画は、この自治体の本音がモロに出てしまった例だと考える。

7．大阪府以外の先進自治体の介護保険事業計画に関する事例研究

　以上述べてきたように大阪府下43市町村の第８期計画は、第７期計画から顕著に肯定的な変化が起きているように見えなかった。大阪府下以外の市町村の第８期計画を網羅的にデータ分析することは困難だと考え、緩い理論的サンプリングを行って事例研究することにした。私が採用した緩い仮説は、(1)認知症当事者運動のリーダーたちが暮らす市町村では彼らが計画づくりに参画し介護保険事業計画に含まれる認知症施策がラディカルに変化しているのではないか、(2)認知症高齢者支援の先進自治体として知られる市町村の介護保険事業計画は認知症支援が大阪府下市町村とはまったく異なる内容になっているのではないか、の２つである。(1)の例として埼玉県川口市、鳥取県鳥取市、宮城県仙台市、香川県三豊市を選び、(2)の例として静岡県

富士宮市、福岡県大牟田市、和歌山県御坊市を選んだ。以下に、これら7市の介護保険事業計画に記された認知症支援を分析した結果を短く述べる。

　まず（1）に関する基本的事実を述べる。認知症当事者運動のリーダー等として著名な佐藤雅彦、藤田和子、丹野智文、渡邊康平は、いずれも居住している市の介護保険事業計画の策定組織の成員になっていない[注8]。私は、これらの4自治体はたいへん損をしていると考える。佐藤と丹野は我が国の認知症施策、実践そして「日本社会全体を変える」ことを目指してそれぞれ単著を2冊ずつ公刊している（いずれも広く読まれている）。日本社会の問題点を認知症当事者の立場から述べ、これを変える包括的な構想と具体案をたくさん提案している。藤田も単著を公刊し、現在はJDWGの代表理事として厚労省等が主催する公的な会議等において何度も諸施策と日本社会を変えるためのパブリックスピーチ等を発信している。こういった認知症当事者運動のリーダーたち（彼らは居住自治体でも当事者組織を創り活発に活動している）が市町村介護保険事業計画づくりに参画しないという事実を、私たちはいったいどう考えたらよいのだろうか。

　彼らが計画づくりに参加しなくても彼らの意見、実践、構想、提案等が居住自治体の介護保険事業計画に含まれる認知症施策等に強い影響を与えているなら大きな問題は無いのかもしれない。しかし計画書を読むと、そうではなかった。まったく影響を与えていないわけではない。この4市のなかで最も影響を及ぼしたのは、仙台市の計画かもしれない。仙台市には認知症ケアパスの「本人版（認知症の本人が読んで活用する）」があり、これは多くの認知症当事者が参加して創られた。また認知症サポーター以外に、認知症当事者の提案を受けて市独自に「認知症パートナー」も養成されている。以上は計画書にも記されている。残り3市では、本人ミーティング（川口市）、おれんじドアとっとり（鳥取市）、オレンジカフェ（三豊市）が、ほんの1～2行記載されているだけである。

　次に（2）を述べる。富士宮市の計画には「認知症本人の声を養成講座や認知症ケアパスに盛り込む」、「認知症本人ミーティングの定期開催」等、この市らしい記述がある[注9]。大牟田市の計画は、前期計画の進捗振り返りに印象的な記述がある。「ほっとあんしんネットワーク模擬訓練や認知症サポー

ター養成講座で認知症の啓発を進めてきたことで〈認知症＝支援の必要な人〉という印象を強くしている現状があります。認知症になったことで絶望や疎外感を感じる人を少しでも少なくするような啓発の仕方を検討する必要があると考えます」。これは現在の養成講座のあり方に複雑な感情を抱く認知症高齢者もいること、この市が開発し全国に普及していった模擬訓練が、地域で暮らす認知症高齢者を「生きづらく」させたり、必ずしも肯定的に評価されていないことを述べたものである。^{注10}

　最後は御坊市（人口約2万人）である。この市は2019年4月に「認知症の人とともに築く総活躍のまち条例」を施行した。条例づくりには認知症高齢者がたくさん参加し、発言、提案し、長い期間さまざまな活動や議論を積み重ねて作り上げられた。介護保険事業計画でも条例の意義が強調されており、他の市町村計画とはかなり異なる内容になっている。いくつかの点については、おそらく他に類を見ない内容である。以下に、要点を記す。

　市の介護保険事業計画のなかに「認知症施策推進基本計画（以下、推進計画）」が含まれている。条例に記された基本理念を達成するために必要なことを具体化したアクションプランが、この推進計画である。認知症高齢者本人が意見を発信できる組織や活動が重層的に構築されており、対人援助職等はこれらを日常的に受け止めることになる。そのうえ毎月開催される認知症コーディネーター会議（コーディネーターは20名）で情報が共有され、施策や活動、事業等が常に企画実施される。市役所には全課から1名ずつ参加した「認知症施策推進庁内連携会議」が設置され、計画の進捗評価等は認知症高齢者本人が参加する「市認知症施策推進協議体」で行われる。計画の実施によって「認知症の人にとって暮らしやすいまちになっているか取り組みのプロセスを含め認知症の人の視点から評価」することが重視されている。推進計画の第1期は市の第8期介護保険事業計画と並行して実施され、今後は介護保険事業計画が改訂されるごとに推進計画も改訂される。なおこの市の第8期介護保険事業計画の策定委員会には、被保険者代表の枠内に「認知症の本人枠」が2名分あり、実際に認知症高齢者2名が委員を務めた。

　この市ではすでにかなり長い期間「認知症本人中心」の事業や活動を蓄積してきているので推進計画の中身は地に足がついており、具体的で説得力の

あるものになっている（実践例を数多く掲載）。たいへん興味深いのだが、紙幅の都合であまり紹介できない。以下に推進計画の柱を成す「7つの指針」のうち最初の3つを引用しておく。①認知症、認知症の人への先入観の払拭、②認知症の人を起点とした地域協働による「よりよい暮らし」の実現、③認知症の人にとっての暮らしやすさの向上（さまざまなバリアの解消）。以上から、①を基盤として②や③があり、認知症の本人の発信を起点として「このまち」の「あらゆることを変えてゆく」行動計画であることがわかる。

　この市では、認知症サポーター養成講座はどうなったのだろうか。計画書によれば養成講座は「認知症の本人の視点に寄り添っていない」ので廃止された。それに代わるものとして同市はオリジナルの「ごぼう総活躍のまち講座」というまちづくり講座を開発し、幅広い住民を対象として実施している。講師役として同市に暮らす認知症高齢者が参加することが基本である。講座にはたくさんの認知症の住民が「活躍」する姿と、声と、思いが盛り込まれている。加えて、認知症の本人の声を活かして実際に「御坊のまち」が具体的に変わった実践例もたくさん盛り込まれている。以上が講座の柱であり「日本は高齢化が進み認知症高齢者が600万人以上いてたいへん」、「四大認知症の名称とそれぞれの特徴」、「前頭側頭型認知症の人の脳の画像と、この認知症の諸症状」等の情報はまったくない。

　市のWEBページに掲載されている本講座の資料の冒頭部分を読み、私は根底から認識を改めることになったので引用しておきたい。「認知症にやさしいまちってどんなまち？。認知症サポーターがたくさんいるまち？、認知症カフェがいっぱいあるまち？、誰もが見守ってくれるまち？、認知症にならない予防を推進するまち？。私たち抜きに私たちのことを決めないで」。これに付け加える言葉は、何も無い。認知症サポーター、認知症カフェ、「徘徊する認知症高齢者を見守るネットワーク」、いずれも認知症とともに生きる本人たちが求めて開発されたものでは無い。対人援助職、介護家族、研究者や専門家、地方自治体等が本人たちの声を聴かずに施策化し、（言葉は悪いが）形式的に大量生産してきたのではないか。このように、御坊市における諸実践は、私たちが近年すすめてきたことに根源的な問いをつきつけているのである。

8．おわりに

　市町村介護保険事業計画は期間が３年と短いので、７期から８期に進んで
も大きな変化が生じないのは自然なことかもしれない。すでに述べたように
大阪府下43市町村の計画は、７期から８期にかけて認知症支援について積極
的な変化が少ないように見えた。見方を変えれば、少しずつ、ゆっくり、緩
やかに変化しているのかもしれない。

　緩い仮説を創り、大阪府以外の７市の第８期計画も事例研究してみた。御
坊市以外の６市では、あまり大きな変化は生じていなかった。御坊市の８期
計画も、前計画と比べて大きく変化したわけではなく「小さな変化」にすぎ
ないという評価もありうる。しかし、私は同市の８期計画で新たに加わった
内容は「小さいが重要な変化」だったと意味づけて論じた。これらの変化
は、「認知症の本人を起点」にして生じていた。

　「すべての人々」が暮らしやすい社会に変革してゆくには、当該社会で
法や政策を創る際に「すべての人々」が参加できるようにすべきだろう
し、法や政策の実施過程、実施後の評価過程にも、すべての人々に参加が
保証されるべきであろう。これは、SDGsの諸目標に即して書けば「すべ
ての人々の福祉を増進（SDGs３）」、「都市や人間の居住地をだれも排除しな
いものにする（SDGs11）」、「だれも受け入れる社会、だれも排除しないしく
みの構築（SDGs16）」ことに「だれも排除しない、参加型・代議制の意思決
定（SDGs16.7）」、「実施手段を強化しグローバルパートナーシップを活性化
（SDGs17）」ことに「効果的な公的、官民、市民社会のパートナーシップを推
奨し推進（SDGs17.17）」等と密接に関係していると考える。

　認知症とともに生きる人々も暮らしやすい地域社会を構築するには、市町
村計画づくりに認知症の本人が参加し、計画の実施段階でも、事後評価の段
階でも、本人たちが影響力を行使できる仕組みが必要である。たとえば私は
本稿の５．で第７期計画の実施期間に認知症デイの事業所数が減った市町村
や、利用実績が年々減少していた市町村、計画で目指した事業量の４割や５
割しか利用されない市町村等が存在していたことを述べた。これらの市町村
で介護保険事業計画の進行管理委員会や策定委員会（または運営協議会）に認

知症の本人が何人か参加していたら、さまざまな議論がなされたのではない
だろうか。

　我がまちの認知症デイの現場は、どうなっているのか。何が起きているの
か。事業が廃止されたりサービス利用が進まない原因は何なのか。このサービ
スは、このまちで暮らす認知症の本人にとって、どう評価されるか。認知症と
ともに生きる住民とともに現場に赴き、さまざまな方々と議論し検討できたの
ではないか。この市町村にあるすべての通所系サービス（例、通所介護、通所
リハビリテーション、地域密着型通所介護、小多機、看多機、就労支援を含む
障害者の通所事業等）を含めた、より幅の広い検証や議論もできたのではない
だろうか。この問題状況について、市町村の介護保険担当課と認知症デイを運
営する法人の２者で検討するだけでは不十分だったのではないだろうか。

　近年認知症研究を行う者の必読文献になりつつある著書において、バート
レットとオコナーは以下のように記している。「もはや認知症の本人はサー
ビスの評価過程に参加できないという見解は、受け入れ難い。むしろ、サー
ビス評価過程のすべてに、認知症の本人が可能な限り参画するという考え方
への支持が拡大している」[注12]。

注
1　守口市、門真市、四條畷市の３市は介護保険を広域連合（くすのき連合）で運営
　　している。市町村介護保険事業計画も、くすのき連合が策定している。くすの
　　き連合の第８期計画を見ると、参加している３市の数値が「分かち書き」され
　　ていない部分も多かった。このためこの３市については、くすのき連合の８期
　　計画を読んだうえで、３市がそれぞれ策定している「高齢者保健福祉計画」を
　　精読することにした。
2　私は認知症高齢者支援においてこの４事業だけが重要と考えているわけではな
　　い。これら４つを利用する認知症高齢者は多いとは言えないし、彼らがニーズ
　　に沿って訪問介護、訪問看護、通所介護、介護保険施設等を使うのはごく普通
　　のことである。しかしこれらの場合、利用者のうちどれだけが認知症か等の数
　　値は簡単に得られず、分析できない。また私が選んだ４事業は、地域を基盤と
　　する認知症高齢者支援の「質を開発」する面もあると考えた。なおスウェーデ
　　ンにおける認知症ケアの質の開発の実例については、たとえば吉原（2019）、吉
　　原（2020）等を参照されたい。
3　小多機の利用者の約８割ほどが、認知症（「Ⅱ」以上）である。認知症加算を

取っている事業所は、9割を超えている。全国小規模多機能型居宅介護事業者連絡会（2021）。

4 　泉南市の計画は、住民啓発のための講座等を開催する際に認知症高齢者本人、介護家族、認知症サポーターの「メッセージを発信」すると記している（55ページ）。

5 　高橋幸男（2021）、2〜3ページ。

6 　加藤の実践については以下を参照した。加藤忠相（2021a）、同（2021b）、NHK（2016）。

7 　認知症の人は実際に困った経験や、対応に関する具体的な要望を話すことができる。受講する職員等も、うまくいった経験、失敗談、「こういう場合どうしたらよいのか」等の疑問を話すことができる。講座を企画した福祉職等も、さまざまなアイデアや情報を出すことができる。3者がこのように経験や情報や知恵等を持ち寄り建設的に意見交換できた場合、それをもはや住民啓発や「講座」と呼ぶ必要は無くなるのではないだろうか。

8 　佐藤はJDWGの最初の代表理事である。藤田はJDWGの現在の代表理事である。丹野、渡邊、藤田は厚労省が任命した初代の認知症本人大使である。佐藤と丹野はそれぞれ2冊、藤田は1冊、単著を公刊している。渡邊はおそらく我が国で初めて、認知症の人の相談援助を有給の仕事として行っている認知症当事者であり、その活動の様子はNHK等によって度々報道されている。なお、我が国で認知症当事者が公刊した著書15冊については別稿で検討した（Yoshihara 2018）。2018年以降に公刊された重要な作品としては長谷川和夫（2019）、同（2020）、丹野智文（2021）がある。

9 　富士宮市については、たとえば毎日新聞生活報道部（2015）の161ページ以下を参照。

10 　「模擬訓練」は、近年多くの市町村で実践されている事業である。さまざまな形態があるが「認知症でない人」が「認知症高齢者の役」をして地域を歩き（「徘徊」と呼ぶ自治体も多い）、情報を得た住民が「認知症役の人」を見つける活動をしたり、実際に見つけて「声をかける」訓練である。この事業を長年大牟田市で実践して地域で暮らす認知症高齢者や家族や住民にどんなことが起きたか、この事業を進めてきた猿渡は反省的に考察した論文を2021年に公刊した（猿渡 2021）。大阪府下自治体の計画書を読むと、この模擬訓練をすでに実施しているか8次計画で実施を目指している市町村は13あった。私は、これは、ひとことで言って「認知症とともに生きる人々」にとって「たいへん失礼」な事業だと考える。長年現場で実践してきた猿渡の見解は、非常に重い。

11 　認知症カフェは大阪府下の多くの市町村において「介護家族支援の施策」と位置づけられ、重視されている。介護家族が各々の経験等を自由に語り合い、情報交換し、相互に支え合うことが目指されている。この事業を8期計画で同時に「認知症高齢者本人が参加し情報発信する場」と位置づけている市町村がか

なりあるが、私はこれは難しく無理のある構想だと考える。丹野智文も著書等で度々、私と同じ見解を述べている。

12　Ruth Bartlett and Debora O'connor（2010），p.101.

引用文献

長谷川和夫（2019）『ボクはやっと認知症のことがわかった』KADOKAWA

長谷川和夫（2020）『認知症でも心は豊かに生きている』中央法規

加藤忠相（2021a）『世界が注目する日本の介護』講談社

加藤忠相（2021b）「RE：care－プラットフォーム化する地域密着型介護へ」井手英策編著『壁を壊すケア』岩波書店

毎日新聞生活報道部（2015）『認知症新時代』毎日新聞社

Masaaki Yoshihara（2018），Books published by people with dementia in Japan，The Journal of Social Problems（Osaka Prefecture University），Vol.67，pp.101-124.（大阪府立大学『社会問題研究』第67巻）

Masaaki Yoshihara（2020），Municipal service planning for elderly with dementia in Japan and in Sweden，The Journal of Social Problems（Osaka Prefecture University），Vol.69，pp.39-51.（大阪府立大学『社会問題研究』第69巻）

NHK（2016）『プロフェッショナル仕事の流儀　あなたらしさはここにある　加藤忠相』2016年10月3日放送

Ruth Bartlett and Debora O'Connor（2010），Broadening the Dementia Debate，Policy Press.

猿渡進平（2021）「だれのため、何のための私たちなのか」矢吹知之『認知症とともにあたりまえに生きていく』中央法規

高橋幸男（2021）『認知症を受け入れる文化、そして暮らしづくり』エイアールディー

丹野智文（2021）『認知症の私から見える社会』講談社

吉原雅昭（2019）「スウェーデンにおける居宅で暮らす認知症高齢者への専門組織による支援」大阪府立大学『社会問題研究』第68巻

吉原雅昭（2020）「スウェーデンにおける認知症高齢者のための特別住宅の空間、居住者の暮らし、支援の基本構造」大阪府立大学『大阪府立大学紀要（人文・社会科学）』第68巻

全国小規模多機能型居宅介護事業者連絡会（2021）『小規模多機能型居宅介護における生活全体を支える包括報酬型在宅サービスのあり方に関する調査研究事業報告書』

第12章

成人子と親との関係

―老親との同居意識に着目して―

乾　順子

1. はじめに

　日本における高齢者人口の増加と少子化の進展は急速であり、いわゆる2025年問題、2050年問題が目前に迫っている。本章では、この問題について主に家族社会学における知見に基づき量的データを用いて規範的側面から検討していく。

　かつて、日本では「家族は福祉の含み資産」と呼ばれた時代が存在し、実際に1970年代の三世代同居世帯の占める割合は約20％と高くなっており[注1]、要介護高齢者を施設等に入れることは「姥捨て」のような意識をもって捉えられていた（山根 1974）。当時は老人ホームのイメージといえば、「淋しくて暗いところ」というイメージであり、同居したい理由は「同居が自然であるから」「世話をしてもらえるから」という答えが多く、また老後の保障の責任については、子どもつまり家族にあるという回答が多かった（山根 1974）。施設等の数も少なく、何らかの理由で家族介護を望めない場合に、高齢者の受け皿となったのは、病院であった（北井・小田巻 2020）。

　このような介護や同居、扶養への意識が大勢を占めていた時代から、90年代には介護の社会化が進み、2000年には介護保険法が施行され、40歳以上であれば、介護保険料を支払うようになった。拠出を行うことにより給付がなされる制度が成立したのである[注2]。「介護保険制度の導入は、日本型福祉国家の特徴である「家族主義」からの脱却を試みる施策の1つだと理解されて」（北井・小田巻 2020）いた。それ以前からも、子ども夫婦と同居する高齢者の

173

割合は徐々に減少しており、80年から98年の間に20％程度減少している（西岡 2000）。多くの民間資本による有料老人ホームが提供され、その数は2005年～2016年の間に約５倍にもなっている（内閣府 2018）。さらには、介護の程度が低い場合にも利用できるサービス付き高齢者住宅の整備も進んでいる。

　しかしながら一方で、この介護保険制度が、老後リスクの責任を個人に課す傾向を強め、介護保険料をおさめる40歳以上の親世代にあたる65歳以上を第１号被保険者としたことが、子による老親の扶養義務意識を温存する方向に作用するという仮説を提示する研究（北井・小田巻 2020）や「在宅ケアの推進という介護保険の戦略は、「ケアの社会化」という目標とは矛盾したものとなった。制度は実際には「家族主義」を温存している」（落合ほか 2010：16）との評価もある。

　西岡（2000）や岡崎（2002）は、介護保険制度導入直前までの日本における老親扶養意識について、毎日新聞社が２年ごとに実施した世論調査をもとに以下のようにまとめている。「子どもが年をとった親の扶養をする習慣」を「よい習慣（しきたり）だと思う」と回答した割合は、1963年には35％を超えていたが、その割合はなだらかに低下しており、特に1981年から86年の間の減少幅が大きく、2000年には15％程度となっている。老親を子どもが扶養する習慣を「子どもとして当たりまえの義務」と回答した割合は、1963年の38.6％から1986年には56.5％まで増加したが、90年には29.6％まで低下し、2000年までほぼ横ばいである。「老人のための施設や制度がないからやむを得ない」という回答割合は、1963年から86年までは10％以下程度で推移していたが、そこから上昇に転じ、2000年では、25％程度である。このことから老親扶養の意識は、80年代に大きく変化し、子どもとしての当たりまえの義務という規範から、他の方法がないためにやむを得ず扶養するという意識に変化している傾向が見てとれる。

　現在の日本では、戦後の第１次ベビーブーム世代のように兄弟姉妹数が多く、人口規模の大きな世代が後期高齢者となる時期が迫っており、その後期高齢者を家族として支える子世代は第２次ベビーブーム世代のキョウダイ数が２～３人程度という時代が到来しつつある。さらには、その第２次ベビー

ブーム世代を含む、いわゆる就職氷河期世代は、雇用状況が不安定なまま年齢を重ねた人々の割合が高く、生殖家族を形成していない割合が高いが、この世代が老親の介護に直面し、また自身も必要とする時代がやがて到来する。注3

　本稿では、このような時期に、人々が老親に対してどのような意識をもっているのか、2000年の介護保険法の施行を経て、人々の老親に対する意識は変化したのか、世代による意識の差異はあるのか、さらにその規定要因について、90年代後半から4回にわたって実施した全国家族調査データを用いて明らかにしていきたい。

2．先行研究

　ここでは、老親同居に関する意識についての先行研究を概観する。老親同居の意識については、山根（1974：30）が、「日本において同居―別居志向に影響を与えるものとして、親孝行の倫理と親子の情緒関係という2つの要因」を挙げている。親孝行の倫理は、家制度に基づくものであり、それが同居志向と結びついているというものである。戦前は親孝行の倫理が義務教育で教えられ、日本人の心に深く根付いたが、戦後には家制度が解体された。それゆえ、戦前に義務教育を受けたか否かが同居志向に重要な意味を持つという（山根 1974）。そして、戦前に義務教育、青春時代を経過して、結婚した第1世代、戦前に義務教育を受け、戦後に青春時代を送って結婚した第2世代、戦後に義務教育を受けた第3世代、第3世代の子どもを第4世代とし、老親同居意識との関連を考察している。第1世代は同居意識が強く、その子世代となる第3世代は、「親のもつ家制度的な価値を家庭生活の中で内面化するという過程」を通じて同居志向的な親から影響を受けてはいるが、親孝行的な同居志向はこの世代において低下するという。そして、第3世代は1970年前後に結婚をし始めるが、同居志向の親からの影響を受けた居住形態を取らざるを得ない。この第3世代を親とする第4世代は1995年頃から結婚適齢期を迎え、この時期に第1世代の最後の親が70歳を超え、戦後生まれの第3世代の最初の親が50歳を迎える時期となり、「日本において戦前の親の家族が戦後生まれの親の家族によって、完全にとって代わられ始める時

期」（山根 1974：31）として、同居意識の変化に重要な意味をもつと予想された。

　しかし、平均初婚年齢の遅れや平均寿命の伸長によって、この時期は若干後ろに移動していることが想定される。第4世代の家族形成の時期は遅れ、平均寿命を80歳前後と見積もれば、家族やコーホートが入れ変わるのは、2000年〜2025年頃と考えられる。

　全国家族調査（NFRJ）の98、03、08の3ヵ年のデータを用いて老親同居意識を分析した西野・中西（2016）によれば、30歳代後半、40歳代で同居意識が低く、若年と高齢世代で意識が高いという結果であった。また、2000年代以降は、意識が弱まっており、特に99年と09年の間で顕著であった。これはJGSS等の他のデータでも確認されている傾向と同様であった。（西野・中西 2016、宍戸・岩井 2010）。また、先述の山根の仮説をデータで検証したところ、第4世代すなわち1970年代以降の出生コーホートとそれ以前のコーホート（第3世代）との間に有意な差が見られないという結果であった。これを、「山根が想定していた親から子への規範意識の世代間伝達は想定していたほど強くなかったと考えられる」（西野・山西 2016）と考察している。それに対して1935年以前の出生コーホートである第2世代と第3世代以降の出生コーホートとの間には明確な差が認められた。ここには、山根の想定していた義務教育の影響があることが考えられる。

　第3世代は、意識の上で葛藤を引き起こしながら、第2世代の意向を汲んで老親と同居をしつつ第4世代として生まれた子どもの子育てをしていただろう。その葛藤を間近で見ていた第4世代は老親との同居に対してアンビバレントな意識をもった可能性が考えられる。祖父母と同居していなかった第4世代は、教育の影響・規範の変化によって、同居すべきという規範とは、距離を置いていったのかもしれない。

　また、山根は1995年頃を老親同居意識の大きな転換点と予想していたが、70年代以降生まれの第4世代の結婚時期が後ろにずれたこと（つまり結婚後に親と同居するか否かの判断をする時期がずれたこと）、また第2世代の平均寿命の伸長により、コーホートの入れ替わりが95年ではなく、さらに後ろにずれた（たとえば1935年出生コーホートは、2015年に80歳を迎える）ことを考慮す

176

れば、大きな変化が起きる時期はその頃だと予想される。

　年齢、コーホート、時代の変数以外には、親と同居していること、自営業もしくは家族従業者であること、母親が74歳以下であることが、老親同居意識にプラスの効果を持ち、男性、有配偶、子どもありの変数がマイナスの効果を持っていた（西野・中西 2016）。長子であることは影響を与えず、母親の年齢（生活段階）が効果を持つことから、老親同居意識が状況依存的で、ご都合主義的な規範（直井 1993：57-59）であり、新たな規範が形成されていないことを指摘している（西野・中西 2016）。

　一方、2014年にサービス付き高齢者向け住宅入居者へインタビュー調査を行った原（2016）によれば、高齢者自身の入居選択についての語りの中で、親子同居についての「従来の規範」を積極的に否定し、「子どもに迷惑をかけない」ことが主張されること、と同時に「子どもは拠り所」でもあることを明らかにしている。

　2000年の介護保険制度の導入が、日本の高齢者のケアの「家族主義」に与える影響を分析した研究によれば、介護保険制度導入後、日本の高齢者ケアは、家族中心のケアから国家と市場の役割がより大きいものへと変化し、家族のケアの一部を代替するものとなっている（落合ほか 2010）。しかし同時に「在宅ケアの推進という介護保険の戦略は、「ケアの社会化」という最終目標とは矛盾したものとなった。制度は実際には「家族主義」を温存しているのである。」（落合ほか 2010：16）これは、介護給付の上限と自己負担金を捻出できない等の理由から、低所得者では家族がケアのほとんどを担わざるを得ない状況や、介護保険によって提供される在宅ケアサービスが、家族による介護の一部を補完するものにすぎないことを指している。

　以上をふまえ、本章では、はじめに2000年をはさんだ４時点で観測した老親との同居意識の変遷を確認する。その後、先行研究で検討された独立変数を用いて、調査時点の効果、年齢やコーホートの影響に注目した分析を行う。ここでの問いは、最新の2019年のデータでは、老親との同居を肯定しない人の割合が増えているのか、どのコーホート、どの年齢層において同居意識が低下しているのか、である。本来であれば、介護、扶養の意識も検討すべきであるが[注4]、介護保険制度導入前のデータは同居意識のみ使用可能である

ことから、本章は同居意識のみを検討する。

3．使用するデータと同居意識の変化

日本家族社会学会全国家族調査委員会が実施した全国家族調査の第1回から第4回のデータを用いる。第1回は1999年1〜2月、第2回は2004年1〜2月、第3回は2009年1〜2月、第4回は2019年1〜2月に実施された。それぞれの調査の略称は、NFRJ98、03、08、18である。調査対象者は、日本全国に居住する満28歳〜73歳（第1回調査は満28〜78歳）であり、標本抽出方法は、層化二段無作為抽出法で、調査は訪問留置法で実施された。^{注5}

同居意識として、「親が年をとって、自分たちだけでは暮らしていけなくなったら、子どもは親と同居すべきだ」に対する回答「そう思う」「どちらかといえばそう思う」「どちらかといえばそう思わない」「そう思わない」に対して4点から1点を与え、分布を確認していく。分析対象者は、NFRJ98が6885人（男性3269人、女性3616人）、NFRJ03が6222人（男性2925人、女性3297人）、NFRJ08が5151人（男性2421人、女性2730人）、NFRJ18が3002人（男性1417人、女性1585人）の計21260人（男性11228人、女性10032人）である。

図12-1は、調査時点ごとの同居意識の平均値を男女と全体に分けて図示したものである。男性のほうが女性よりも平均値が高く、同居を肯定しており、NFRJ98からNFRJ08までは、なだらかに平均値が低下していたが、NFRJ18において大きく低下したことが分かる。

次に調査時点ごとの同居意識の回答分布を図12-2で確認する。男性は、NFRJ08までは、「そう思わない」の割合はほぼ変わらず、「どちらかといえばそう思わない」が徐々に増加し、「そう思う」が徐々に減少している。「どちらかといえばそう思う」は、NFRJ98から03にかけては3.3ポイント減少しているが、08にかけてはほぼ変化していない。NFRJ18では、「どちらかといえばそう思わない」が大きく増加し、「そう思わない」の割合も増えており、同居に否定的である割合は58.8％である。女性では、NFRJ98から03の間では、「そう思わない」がわずかに減少しているが、「どちらかといえばそう思わない」はやや増加している。「どちらかといえばそう思う」も増加し、「そう思う」が減少している。NFRJ08では「そう思わない」はほ

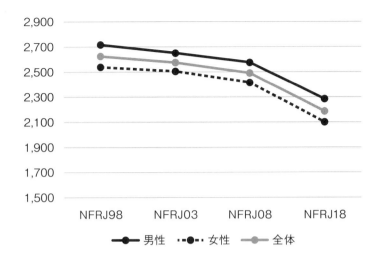

図 12-1　調査時点ごとの同居意識の変化

ぼ変化せず、「どちらかといえばそう思わない」が増加し、否定派の割合が
増加して半数を超えている。最後のNFRJ18では、否定派が大きく増加し、
67.5％である。一方「そう思う」が大きく減少して 5 ％を切っている。

　このような同居意識の低下が、山根（1974）の言うように、出生コーホー
トの入れ替わりによるものであるのかを確認するために調査時点別に出生
コーホートと同居意識を確認する必要がある。そこで、調査時点別男女別に
コーホートによる同居意識の平均値を図示したものが図12-3である。

　男性では、1941～50年出生コーホート以降は、NFRJ08までは、調査を
重ねるごとに、折れ線グラフがわずかに下がり、同じ出生コーホートで
あっても、同居意識が低下していることが分かる。そして10年間隔があっ
たNFRJ18では、折れ線が全体に大きく下方に移動している。同じ出生コー
ホートであっても10年の間に同居意識が大きく低下しており、出生コーホー
トの入れ替わりが要因であるとも言い切れないようである。次に調査時点に
よって変化するものとして、年齢が考えられ、加齢によって同居意識が変化
することも想定されるため、調査時点別の年齢別同居意識の得点を確認す
る。

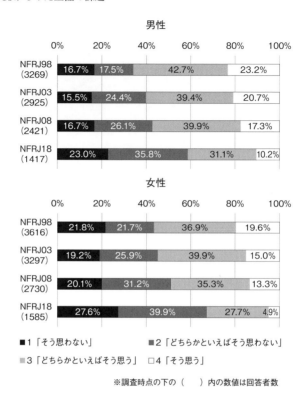

■1「そう思わない」　　　■2「どちらかといえばそう思わない」
■3「どちらかといえばそう思う」　□4「そう思う」

※調査時点の下の（　　）内の数値は回答者数

図 12-2　調査時点ごとの同居意識の回答分布

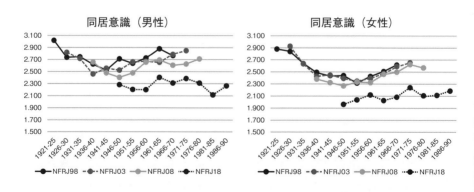

図 12-3　調査時点別出生コーホートによる同居意識の変化

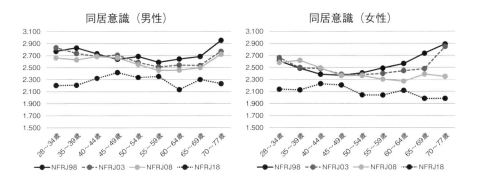

図 12-4　調査時点別年齢による同居意識の変化

　図12-4は調査時点別に年齢別の同居意識の平均値を図示したものである。NFRJ98から08までの男性回答は、おおむね50歳代後半から60歳代までの間の得点が低く、20歳代から30歳代、70歳代が高くなっている。女性回答は、NFRJ98では、30歳代まで同居意識がやや高く、40歳代が最も低くなり、50歳代からまた高くなっている。NFRJ03も同様の動きをしている。NFRJ08の女性は、60〜64歳が最も低く、70〜77歳もそれほど同居意識が高くなっていない。同じ調査時点の同世代の男性とは異なる動きをしており、2009年に70歳代の女性は男性と比べて、そして以前の同じ年齢層の女性と比べて同居意識が低くなっている。

　最後にNFRJ18 データでは、男性は、それ以前とグラフの形状が変化しており、45〜49歳が最も同居を肯定しており、40歳代、50歳代の同居意識が高く、60〜64歳が最も低く、若年層と高齢層が相対的に低い。一方女性は、40歳代が最も同居意識が高く、65〜69歳と70〜77歳が低くなっている。男女ともに若年層と高齢層の同居意識の低下が大きいようである。

　それでは、なぜ以上のような同居意識の低下がNFRJ08と18の間で生じたのであろうか。コーホートの入れ替わりや加齢等の他にどのような変数が影響しているのであろうか。これらを検討するために、4時点のデータを統合し、先行研究で検討されてきた独立変数や調査時点をコントロールした上で、出生コーホートや年齢の効果を検討していきたい。

４．同居意識を従属変数とする重回帰分析

　ここでは、４時点のデータを統合したデータを用いて分析を行う。使用する変数は、居住地10万人以上の都市＝１、10万人未満＝０とするダミー変数、男性ダミー、従業上の地位（正規、非正規、自営家族従業者、無職）、長子ダミー、世帯年収、学歴（高校まで、専門短大、大学）、有配偶ダミー、子どもありダミー、実親同居ダミー、母親年齢（64歳以下、65〜74歳、75歳以上、死亡・不明）、調査時点、出生コーホート、年齢コーホートである。使用する変数の記述統計は**表12-1**のとおりである。

　まず始めに、コーホートに着目した分析を行った。結果は**表12-2**のとおりである。年齢は共線性が高いため、同時には投入していない。

　注目する変数は、調査時点ダミー、出生コーホートである。分析にさまざまな変数を投入した上でもNFRJ08ダミー、NFRJ18ダミーの２つの調査時点変数は、マイナスで有意となっている。NFRJ98とNFRJ03間には、時点独自の有意な差異はなく、調査時点を経ることに効果が大きくなっている。特にNFRJ18ダミーの効果は、投入した独立変数の中で最も大きく、NFRJ08との間にも有意な差が生じている（分析結果は省略）。

　出生コーホートは、細分化したダミー変数を用いて分析を行った。標準偏回帰係数の値をグラフにしたものが**図12-5**である。基準は1946から50年出生コーホートである。山根のいうところの第１、第２世代にあたる1921年から1935年出生コーホートは、戦後すぐの団塊の世代、第１次ベビーブーム世代より「親が年をとって、自分たちだけでは暮らしていけなくなったら、子どもは親と同居すべきだ」を肯定している。その後、戦後の義務教育を受けた第３世代となる1936〜1945年、1951年〜1960年出生コーホートまでは1946〜1950年出生コーホートと有意な差がなく、同居意識は低いが、1961年〜1975年出生コーホートは、同居意識が高くなる。その後の1976年以降の出生コーホートは基準コーホートと有意差はなく、同居意識は低い。

　その他の独立変数のうち、プラスの効果のある変数は、男性であること、親と同居していることである。反対に、マイナスの効果のある変数は、10

表12-1　記述統計

	平均値	標準偏差		平均値	標準偏差
老親との同居意識	2.519	0.980	1921-25年ダミー	0.018	0.132
居住地10万人以上都市ダミー	0.612	0.487	1926-30年ダミー	0.044	0.204
男性ダミー	0.476	0.499	1931-35年ダミー	0.059	0.235
正規ダミー	0.352	0.478	1936-40年ダミー	0.086	0.280
非正規ダミー	0.166	0.372	1941-45年ダミー	0.100	0.299
自営家族ダミー	0.165	0.372	1946-50年ダミー	0.134	0.340
無職ダミー	0.317	0.465	1951-55年ダミー	0.115	0.319
長子ダミー	0.407	0.491	1956-60年ダミー	0.104	0.305
世帯年収	650.822	366.961	1961-65年ダミー	0.110	0.313
高校以下ダミー	0.592	0.491	1966-70年ダミー	0.101	0.302
専門短大ダミー	0.208	0.406	1971-75年ダミー	0.076	0.265
大学ダミー	0.200	0.400	1976-80年ダミー	0.034	0.182
有配偶ダミー	0.804	0.397	1981-85年ダミー	0.012	0.107
子どもありダミー	0.833	0.373	1986-90年ダミー	0.009	0.094
実親同居ダミー	0.175	0.380	出生年西暦	1953.590	14.791
母64才以下ダミー	0.166	0.372	28から34歳	0.126	0.331
母65～74才ダミー	0.195	0.396	35から39歳	0.104	0.306
母75才以上ダミー	0.238	0.426	40から44歳	0.106	0.308
母死亡不明ダミー	0.400	0.490	45から49歳	0.116	0.321
NFRJ98年ダミー	0.320	0.467	50から54歳	0.123	0.328
NFRJ03年ダミー	0.304	0.460	55から59歳	0.115	0.319
NFRJ08年ダミー	0.237	0.425	60から64歳	0.114	0.317
NFRJ18年ダミー	0.138	0.345	65から69歳	0.104	0.306
度数	17928		70から77歳	0.092	0.289

万人以上の人口の都市に居住していること、自営家族従業者と比べて、正規雇用、非正規雇用で働いていること、学歴が高校までと比べて、大学であること、有配偶であること、子どもがいること、母親が75歳以上であることである。これらの効果はNFRJ98から08までのデータを用いて分析を行った西野・中西（2016）とほぼ同様である。

次に、出生年の西暦を連続変数として、年齢をダミー変数として投入した分析を行った。結果は表12-3のとおりである。モデル１は、コーホートに着目した分析（表12-2）と独立変数を合わせたもの、モデル２は、母親の年齢段階を除

表12-2　老親との同居意識の規定要因
（コーホート）

	標準化係数ベータ	t 値	
（定数）		66.508	***
10万人以上都市ダミー	-0.024	-3.233	**
男性ダミー	0.075	8.588	***
自営家族ダミー（基準）			
正規ダミー	-0.027	-2.519	*
非正規ダミー	-0.035	-3.513	***
無職ダミー	-0.021	-1.882	†
長子ダミー	0.007	0.926	
世帯年収	-0.005	-0.573	
高校ダミー（基準）			
専門短大ダミー	-0.013	-1.597	
大学ダミー	-0.023	-2.762	***
有配偶ダミー	-0.048	-5.321	***
子どもありダミー	-0.059	-6.547	***
実親同居ダミー	0.062	7.270	***
母死亡・不明ダミー（基準）			
母64才以下ダミー	0.009	0.669	
母65～74才ダミー	0.009	0.841	
母75才以上ダミー	-0.020	-2.183	*
NFRJ98ダミー（基準）			
NFRJ03年ダミー	-0.005	-0.530	
NFRJ08年ダミー	-0.029	-3.044	**
NFRJ18年ダミー	-0.126	-11.368	***
1946-55年（基準）			
1921-25年ダミー	0.058	7.060	***
1926-30年ダミー	0.059	6.650	***
1931-35年ダミー	0.044	4.829	***
1936-40年ダミー	0.011	1.189	
1941-45年ダミー	0.004	0.434	
1951-55年ダミー	-0.001	-0.135	
1956-60年ダミー	0.010	0.978	
1961-65年ダミー	0.032	2.997	**
1966-70年ダミー	0.028	2.472	*
1971-75年ダミー	0.038	3.282	**
1976-80年ダミー	0.010	0.964	
1981-85年ダミー	-0.009	-0.962	
1986-90年ダミー	0.000	0.004	
N	17928		
調整済みR²	0.054		

†を p<.10、*を p<.05、**を p<.01、***を p<.001 とする。

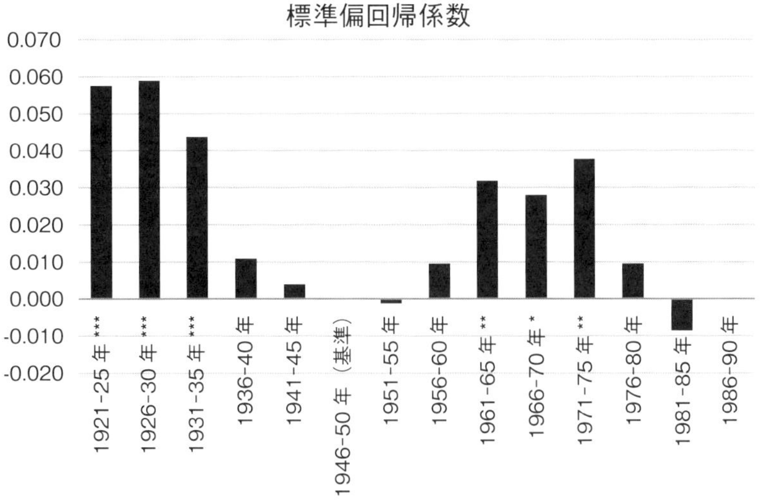

図 12-5　老親との同居意識を従属変数とする重回帰分析における出生コーホートの標準偏回帰係数

いた分析である。

この分析でも、調査時点は最も大きな効果があり、モデル１、モデル２ともにNFRJ18時点において同居意識が最も低くなっている。年齢も出生コーホートと同様、細分化したダミー変数を用いて分析を行った。モデル１とモデル２を比較して、母親の年齢段階から最も影響を受けているのは、年齢のダミー変数の効果である。他の独立変数の効果は大きく変化はしていない。モデルの説明力は、出生コーホートを投入したモデルのほうがわずかに高かった。ここで、年齢変数の効果を検討するために、標準偏回帰係数の値をグラフにしたものが図12-6である。

モデル１の標準化係数は、28〜34歳を基準として、70〜77歳のカテゴリー以外はすべて係数がマイナスであるが、多くの変数が有意ではなく、55〜59歳が10％水準、70〜77歳が１％水準で有意である。全体としてモデル２の年齢の係数よりも高くなっている。

モデル２でも、70〜77歳のカテゴリー以外はすべて係数がマイナスである。有意なマイナスの効果がある年齢カテゴリーは、45〜49歳、50〜54歳、

表12-3　老親との同居意識の規定要因（年齢）

	モデル1			モデル2		
	標準化係数ベータ	t 値		標準化係数ベータ	t 値	
（定数）		2.780	***		2.797	***
居住地10万人以上都市ダミー	-0.024	-3.276	***	-0.025	-3.311	***
男性ダミー	0.077	8.306	***	0.077	8.405	***
正規ダミー（基準）						
非正規ダミー	-0.013	-1.449		-0.013	-1.453	
自営家族ダミー	0.021	2.525	**	0.022	2.566	**
無職ダミー	0.009	0.842		0.009	0.886	
長子ダミー	0.010	1.366		0.012	1.582	
世帯年収	-0.004	-0.469		-0.004	-0.452	
高校ダミー（基準）						
専門短大ダミー	-0.011	-1.412		-0.012	-1.454	
大学ダミー	-0.024	-2.902	***	-0.025	-3.004	***
有配偶ダミー	-0.052	-5.658	***	-0.053	-5.783	***
子どもありダミー	-0.060	-6.627	***	-0.060	-6.664	***
実親同居ダミー	0.060	7.045	***	0.056	6.796	***
母死亡・不明ダミー（基準）						
母64才以下ダミー	0.012	0.767				
母65～74才ダミー	0.009	0.747				
母75才以上ダミー	-0.021	-2.264	*			
NFRJ98（基準）						
NFRJ03年ダミー	-0.014	-1.607		-0.014	-1.608	
NFRJ08年ダミー	-0.043	-5.052	***	-0.044	-5.094	***
NFRJ18年ダミー	-0.141	-16.727	***	-0.143	-16.986	***
出生年西暦	-0.000	-0.053		-0.000	-0.036	
28から34歳（基準）						
35から39歳	-0.002	-0.220		-0.004	-0.419	
40から44歳	-0.005	-0.421		-0.010	-1.084	
45から49歳	-0.010	-0.736		-0.022	-2.218	**
50から54歳	-0.014	-0.958		-0.032	-3.206	***
55から59歳	-0.026	-1.710	†	-0.043	-4.282	***
60から64歳	-0.018	-1.167		-0.032	-3.147	***
65から69歳	-0.006	-0.392		-0.018	-1.708	†
70から77歳	0.049	3.389	***	0.039	3.800	***
N	17928			17928		
調整済みR²	0.051			0.051		

†を p<.10、*を p<.05、**を p<.01、***を p<.001 とする。

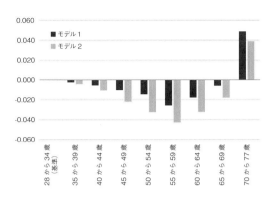

図12-6　老親との同居意識を従属変数とする
重回帰分析の年齢の標準偏回帰係数

55〜59歳、60〜64歳である。老親との同居に最も肯定的でないのは、55〜59歳、次いで50〜54歳、60〜64歳が続く。最も肯定的なカテゴリーは70〜77歳である。

　どちらのモデルにおいても、高齢層で同居意識が高く、55〜59歳が底で、若年層もやや高いという点は変わらない。モデル2と比べて、母親の年齢段階変数を投入したモデル1で年齢変数が有意ではなくなるということは、年齢の効果の一部を母親の年齢段階が媒介していたということであり、母親が75歳以上であると、同居意識が低下する。この点は、西野・中西（2016）の分析結果と同様である。

　年齢の効果は、年齢が若いほど同居に否定的という線形な効果ではなく、また、西野・中西（2016）の30歳代後半から40歳代において老親同居意識がもっとも低い、という分析とは異なる結果となった。なお、調査時点4回のうち、1回のみ調査対象となった出生コーホート（1921〜1925年、1986〜90年、1981〜85年）を除いて同様の分析を行ったところ、28〜34歳が最も同居意識の得点が高く、年齢を経るごとに徐々に低下していき、55〜59歳が底となり、また70〜77歳まで上昇するが、若年層ほどは得点が上がらず、40〜44歳と同程度であった。いずれの分析にせよ、55〜59歳が最も老親との同居に否定的であり、若年層と高齢層において肯定的であるという結果に変わりはない。他の独立変数の効果は、表12-2の分析とほぼ同様であり、男性である

こと、自営家族従業者であること、実親と同居していることが、同居意識を高め、都市に居住していること、学歴が大学であること、有配偶、子どもあり、母親が75歳以上であることが同居意識を低下させていた。

5．調査時点ごとの重回帰分析

　最後に出生コーホート変数を投入したモデルについて、調査時点ごとに分析を行い、規定要因の変化を確認していく。使用する変数の調査時点別の記述統計は表12-4のとおりである。

　まずは、主な変数について4時点の変化を確認していく。老親との同居意識は、調査時点ごとに低下し、4時点で平均値が2.614から2.201まで低下している。10万人以上都市の居住者の割合は4時点で0.568から0.685へと増加している。男性の割合は、4時点ともに47％前後である。従業上の地位については、正規雇用が36.9％から40.3％、非正規雇用は12.3％から23.9％へと増加している。自営家族従業者と無職は減少している。世帯年収は増減があるが、4時点では681万円から636万円へ減少している。学歴は、高校が減少し、専門短大、大学が増加している。有配偶や子どもありの割合は減少している。出生コーホートは、調査時点によって対象が異なるため、対象となっていないコーホートはグレーの網掛けをしている。

　次に調査時点別重回帰分析の結果は表12-5のとおりである。グレーの網掛けをしている部分は、その調査において、対象となっていないコーホートを示している。

　4時点で共通して有意なプラスの効果がある変数は、男性であること、親と同居していること、であり、3時点でマイナスの効果がある変数は、有配偶であること、子どもがいることである。学歴については、NFRJ08と18において、大学であることが高校よりも同居意識を低下させるようになっている。

　居住都市が人口10万人以上であることが、マイナスの効果があるのは2004年で、この時点では、自営家族従業者であることがプラスの効果を持っている。母親の年齢段階の効果があるのは、1999年のみで、母親が75歳以上であることがマイナスの効果がある。2004年以降は、10％水準があることを除い

表12-4　調査時点別記述統計

	NFRJ98		NFRJ03		NFRJ08		NFRJ18	
	平均値	標準偏差	平均値	標準偏差	平均値	標準偏差	平均値	標準偏差
老親との同居意識	2.614	1.017	2.578	0.971	2.499	0.951	2.201	0.895
居住地10万人以上都市ダミー	0.568	0.495	0.591	0.492	0.654	0.476	0.685	0.465
男性ダミー	0.485	0.500	0.471	0.499	0.465	0.499	0.482	0.500
正規ダミー	0.369	0.483	0.314	0.464	0.349	0.477	0.403	0.491
非正規ダミー	0.123	0.328	0.143	0.350	0.210	0.408	0.239	0.426
自営家族ダミー	0.191	0.393	0.171	0.377	0.146	0.353	0.126	0.332
無職ダミー	0.317	0.465	0.371	0.483	0.295	0.456	0.233	0.423
長子ダミー	0.432	0.495	0.403	0.491	0.400	0.490	0.373	0.484
世帯年収（万円）	681.332	353.904	628.368	374.674	647.098	377.406	635.914	356.633
高校ダミー	0.664	0.472	0.601	0.490	0.570	0.495	0.445	0.497
専門短大ダミー	0.172	0.378	0.213	0.409	0.214	0.410	0.270	0.444
大学ダミー	0.164	0.370	0.187	0.390	0.216	0.412	0.285	0.452
有配偶ダミー	0.823	0.382	0.819	0.385	0.785	0.411	0.757	0.429
子どもありダミー	0.852	0.355	0.850	0.357	0.820	0.384	0.772	0.420
実親同居ダミー	0.162	0.368	0.169	0.374	0.197	0.398	0.184	0.388
母64才以下ダミー	0.168	0.374	0.171	0.377	0.183	0.386	0.124	0.330
母65〜74才ダミー	0.192	0.394	0.184	0.388	0.195	0.396	0.227	0.419
母75才以上ダミー	0.207	0.405	0.216	0.412	0.255	0.436	0.329	0.470
母死亡不明ダミー	0.432	0.495	0.429	0.495	0.368	0.482	0.321	0.467
1921-25年ダミー	0.056	0.229						
1926-30年ダミー	0.086	0.280	0.053	0.223				
1931-35年ダミー	0.095	0.293	0.093	0.290				
1936-40年ダミー	0.101	0.301	0.104	0.305	0.092	0.290		
1941-45年ダミー	0.113	0.317	0.118	0.323	0.115	0.319		
1946-50年ダミー	0.132	0.339	0.123	0.329	0.146	0.353	0.140	0.347
1951-55年ダミー	0.115	0.319	0.111	0.315	0.119	0.324	0.116	0.321
1956-60年ダミー	0.103	0.304	0.098	0.297	0.114	0.318	0.101	0.301
1961-65年ダミー	0.104	0.306	0.109	0.311	0.116	0.320	0.114	0.318
1966-70年ダミー	0.095	0.293	0.098	0.297	0.099	0.299	0.129	0.335
1971-75年ダミー			0.093	0.291	0.113	0.317	0.149	0.356
1976-80年ダミー					0.086	0.280	0.101	0.302
1981-85年ダミー							0.084	0.278
1986-90年ダミー							0.065	0.247
度数	5744		5455		4252		2477	

表12-5　同居意識を従属変数とする調査時点別の重回帰分析

	NFRJ98		NFRJ03		NFRJ08		NFRJ18	
	標準化係数ベータ	t値	標準化係数ベータ	t値	標準化係数ベータ	t値	標準化係数ベータ	t値
(定数)		37.458 ***		38.181 ***		33.528 ***		26.619 ***
居住地10万人以上都市ダミー	-0.020	-1.473	-0.044	-3.220 ***	-0.022	-1.444	0.007	0.376
男性ダミー	0.076	4.794 ***	0.062	3.836 ***	0.092	5.120 ***	0.076	3.275 ***
正規ダミー	基準	—	基準	—	基準	—	基準	—
非正規ダミー	-0.019	-1.202	-0.018	-1.103	-0.003	-0.174	-0.000	-0.004
自営家族ダミー	0.005	0.314	0.037	2.330 **	0.027	1.540	0.022	1.004
無職ダミー	-0.019	-0.982	0.000	0.001	0.045	2.101 **	0.009	0.343
長子ダミー	0.017	1.252	0.015	1.085	-0.029	-1.876 †	0.023	1.117
世帯年収	-0.005	-0.342	-0.013	-0.870	0.003	0.172	0.007	0.284
高校ダミー	基準	—	基準	—	基準	—	基準	—
専門短大ダミー	-0.013	-0.940	-0.012	-0.858	-0.007	-0.390	-0.025	-1.115
大学ダミー	-0.005	-0.372	-0.010	-0.664	-0.045	-2.588 ***	-0.052	-2.265 **
有配偶ダミー	-0.055	-3.403 ***	-0.039	-2.458 **	-0.058	-2.992 ***	-0.041	-1.564
子どもありダミー	-0.018	-1.098	-0.071	-4.516 ***	-0.057	-2.967 ***	-0.135	-5.329 ***
実親同居ダミー	0.060	3.911 ***	0.051	3.273 ***	0.066	3.720 ***	0.089	3.855 ***
母死亡・不明ダミー	基準	—	基準	—	基準	—	基準	—
母64才以下ダミー	-0.031	-1.139	0.027	0.988	0.044	1.314	0.010	0.247
母65〜74才ダミー	-0.006	-0.288	0.040	1.881 †	0.016	0.669	-0.018	-0.548
母75才以上ダミー	-0.034	-2.120 **	-0.020	-1.211	-0.020	-1.023	0.019	0.716
1921-25年ダミー	0.081	4.747 ***						
1926-30年ダミー	0.047	2.582 ***	0.089	5.232 ***				
1931-35年ダミー	0.037	2.073 **	0.060	3.212 ***				
1936-40年ダミー	-0.001	-0.086	-0.002	-0.129	0.041	2.100 **		
1941-45年ダミー	-0.022	-1.280	0.021	1.150	0.015	0.776		
1946-50年ダミー	基準	—	基準	—	基準	—	-0.050	-1.499
1951-55年ダミー	-0.037	-2.144 **	0.014	0.818	0.026	1.355	-0.051	-1.710 †
1956-60年ダミー	-0.007	-0.396	0.006	0.297	0.042	2.106 **	-0.061	-2.205 **
1961-65年ダミー	0.038	1.727 †	0.003	0.127	0.075	3.328 ***	-0.042	-1.492
1966-70年ダミー	0.026	1.050	0.032	1.382	0.052	2.186 **	-0.052	-1.932 †
1971-75年ダミー			0.041	1.610	0.049	1.684 †	基準	—
1976-80年ダミー					0.027	0.932	-0.039	-1.543
1981-85年ダミー							-0.072	-2.550 **
1986-90年ダミー							-0.057	-1.841 †
N		5744		5455		4252		2477
調整済みR²		0.032		0.037		0.036		0.051

†を p<.10、*を p<.05、**を p<.01、***を p<.001 とする。

ては、効果がなくなっている。

　次に出生コーホートの効果を確認していく。まず、NFRJ98は、1921～25年から1966～70年出生コーホートが調査対象である。1951～55年コーホートが最も同居意識が低く、ついで1941～45年が低くなっており、ここを底にほぼU字型になっている。最も高いのは1921～25年コーホートである。NFRJ03は、1926～30年から1971～75年出生コーホートが調査対象である。1936～40年コーホートが最も低く、このコーホートから1961～65年までが低く、底となり、全体としてU字型になっており、1926～30年コーホートが最も同居意識が高く、若年層では、1971～75年が高い。NFRJ08は、1936～40年から1976～80年出生コーホートが調査対象である。1946～50年コーホートが最も低く、1961～70年コーホートが最も高くなっており、U字型は崩れている。最後のNFRJ18は、1946～50年から1986～90年出生コーホートが調査対象である。1971～75年コーホートが最も高く、1981～85年が最も低い。

6．まとめと考察

　ここまでの分析結果についてまとめた上で、考察を行っていきたい。まず始めに出生コーホートとの関連について確認していく。2019年の調査で新たに加わったデータとそれ以前のデータの折れ線グラフを比較してみると、1946～50年コーホート以降1976～80年まですべてのコーホートにおいて同居意識が低下していた。そこで、出生コーホートと調査年、その他のコントロール変数を投入した重回帰分析を行ったところ、コーホートの効果は以下のようなものとなった。1946～50年を基準としたところ、1921～25年、1926～30年、1931～35年出生コーホートは、相対的に同居意識が高く、1936～40年、1941～45年、1951～55年、1956～60年出生コーホートは低くなり、基準カテゴリーと有意な差がない。1961～65年、1966～70年、1971～75年では、再度同居意識が高まり、1976～80年で再度低下し、1936～40年とほぼ同程度となる。1981～85コーホートでさらに低下し、標準偏回帰係数はマイナスとなる。最も若い1986～90年コーホートは基準カテゴリーと同値である。

　ここで山根（1974）の説を検討してみると、第2世代（1935年以前出生コーホート）と第3世代（1936～40年、1941～45年、1946～50年）から1950年代に生

まれた世代までは、その前の世代と比較して、同居意識が非常に低く、山根のいうところの義務教育の効果も想定される。しかしそれ以降の1961～65年、1966～70年、1971～75年出生コーホートまでは、同居意識が相対的に高くなっている。そして、大きく同居意識が低下すると予想されていた70年代の後半の出生コーホートとなってから、予想されたとおり、同居意識は大きく低下している。これは、冒頭で述べた通り、初婚年齢の上昇、平均余命の伸長等によって、またはライフコースの多様化により、予測よりやや遅れて大きな意識の低下が生じた可能性が考えられる。あるいは、1971～75年出生コーホートは、第二次ベビーブーム世代でかつ、大卒であれば就職氷河期世代であり、実際の親との同居率の高さが同居意識の高さにつながっている可能性も考えられる。

　続いて、年齢の効果について検討していく。図12-4においては、NFRJ98と03のデータで、男女ともに若年層と高齢層の同居意識が高くなっている。NFRJ08データでは、男性はそれ以前と同様の傾向にあるが、女性の高齢層において同居意識が低下しているように見える。さらに近年のNFRJ18データの折れ線グラフを見ると、それ以前と比較してグラフの位置が下がり、男性では、40歳代から50歳代、女性では、40歳代が、他の年齢層より同居意識がやや高くなっている。

　他のコントロール変数を投入した重回帰分析の標準偏回帰係数のグラフ（図12-6）を確認すると、大きくU字型になっており、55～59歳の同居意識が最も低く、70～77歳が最も高い。70～77歳に次いで28～34歳の若年層が高くなっている。これらはモデル１、２ともに同様にみられる傾向である。母親の年齢段階を投入すると、75歳以上の母親がいることが、同居意識を低下させ、本人の年齢の効果は減少するため、実際の老親との同居・介護を目前にすると、現実的な困難さから同居意識が低下するという可能性も考えられる。

　次に、調査時点の効果（時代効果）について検討していきたい。いずれの分析（表12-2、表12-3）においても、1999年と2004年の間には、有意な差が生じていなかったが、2004年と2009年の間、2009年と2019年の間に有意な差が生じ、近年になるほど同居意識が低下している。投入した独立変数の中で、調査時点のNFRJ18ダミーの効果が最も大きいが、全体としてのモデル

　の説明力は弱いものとなっている。時代の効果というものが何を表すのか、この分析だけで明らかにすることは難しいが、介護保険制度が徐々に浸透していき、必ずしも子どもが老親と同居したり、介護したりする必要はなく、社会全体で担うものであるとの意識が醸成されてきたこと、あるいは、70年代のような、老人ホームのイメージが、「淋しくて暗いところ」というものから、民間企業の参入等により、「明るく自立して高齢者が暮らせるところ」というものに変化しつつあることもその理由として挙げられるかもしれない。子どもに迷惑をかけない規範や自立を重んじる風潮の広がり、個人化も要因として考えられる。

　今回の分析においては、コーホート、年齢、時代ともに同居意識に影響を与えているということが明らかとなった。特にこれらの中で、大きかったのは、時代（調査時点）の効果である。しかし重回帰分析に投入した独立変数の説明力は５％程度と非常に低いものであった。今回投入しなかった何らかの変数が同居意識と関連している可能性が考えられるが、少なくとも日本における老親との同居意識は直近10年で大きく低下した。

　都市部に住んでいることや配偶者がいること、子どもがいることが同居意識を低下させ、親と実際に同居していることが同居意識を高めるということは、実際の同居の実現可能性が意識に影響を与えている可能性も考えられる。

　４時点それぞれの規定要因の分析においては、時代を通して、同居意識と関連のある変数が、男性であること、親と同居していること、有配偶であること、子どもがいること、が明らかとなった。しかし、モデルの説明力を示す調整済みR^2の値は、0.03から0.05前後と低くなっていることに留意が必要である。

　老親と子の関係の規範の検証のためには、同居意識のみならず、介護や扶養に関する意識等も検証する必要があるが、直近のデータで６割から７割程度の人々が「親が年をとって、自分たちだけでは暮らしていけなくなったら、子どもは親と同居すべきだ」を否定しているということや調査時点の効果が大きいということは、近年新たな規範が形成されつつあることが示唆されるのではないだろうか。

　教育福祉学の分野においても、SDGsの実現に向けたさまざまな施策に取

り組む際にも、社会調査や実証研究の役割はますます高まっている。本章で明らかとなったような世代や年齢による意識の差異、時代による変化、ジェンダーによる意識や実態の差異を実証的に検証し、具体的施策にも反映させていくことが求められている。

付記

本研究はJSPS科研費JP17H01006、JSPS科研費JP21K01938の助成を受けています。NFRJ18は日本家族社会学会・NFRJ18研究会（研究代表：田渕六郎）が企画・実施した調査で、本研究ではver.2.0データを利用しています。本稿は、乾順子（2021）を加筆修正したものです。

謝辞

〔二次分析〕に当たり、東京大学社会科学研究所附属社会調査・データアーカイブ研究センター SSJデータアーカイブから〔「家族についての全国調査（第1回全国家族調査、NFRJ98）、1999」「家族についての全国調査（第2回全国家族調査、NFRJ03）、2004」「家族についての全国調査（第3回全国家族調査、NFRJ08）、2009」（日本家族社会学会全国家族調査委員会）〕の個票データの提供を受けました。記して感謝いたします。

注

1　1975年において、65歳以上の高齢者がいる世帯のうち、54.4％が三世代同居の世帯であった（厚生労働省 2012）

2　法や制度の変遷については、大和（2017）が参考になる。

3　たとえば2015年の50歳時点の未婚率は、男性23.37％、女性14.06％（国立社会保障・人口問題研究所 2020）であり、今後さらに上昇することが予想されている（厚生労働省 2015）。

4　老親との同居意識と老親の介護、扶養の意識はそれぞれ相関が高いという分析結果がある（乾 2020）。

5　標本規模や調査の詳細は、全国家族調査（NFRJ）のホームページを参照されたい。

参考文献

原葉子，2016，「高齢期の住まいの選択にみる「自立」意識――サービス付き高齢者

向け住宅入居者の語りから」『家族社会学研究』28（2）：111-121．

乾順子，2020，「主観的家族認知と家族意識――実親・義親との関係を事例として」『大阪経済法科大学論集』115: 35-62．

乾順子，2021，「老親との同居意識の変化と規定要因」西村純子・田中慶子編『NFRJ18第2次報告書親子関係・世代間関係』オンライン公開：87-105（https://nfrj.org/nfrj18_pdf/reports/2_2_7_inui.pdf）．

北井万裕子・小田巻友子，2020，「公的介護制度と老親に対する子の扶養義務意識についての一考察」『立命館経済学』68（5/6）：85-99．

国立社会保障人口問題研究所，2020，『人口統計資料集2020版』（2021年2月21日取得，－人口統計資料集（2020）－（ipss.go.jp））．

厚生労働省，2015，『平成27年版厚生労働白書 ――人口減少社会を考える』（2021年2月21日取得，https://www.mhlw.go.jp/wp/hakusyo/kousei/15/backdata/01-01-03-002.html）．

厚生労働省大臣官房統計情報部，2012，『平成24年国民生活基礎調査（平成22年）の結果から――グラフでみる世帯の状況』（2021年2月23日取得，https://www.mhlw.go.jp/toukei/list/dl/20-21-h22.pdf）．

内閣府，2018，『平成30年版高齢社会白書』（2021年2月4日取得，https://www8.cao.go.jp/kourei/whitepaper/w-2018/html/zenbun/s1_2_2.html）．

直井道子，1993，『高齢者と家族―新しいつながりを求めて』サイエンス社．

西野理子・中西泰子，2016，「家族についての意識の変遷――APC 分析の適用によるコーホート効果の検討」稲葉昭英・保田時男・田渕六郎・田中重人編『日本の家族1999-2009――全国家族調査［NFRJ］による計量社会学』東京大学出版会，47-67．

西岡八郎，2000，「日本における成人子と親との関係――成人子と老親の居住関係を中心に」『人口問題研究』56（3）：34-55．

落合恵美子・阿部彩・埋橋孝文・田宮遊子・四方理人，2010，「日本におけるケア・ダイアモンドの再編成――介護保険は「家族主義」を変えたか」『海外社会保障研究』170: 4-19．

岡崎陽一，2002，「毎日新聞社人口問題調査会――全国家族計画世論調査の50年」『人口学研究』31: 103-111．

宍戸邦明・岩井紀子，2010，「JGSS累積データ2000-2008にみる日本人の意識と行動の変化」大阪商業大学JGSS研究センター編『日本版総合的社会調査共同研究拠点研究論文集』10: 1-22．

山根常男，1974，「日本における核家族化の現在と未来に関する一考察――核家族率との関連において」『社会学評論』25（2）：18-36．

大和礼子，2017，『オトナ親子の同居・近居・援助――夫婦の個人化と性別分業の間』学文社．

第13章

反抑圧的ソーシャルワーク実践（AOP）における
交差性概念の活用をめぐって

児島　亜紀子

1．はじめに

　本章で紹介する反抑圧的ソーシャルワーク実践（anti-oppressive social work practice: 以下AOPと標記する）とは、ジェンダー平等に敏感なソーシャルワークのアプローチとして、英国やカナダを中心に、女性支援や移民・外国人労働者支援などの領域で展開されているものである。本章においては、AOPの理論的／実践的基盤について吟味することとしたい。この小論ではAOPのキー概念である「抑圧」理解の軸に「交差性」（intersectionality）概念が措かれていることに着眼し、交差性概念がAOPの支援プロセスにどう生かされているかという視点から、当該実践の理論的／実践的特徴を明らかにする。

　本稿の構成は以下の通りである。まず、AOPの沿革を概観し、その理論的特色を整理する。次いで、AOPが抑圧をどのように理解しているのかということと、抑圧を形成するヘゲモニックな分割線のありかを捉えるためにカテゴリーを活用していることを確認する。加えて、当該実践の「強み」でもある、日常生活の全局面を政治化するプロセスの途上において、「交差性」概念が重要な位置を占めることを明確化し、「交差性」理解がAOPの理論と実践において中心的な課題であることを指摘する。しかるのちに、交差性が差別と抑圧を産出する「人種、階級、ジェンダー」などの諸カテゴリーを当該概念の基本枠組みに据えていることに焦点づけ、実践の過程で暫定的・戦略的にカテゴリーを使用することがAOPの目標にとって重要な意味を持っていることを示したい。

２．AOPの発祥とその広がり

はじめに、AOPの沿革について述べる。

ソーシャルワークにおけるAOPは、1980年代以降、英国、カナダ、オーストラリア、ニュージーランド等を中心に、ポピュラーな実践理論としての地歩を確立した。伝統的なソーシャルワークに対し、AOPは批判的（critical）ソーシャルワークと呼称される実践理論の潮流に位置づけられている。AOP発祥の地である英国では、当該実践の登場に先立つ1960年代から70年代にかけ、マルクス主義を基盤としたソーシャルワーク——ラディカルソーシャルワークと呼称される——が一定の影響力を有していた。ラディカルソーシャルワークは、ほぼ同時期に興ったフェミニストソーシャルワーク——当時は女性中心実践（women-centred practice）と呼ばれた——とともに、利用者の生活問題を社会構造に起因すると捉え、普及していった。

しかしながら、ラディカルソーシャルワークが階級問題に専心するあまりジェンダーを閑却していることや、一方の女性中心実践が分離主義的戦略を取って女性の経験を一枚岩であると捉えていることなどが、ほどなくして議論の俎上に上る。それというのも、70年代の主流なフェミニズム理論はもっぱら女性の経験の共通性に照準したものであって、女性中心実践もその立場を取っていたが、人種や階級、セクシュアリティ、年齢や能力など個々の差異に焦点づけるポストモダンな関心の隆盛に伴い、「女性」を単一のカテゴリーとして捉える女性中心実践は流行遅れになっていったのである。女性中心実践の内実が「白人女性中心」であるというブラック・フェミニズムによる批判は、この実践の躓きの石であった[注1]。女性中心実践が「女性」というカテゴリーを素朴に使用していたこともポストモダン／ポスト構造主義フェミニズムからの批判に晒された。こうした経緯によって当該実践は徐々にその勢いを削がれていったのである。

AOPはまさしくかような理論的潮流から生じたといえよう。AOPは、フェミニスト・アプローチとラディカルソーシャルワークから社会−政治的（socio-political）な抑圧構造の理解や差別に対する批判力を受け継ぎ、ブラック・フェミニズムによってもたらされた交差性の概念を、実践を推進する動

力として取り込みつつ展開した（児島 2018）。AOPの沿革を見ればわかるように、この実践は批判理論とポスト構造主義の混合物として誕生したのである。当該実践は、利用者の差異と多様性を重視しつつ抑圧構造の変革を指向すること、すなわちミクロレベルとマクロレベル双方を視野に収めて問題解決に取り組むことで、「さまざまな実践家が権力と抑圧について思考することを勧める包括的なアプローチ」（Baines and Edwards 2015: 30 ）へと発展し、のちには専門職養成教育やソーシャルワーク実践の要となるに至る（Rush and Keenan 2014）。

3．AOPの理論的／実践的特徴をめぐって

（1）AOPの基本枠組みとしての「力の不均衡に根ざした抑圧」と「パートナーシップ」

以下の節では、AOPの基本的枠組みおよび理論的／実践的特色について検討する。

AOPをAOPたらしめる基本的な理論枠組みはおおよそ次のように整理できるだろう。まずもってAOPは不均衡な力関係に照準する。この力は社会のあらゆる場所・あらゆる場面にヘゲモニックな分割線を引き、かかる分割線に沿って人びとの社会的なポジショニングが決定する。還元すれば、個人や集団はこの線引きによって「搾取、周辺化、無力化、文化的帝国主義、暴力」といった抑圧に晒されるのである（Young 1990: 64）。AOPはまさに抑圧を不正義と見做し、個別支援にとどまらず、法や政治といったマクロレベルの変化を起こすことによって、社会サービスを供給する体制の構造や手続きを改革することを目指す実践を展開した（Strier and Binyamin 2014: 2096 ）。

AOPはミクロからマクロに渡る実践の全プロセスにおいてパートナーシップと変革を旗印としている。このことは、従来のソーシャルワークがミクロレベルの対人的支援を重視して、クライエントのパーソナリティの変容をゴールとしてきたのとは異なる、AOPの大きな特徴といえるだろう。AOPはこの意味で、構造的アプローチであるといってよい。しかしながら、この実践は単純な構造的決定主義に立脚するものではない。当該実践は構造的な力とエージェンシーの双方が抑圧理解のためには不可欠だという立場を

取っており、構造か／個人かという「誤った二分法」に陥ることを回避しようとする（Mullaly 2002: 20）[注2]。

　AOPの「強み」は、「日常生活のあらゆる局面を同時に政治化し、社会をさまざまなレベルで変革する」（Baines 2007: 192）その取り組みにこそあるといえよう。AOPは、みずからの実践が抑圧や差別を助長したり強化したりする危険性があることや、人種、階級、ジェンダー、民族、障害といった要因に根ざす抑圧が人びとの生活にどのようなネガティヴな影響を及ぼし、か

表13-1　移民に対するソーシャルワークにおける伝統的アプローチの
　　　　基礎的観念と反抑圧的アプローチとの対比

	伝統的アプローチ	反抑圧的アプローチ
ソーシャルワーカー	文化的に優勢な階層出身の者がなると想定されており、また［実際に］文化的優勢者が就任していた。（例：中流、白人）	自らのアイデンティティに関心をもち、さまざまな背景をもった者がなりうる
移民（クライエント／サービス利用者）	精神的な傷を負う可能性のある文化的他者	多様なアイデンティティをもち、国際的な架け橋になりうるサービス利用者
移民の文化的適応	情報や教育やトレーニングを通して必要とされ推進されるものである	文化的適応の目標やそれに応じるサービスは移民と話し合いをもって［決められる］
文化的能力	文化的マイノリティの文化を学んだ優勢なワーカー［に求められる］	アイデンティティと抑圧の交差状況を注視すること。文化的マイノリティとともにサービス提供者も批判的意識を高めること。たとえば、「人種についての無知」を無くすことなど
サービス提供者と利用者の関係性	慈善的なモデルを想起させる、社会的新参者に対する熟達者による支援	サービス提供者と利用者の力の差異は抑圧的なものになりうることを知るとともに、サービス過程においては、両者ともに学び、友好的に対話を促進し、結びつきを強めることに努力する
構造変革	言及なし	移民の統合に際しては、社会のシステミックな変革に向けてアドボカシーやソーシャルアクションが必要である

（Sakamoto 2007：528）

かる影響を受けた人びとがどのように抑圧と格闘しているのかを認識するよう、ソーシャルワーカーたちに強く求めている（Sakamoto and Pitner 2005; Danso 2009）。

　前に挙げた**表13-1**は、AOPが移民支援において利用者とのパートナーシップを重要視した実践を行っていることを、伝統的なソーシャルワークとの対比を通して示したものである。

（2）AOPの認識論的前提および実践の原則

　力の不均衡が社会的格差と差異を形成し、結果的に抑圧を生ぜしめるという視点は、AOPにおける初期の論者からこんにちまで継承されてきたものである。AOPの基礎には、格差の主たる要因である、人種、ジェンダー、階級、性的指向、障害、年齢等や宗教、精神保健上の問題、職業などその他の要因が絡みあって、個人に複雑な抑圧の経験をもたらしているという理解が存する（Burke and Harrison: 2009: 211）。これらを踏まえてAOPの認識論的前提の整理を試みたのが以下の項目である。

① 利用者の生活困難＝抑圧状態の発現は、社会構造すなわち不均衡な力関係の布置状況に淵源がある。

② したがって抑圧からの解放、すなわち社会正義の実現に向けては、利用者に対する個別支援だけでは不十分であり、サービス供給の現状の改善に働きかけ、社会変革を進めることが不可欠である。

③ その際、ソーシャルワーカーのみならず、当事者／利用者とともに社会に働きかけることが肝要である。なおエンパワメントには審級があり、その最終的なゴールは利用者とともに社会変革をすることにおかれる。

④ 利用者の個別支援にあたっては、生きられた経験の多様性を顧慮するとともに、抑圧状態を作り出すパワーの不均衡を形成する諸要因（人種、ジェンダー、階級、能力、年齢等）が利用者にどのような影響を与えているのかを見定めねばならない。

⑤ その際、不均衡な力関係の是正という観点から、支援者であるソーシャルワーカーはみずからが抑圧を作り出すことに荷担していないか、

省察を行う必要がある。

⑥ 不均衡な力関係の是正という観点から、利用者への介入は最小限度に
とどめる。

これらの項目はまた、実践におけるAOPの原理ともつながっている。
Danso（2009）によれば、①ソーシャルワーカー自身が省察を行うこと、②
クライエントの抑圧経験のアセスメントをすること、③クライエントへのエ
ンパワメントを行うこと、④パートナーシップに取り組むこと、⑤介入を最
小限にすることがAOPの原理であるとされる（Danso 2009: 542）。

以下ではこの前提に立って、AOPが利用者の抑圧をどのように把握して
きたのか見てみよう。

（3）AOPは抑圧をどう捉えてきたか

AOPのキー概念である「抑圧」について、簡単に触れておく。抑圧とは、
一般に社会における強力な（政治的、経済的、文化的）集団による従属集団へ
の支配であると解される（Mullaly 2002: 27）。しかしながら、抑圧する者／さ
れる者という固定的なアイデンティティがあるわけではなく、抑圧とは「異
なる状況や異なる歴史的瞬間に認められる比較的緩い概念」である（Mullaly
2002: 27）。同様に、CliffordとBurkeは、抑圧は単に力のある人びとや集団
が他者に影響を与える状態を指すのではないと強調する。彼らによれば、重
要なのはしばしば意図せざる抑圧的な思い込みから生じる構造的な不正義
や、社会的慣習、経済的慣行、ルールの結果として生じる相互作用から派
生した不正義である（Clifford and Burke 2009: 18）。抑圧は、構造レベルと個
人レベルの双方に有害な影響をもたらすが、常に同じ抑圧者によって同じ
人間が抑圧されるわけではなく、その関係は常に流動的である（Clifford and
Burke 2009: 18）。

表13-2は、AOPが抑圧を呼び込む社会的格差をどのように捉えているの
かを示したものである。CliffordとBurkeは、この表に示された区分があく
までも単純化された暫定的なモデルであって、マスターカテゴリーに完全に
当てはまるような個人は存在せず、仮にカテゴリーに収まるように見えた
としても、当該個人が別のカテゴリーに移動することもあること、支配集

表13-2

自らは、不平等な社会的分断のどちらに配置されるか	支配的なグループ	従属的なグループ
ジェンダー（性別役割について社会や家族の認知が変化することに注意）	男性	女性
社会階級（さまざま社会で、階級の複雑性が歴史的に変化することに注意）	上流階級、中流階級、専門職	「労働者階級」、失業者
「人種」（民族の固有性やミックスされた民族性をもつ人がいることに注意）	「欧米」では、しばしば「アングロ」家系の白人の民族グループ	民族的マイノリティグループ。欧米では、しばしば「黒人」、アジア系、ユダヤ人、アイルランド人
セクシュアリティ（さまざまな社会で種々の組み合わせがあることに注意）	ヘテロセクシュアル	ゲイ、レズビアン、バイセクシュアル、トランスセクシュアル
障害による不自由性＝ディスアビリティ（不自由さのタイプや程度に範囲があることに注意）	自由な身体	学習障害を含む、何らかの制約がある「不自由＝ディスアビリティをもつ」人びと
年齢（社会や時代を通して異なることに注意）	成年—とりわけ若々しい中年	子どもや若者、老人
その他1．宗教さまざまな国の内外で異なった宗教への固有な要求があることに注意	「欧米」では、主流のキリスト教徒集団。マジョリティが非宗教的な国もある	「欧米」では、イスラム教徒、ヒンズー教徒、非主流のキリスト教徒、その他の宗徒
2．メンタルヘルス	「心を病んでいる」というレッテルが貼られない「正常」と思われる人びと	抑うつ的な人、「心を病んでいる」人
3．身体的な健康	健康人	幸運にめぐり会うことが少ない、ことに慢性病患者や重い病いを持つ人

(Cliford and Burke 2009：41)

団と従属集団は国や地域によっても異なり、経年によっても変化することなど、カテゴリーが動態的であることを繰り返し強調している（Cliford and Burke 2009: 40）。加えて、彼らはこれらのカテゴリーは相互に結びついており、ひとつのカテゴリーを他から切り分けて分析することは得策でないと述べる。このことからもわかるように、AOP論者たちは積極的にカテゴリーを用いるが、それは利用者の置かれた状況や彼／彼女たちの経験の背景をマクロな構造の中に位置づけるために暫定的かつ戦略的に用いるのであって、それらのカテゴリーが生得的であるとか固定的であるといった見方には一切与しない。換言すれば、AOPでは抑圧を形成するヘゲモニックな分割線のありかを捉えるためにカテゴリーを活用しているのだといえよう。そうであるから、AOPが抑圧する者／される者を二項対立的に捉えているとか、カテゴリー使用によってステレオタイプ化を行っているといった批判は当たらないということを、付言しておく必要がある。

4．AOPと交差性概念

　人種、ジェンダー、階級、能力といった軸に沿って、諸個人の社会的なポジショニングが定まり、そのことが差別と抑圧の経験を構成するといったAOPの認識は、ただちにわれわれに交差性（intersectionality）概念を想起させるであろう。AOPを含む批判的（critical）ソーシャルワーク論者たちにとって、この概念は無視できぬものである。以下の節では、まず交差性という用語について若干の説明を行い、次いで交差アプローチを用いた研究がソーシャルワークにどのように反映されているのかを見ていく。

　交差性という用語自体は、1989年、Crenshawが合衆国における黒人女性の就労状況について議論した際に提起されたのが始まりであるとされる（Yuval-Davis 2006: 193）。Crenshawが提示した道路と交差点のイメージは、差別と抑圧が個人に重層的に加わることで、彼女たち固有の生活経験をどのように構成するのかを検討する際の手がかりとなってきた。

　　交差性は、マイノリティ集団の女性に起こることだ。（中略）［彼女が］市内の主要な交差点を移動しようとする。（中略）幹線道路は「人種差別主義者

ロード」だ。ある道路の交差点は植民地主義と家父長通りかもしれない。（中略）彼女はひとつの抑圧形態だけでなく、道路標識に名づけられたすべての抑圧形態を経験しなければならない。それらは相互に結びつき、2倍、3倍、複数で多層のブランケットを作り出している（Yuval-Davis 2006: 196）。

　交差性は日常生活を構成する複数のポジショニングと、その中心となる権力関係を可視化するための枠組みとしてフェミニストたちに普及した（Phoenix and Pattynama 2006: 187）。それと同時に、当該概念は複雑なアイデンティティを理解するためにも有効な枠組みを提供した。この概念が白人中心のフェミニズムへの対抗というモメントを有していることと、AOPがブラック・フェミニズムの挑戦を受けた女性中心実践を止揚する性格を持つこととは地続きであるといえるだろう。Hulkoら（2017）は、AOPの立場から見て、交差性が「人びとの生活を単一のカテゴリーに分類することを超えて」思考することを可能ならしめると述べている（Hulko et al. 2017：197）。また、Hulkoらは、交差性の視点をもつことによって、「人びとの生きられた経験は彼らの社会的な位置によって形成され」ることの理解が進むとも指摘している（Hulko et al. 2017：197）。

　交差性概念の広がりという状況をより俯瞰するならば、交差性が過去30年にわたる「ラディカルでつねに領域横断的な数々の実践」とBraidotti（2013）が呼ぶもの、すなわち、女性、ゲイ、レズビアン、ジェンダー、フェミニズム、クイア・スタディーズ、人種、ポストコロニアル、サバルタン・スタディーズといった「スタディーズ」の台頭にかかわっていることが明らかになる。これらの「スタディーズ」が「ラディカルな認識論のプロトタイプとして、『人間［＝男性］』にとって弁証法的かつ構造的な他者たちに声を与えてきた」（Braidotti 2018＝2018: 189）のと同様、交差性は「われわれ」と「他者たち」との線引きがどこなのかをつねに問いかけてくる。流動的で不確実な「線引き」によって、無害と思われていた制度すら抑圧的な装置として突然可視化されることがある。それがいつ・どの地点でなのか、その時誰が「あちら側」に追いやられるのか、それとも知らぬ間にすでに「あちら側」に位置づけられてしまっているのかといったこと、すなわち「特定のポ

ジショニングやそれに対応するとは限らないアイデンティティ、政治的価値がどのように構築され、特定の状況において相互に関連し個人に影響を与えるのか」（Yural-Davis 2006: 200）といったことを焙り出すための理論的／実践的枠組みが交差性であるといってもよい。ポジショニングにかかわるカテゴリーに不平等や差別の楔が打ち込まれていることからもわかるように、人種、ジェンダー、階級といったカテゴリーは「もろもろの特権の資格へのアクセスに指標を与える規範」（Braidotti 2018＝2018: 187）に関連している。

　続く最後の節においては、交差分析においてこれらのカテゴリーはどのように活用されているのか、また、かかる分析とAOPを含むソーシャルワーク研究とはどのように結びついているのかを考察し、AOPがカテゴリーを活用することの意義を確認することとしたい。

5．交差性アプローチによる分析のタイポロジー

　McCall（2005）は「交差性がジェンダー研究の主要なパラダイムとして出現したにもかかわらず、交差性の研究方法論についてはほとんど議論されていない」（McCall 2005: 1771）と指摘し、当該概念をいかに研究に適応すべきかを検討した結果、3つの方法を提示するに至った。以下の節では、McCallの分類をソーシャルワーク研究の文脈に引きつけて考察したMehrotra（2010）の所論に従って3つのアプローチの骨子を概観しつつ、人種、ジェンダー、階級などの諸カテゴリーをソーシャルワークがどのように活用してきた／すべきなのかを検討する。

　McCall（2005）によって提出された3つの交差性アプローチとは、カテゴリー間アプローチ（intercategorical approach）、カテゴリー内アプローチ（intracategorical approach）、反カテゴリーアプローチ（anticategorical approach）である。「カテゴリー間アプローチ」とは、社会集団は構造的な不平等の影響を受けており、個人のアイデンティティは社会構造によって形成されるという考え方に立脚している。この立場は、多様な社会集団間の不平等な関係に着目する。たとえば異なったエスニックグループに帰属する女性間の健康格差や所得格差を明らかにするような実証研究がこのアプローチに該当する。Mehrotraによれば、ソーシャルワークはカテゴリーに依存

していることが多いため、かかる方法はソーシャルワークの研究に最もよく馴染むという（Mehrotra 2010）。McCallは、これらのアプローチが複数の抑圧の複雑な状況に対応できるか疑問だとしているが、ソーシャルワークの社会的不平等に対する構造的理解に鑑みれば、集団間の不平等の状況を明らかにする「カテゴリー間アプローチ」は有効な方法であるといえるだろう（Mehrotra 2010: 423）。

「カテゴリー内アプローチ」は、初期のブラック・フェミニズムの認識論に基づくもので、人種やジェンダーや階級といった社会的カテゴリーを本質的なもの・生得的なものと見做そうとする力に対抗しようとするアプローチである。社会集団内部の個人の多様性に着眼することで、複雑なアイデンティティや生活経験を照射しようとする研究手法であり、ソーシャルワークにおいては同じ民族コミュニティ内における個人の多様性に関する研究や、複数の抑圧に直面している個人や家族に対するケーススタディなどに用いられてきた（Mehrotra 2010: 423）。上記2者とは異なり、「反カテゴリーアプローチ」はそもそも人種、ジェンダー、階級といった社会的カテゴリーの考え方自体に挑戦するポスト構造主義のフェミニスト理論から生じたものである。このアプローチは、カテゴリーが現実的・固定的・同質的なものと見做され、社会構造によって規定されるという考え方そのものを問題視する。この立場によれば、カテゴリーには根拠がないか、またはせいぜい言説によって構築されたものであって、その実在は甚だ疑わしいと考えられている。Mehrotraによれば、フェミニストソーシャルワーク論者は、実践で活用できる理論的ツールの範囲を広げるために交差性に対する「反カテゴリーアプローチ」の可能性をさらに探究すべきであるとされる（Mehrotra 2010: 424）。

交差性の概念にとって、アフリカ系アメリカ人女性の経験がその理論化の出発点であったことはよく知られている。Mehrotra によれば、ジェンダー、人種、階級といったカテゴリーが相互依存的に抑圧を形成していることは、アフリカ系アメリカ人女性の生きられた経験に名前をつけるためには不可欠であったが、かかる理論パラダイムからは、国家、植民地主義、セクシュアリティ、宗教、年齢、能力などの差異を女性たちがどう生きたかという主体的な側面が見えてこないとされる（Mehrotra 2010: 424）。その結果、

より多くの軸を包含しうるように交差性を広げて特権や権力といった主題を取り入れる試みは、ソーシャルワーク研究ではまだ限られているというのがMehrotraの下した結論である。

　上述した3つの立場に照らすならば、権力の偏在を明らかにするためにカテゴリーを活用するAOPの身ぶりは、「カテゴリー間アプローチ」と「カテゴリー内アプローチ」の双方に関わっているように思われる。同時に、従来のフェミニスト・アプローチを止揚したAOPの立場に鑑みれば、「反カテゴリーアプローチ」もその理論的射程に収められているものと観念されよう。AOPは、カテゴリーが固定的であるという見方にはもとより与せず、パワー偏在を可視化させるために、あくまでもそれを戦略的に活用する。カテゴリーは、"誰が特権を有し、誰が不要な者とされるか"という線引きに関わる概念であり、確かにその実在は疑わしいが、一面で、規範のかたちをとって根強く残っているものでもある。

　AOPは交差「分析」を積極的に行っているとはいいがたいかもしれない。しかしながら、個別支援にあたって「抑圧の原因がひとつのカテゴリーに還元できないこと」や「複数のカテゴリーが複雑に絡み合って個人の経験を構成していること」といった交差性の原理を重視することに加え、カテゴリーによる線引きがきわめて政治的なものであることを認識し、そのことを利用者との関係構築やアセスメントに生かすことに、AOPは傾注してきたのではないだろうか。

6．おわりに

　AOPは、その取り組み全体が際だって「政治的」なソーシャルワーク実践である。本稿ではヘゲモニックな力がもたらす不正義を、AOPが交差性概念を用いていかに理解しているのかを中心に考察した。

　AOPの実践者には、利用者の困難の要因を人種、ジェンダー、階級などのカテゴリーからひとつを取り出してそこに還元させたり、カテゴリーそれ自体を生得的なものであると捉えたりせず、利用者の個別的な生活経験をより大きな文脈の中に位置づけ直し、家族、コミュニティ、社会が彼／彼女たちの困難にどう影響しているのかを常に模索することが求められている。カ

テゴリー使用の是非をめぐっては、本稿で紹介した「反カテゴリーアプローチ」が含意するように、カテゴリー使用とは、ある属性をもつ人びとを「他者化」して排除する身ぶりであるとして批判する所説も確かに存する。しかしながら当該実践があえてカテゴリーを活用するのは、「実際に社会的カテゴリーに影響を受けている人びとにとっては、カテゴリーを可視化させる闘争が必要になる」(Yuval-Davis 2006: 203) からにほかならない。AOPにとってのカテゴリー使用は、従来のソーシャルワークにおいて脱政治化されてきた個別支援を「再」政治化するための挑戦でもある。

　なお現在AOPが取り組んでいる理論と実践双方における課題は、本稿で取り上げた交差性アプローチにおけるカテゴリー使用問題だけにとどまらないが、その他の議論については紙幅の関係もあり紹介することができなかった。別稿の課題としたい。

　※本稿は、児島 (2019)「反抑圧ソーシャルワーク実践 (AOP) における交差概念の活用と批判的省察の意義をめぐって」『女性学研究』(26号) の一部に加筆修正をしたものである。

　注
1　この点に関し、たとえばCrenshaw (1991) は、法律が性差別を温存させているという主張がもっぱら白人女性の経験を基盤にしてなされてきたものであり、ジェンダーのような単一のカテゴリーにのみ着眼して——つまりジェンダーと人種の双方に着眼することなしに——黒人女性の経験を分析することは不可能であると論じた。
2　ここで、AOPに関してよく引用されるDomineli (2002) の概念規定も見てみたい。彼女によれば、AOPは人間中心の哲学に根ざし、構造的不平等が人びとの生活に与える有害な影響を軽減することを目指すアプローチであるとされる。また、AOPは実践のプロセスとその結果の双方に照準した方法論を採っており、人びとの相互作用と諸活動に悪影響を与える社会的ヒエラルキーの力を削いでいくとともに、利用者／クライエントをエンパワーすることを目的としているとされる (Domineli 2002 : 2)。
3　たとえばClifford (1995) を参照。
4　交差性の類似概念として「複合差別」がある。この概念に関しては、上野千鶴

子（1996）「複合差別論」『岩波講座現代社会学第15巻 差別と共生の社会学』岩
波書店、同（2002）「複合差別論」『差異の政治学』岩波書店を参照。両者をほ
ぼ同義に捉えたものとして、熊本理抄（2003）「「マイノリティ女性に対する複
合差別」をめぐる論点整理」『人権問題研究資料』39-73を参照。）

5　上谷（2013）は、交差性について、「切り離し可能で付加可能なものとしての
アイデンティティという考え方を退け」るものであって、「個人のどんなアイデ
ンティティも多様なアイデンティティ・カテゴリーの交差するところに存在し、
アイデンティティ・カテゴリーは交差するときに質的に変化する」と述べ、当
該概念が白人中心のフェミニズムに対する挑戦であることに言及している（上
谷 2013: 8-9）。

文献

Baines, D. ed, (2007) *Doing Anti-Oppressive Practice: Building transformative politicized social work*, Fernwood Publishing.

Baines, S. and Edwards, J. (2015) 'Considering the Ways in Which Anti-Oppressive Practice Principles Can Inform Health Research'. *The Arts in Psychotherapy*, 42, 28-34.

Braidotti, R. (2018) 'A Theoretical Framework for the Critical Posthumanities' (=2019、門林岳史、増田展大訳「批判的ポストヒューマニティーズのための理論的枠組み」『現代思想』1月号。)

Burke, B. and Harrison, P. (2009) 'Anti-Oppressive Approaches', in Adams, R., Dominelli, L. and Payne, M.(eds) *Critical Practice in social Work*, Palgrave Macmillan.

Clifford, D. (1995) 'Methods in Oral History and Social Work', *Journal of the Oral History Society*, 23 (2).

Clifford,D. and Burke, B. (2009) *Anti-Oppressive Ethics and Values in Social Work*, Palgrave Macmillan.

Crenshaw, K. (1991) 'Mapping the Margins: Intersectionality, Identity, and Violence Against Women of Color', *Stanford Law Review*, 43 (6), 1241-1300.

Danso, R. (2009) 'Emancipating and Empowering De-Valued Skilled Immigrants: What Hope Does Anti-Oppressive Social Work Practice Offer?, *British Journal of Social Work*, 39, 539-555.

Dominelli, L. (2002) *Anti-Oppressive Social Work Theory and Practice*, Palgrave Macmillan.

Hulko, W., Brotman, S. and Ferrer, I. 'Counter-Story telling：Anti-Oppressive Social work with Older Adults, in Baines, D. ed. (2017) *Doing Anti-*

Oppressive practice: Social Justice Social Work, Fernwood Publishing.

児島亜紀子（2018）「ソーシャルワークにおけるフェミニスト・アプローチの展開：ポストモダン的転回を経て」『女性学研究』25、27-51。

熊本理抄（2003）「「マイノリティ女性に対する複合差別」をめぐる論点整理」『人権問題研究資料』39-73。

McCall, L.（2005）'The Complexity of Intersectionality', *Signs*, 30（3）, 1771-1800.

Mehrotra, G.（2010）'Toward a Continuum of Intersectionality Theorizing for Feminist Social Work Scholarship', *Affilia*, 25（4）, 417-430.

Mullaly, B.（2002）*Challenging Oppression: A Critical Social Work Approach*, Oxford University Press.

Phoenix, A. and Pattynama, P.（2006）'Intersectionality', *European Journal of Women's Studies*, 13（3）.

Rush, M. and Keenan, M.（2014）'The Social Politics of Social Work: Anti-oppressive social work Dilemmas in 21st Century Welfare Regimes', *British Journal of Social Work*, 44（6）, 1436-1453.

Sakamoto, I.（2007）'A Critical Examination of Immigrant Acculturation: Toward an Anti-Oppressive Social Work Model with Immigrant Adults in a Pluralistic Society', *British Journal of Social Work*, 37, 515-535.

Sakamoto, I. and Pitner, O.（2005）'Use of Critical Consciousness in Anti-Oppressive Social Work Practice: Disentangling Power Dynamics at Personal and Structural Levels', *British Journal of Social Work*, 35, 435-452.

Strier, R. and Binyamin, S.（2014）'Introducing Anti-Oppressive Social Work Practice in Public Services: Rhetoric to Practice', *British Journal of Social Work*, 44, 2095-2112.

上野千鶴子（1996）「複合差別論」『岩波講座現代社会学第15巻 差別と共生の社会学』岩波書店。

―――（2002）「複合差別論」『差異の政治学』岩波書店。

上谷香陽（2013）「ガール・ジンからみる第三波フェミニズム：アリソン・ピープマイヤー著『ガール・ジン』を読む」『文教大学国際学部紀要』24（1）、1-16。

Young, I. M.（1990）*Justice and the Politics of Difference*, Princeton University Press.

Yuval-Davis, N.（2006）'Intersectionality and Feminist Politics', *European Journal of Women's Studies*, 13（3）, 193-209.

SDGsとさまざまな課題についての論考

第14章
当事者の心の側面：言葉・感情を
置き去りにしないSDGsへ

三田　優子

1．46年間の入院中には奪われれていた「夢」

　精神疾患は2011年より、わが国の五大疾病のひとつと位置付けられ、悪性新生物や心疾患など他の四疾病に比べても実数、増加率ともに１位となっており、子どもから高齢者までどの年代でも身近なものである。

　しかしわが国の精神医療には、他国に比べ突出して長い入院期間と、社会的入院者数の多さをWHOから指摘され続けているという課題がある。[注1]

　ところで、伊藤時男さんが長期入院から退院となったきっかけは、2011年３月に発生した東日本大震災であった。被災した福島県内の精神科病院から受け入れ先となった茨城県、そして群馬県に移り、現在は通院しながら単身生活をしている（2016年10月28日　福祉新聞「46年精神科に入院していた男性いまはピアサポーターとして活躍」）。16歳で発症し東京都内で入院、そこから福島の病院に転院となり、以降トータルで46年間を精神科病院で過ごすことになった伊藤さんのドキュメンタリー番組（NHK「60歳からの青春」）が放映されると、大きな反響があった。60歳を過ぎての地域での生活を楽しみながらも「なぜあんなに長期間、願っても願っても退院させてもらえなかったのか」という問いを社会に向けて投げかけるため、2021年には国家賠償を求めて裁判を始めた（2021年３月９日「『私もかごの中の鳥』　精神障害で長期入院初の国賠訴訟始まる」福祉新聞）。何度も病棟から脱走を試みるも連れ戻され、そのうち鉄格子と鍵で自由を奪われた「鳥かご」の中で、「ここが自分の居場所なのかも」と思うようになっていたという。長期に入院・入所を強いられた人が陥る施設症（Institutionalism）である。精神科病院や入所施設などで刺激もなく、過度に保護的な閉鎖的な環境で長期生活すると、自己主張ができなくなったり喜怒哀楽の表出が困難になることがWingら（1962）に

213

よって指摘されるようになり、これがのちの脱施設化運動に繋がっている。

　しかし、10代で入院して以来46年間、時が止まったように鉄格子のある閉鎖病棟から出ることが許されず、やっと退院できたのは62歳のとき、しかも未曾有の大震災がきっかけという皮肉な巡り合わせの意味を伊藤さんは考え続けているという。それでも退院後は、カラオケを楽しんだり、入院時代の仲間や職員を各地に訪ねたり、また長年会えなかった兄弟とも連絡を取るなど、精力的に動くかたわら、幼い頃からの「画家になりたい」という「夢」を取り戻し、2018年にはみずからの個展を開くまでになった（2020年10月1日　毎日新聞）という。

　46年間もの入院中、有り余る時間の中で絵画をいくらでも描けただろうに、と思われるかも知れない。が、伊藤さんは「退院し地域で『自由』だからこそ『夢』を取り戻せた」と話す。描くことを強いられたり、反対に制限されたり、さらには描く値打ちもない人間だとみなされる状況で描かれる絵と、「描きたい」「描いてみたい」という欲望から描いた絵とは全く別物であろう。今もまだ、「鳥かご」に入ったままの仲間の解放のため闘い始めた伊藤さんは、鉄格子のある病院からの「束縛がなくなることではなくて、自分の力や本質が十分に表現される」（國分，熊谷 2020）ようになったのではないか。

２．夢なんか見たらいけないところだった

　ずいぶん前になるが、知的障害のある人へのインタビュー内容を表記のタイトルで書いた。知的障害者入所施設への入所経験のある21人が本人の同意のもと、実名、顔写真つきで登場する前代未聞の本「もう施設には帰らない─知的障害のある21人の声─」（中央法規　2002）に収められている。私がインタビューしたのは21人のうち３人だったが、ひとりひとりに対面し「お話を聞かせてください」と切り出すと、それまでどの人とも数年来のお付き合いがあったにも関わらず、初めて聞く話が次々にあふれてきたことがとても印象的であった。きちんと尋ねられたことがこれまでの人生で多くはなかったのではないかと痛感した体験である。

　「夢なんか見たらいけないところだった」と話してくれたのは、20年以上

の入所体験を持つ当時50代前半の犬塚孝行である。話し方もゆっくりで、大半の時間はにこにこしているものの、堰を切ってあふれ出る体験の中身や、それを語る際に彼に現れる激しい感情に圧倒されてしまった。忘れられないその語りの一部は次のようなものである。なおインタビューは口述したものを筆者が文章化し、その文章を読み上げながら確認、修正するスタイルをとっている（注は筆者による）。

　　　「いい子になりなさいよ！」って先生（注：入所施設職員）は僕たちをたたいたよ。でも、なんでたたくか僕らはわからんかった。悪いことはしとらんかったけど、先生はたたいた。僕は、暴力は絶対にいかんよ！と心の中で思ったけど、それを言ったらまたたたかれるから黙っとった。（中略）

　いつも穏やかな口調の犬塚はたたかれたことを話す際には早口になり、怒りをあらわにしていた。ここには「たたかれたこと」に対する怒りだけでなく、なぜたたかれているかがわからない「理不尽さ」への怒り、さらには思っていることを言えない抑圧状態での出来事だったことに対する悲しみのようなものがうかがえる。
　特に注目すべきは、たたきながら（あるいは叩く前に）職員が「いい子」になるためだというメッセージだけは伝えていたことである。なぜたたくか説明もない状況で、いい子になりようもないだろう。また、このたたかれていい子になれという発想には「あなたのため」（利他）なのだから、と職員側の行為を正当化しているが、叩く行為は指導、支援でもなく、さらに不適切な対応でもなく、虐待である。
　さらに職員側の本質的な部分を知的障害者と呼ばれている彼が見抜いていることが以下からわかる。

　　　僕は、一度だけ逃げたことがあります。山の中で一晩じっとしていた。でも朝になって警備のおじさんに見つかって施設に戻された。そしたら泊まりの職員が起きていて「おはよう！犬塚さん、朝の散歩に行っとたの？」って僕に言った。怒りもせんかった。

　　職員は記録書いて帰っちゃうだけ。僕のことは興味がないってわかった。なのに、うるさいときはうるさい。イライラすると殴る。「犬塚君は将来、どんなところで暮らしたいの？」なんて一度も聞かれたことなかった。(中略)

　犬塚は、職員はイライラして殴っていると受け止めていた。つまり、「利他」を表明していても、実のところ職員の「利己」だということをたたかれる側は気づいていたのである。さらに、一晩中施設を抜けだしていたことに気づきもせずに、もっといえば、施設から逃げたいと思っていることを想像すらできていない職員の鈍感さ、コミュニケーションの乏しさをひっくるめて「僕には興味がない」と表現している。そもそも興味がない人（職員）が、本当にいい子になること僕に願うのか？と、言葉にできない（言葉にしない）胸のうちで疑問に思い続けていたことがよくわかる。

　「僕のことは興味がない」職員は、ではどんな記録を書いていたんだろう、とインタビューののち話題になったことがある。すると犬塚は、「ぼくには興味がない」と言って笑っていた。理由は「本当のことなんて書いてないと思うから」だった。

　しかし、その記録がエビデンスになって施設入所が長引くことにつながったり、新しい担当職員へ記録が引き継がれるたびに「本当のこと」になっていき、実在とは異なる入所者像が形成されてしまうから厄介である。また、そもそも興味がない利用者なのだから、一度記入されたものがアップデートされることも難しそうである。ある1人の職員が記入する記録からはその職員が見えていない、認識できていないことは当然抜け落ちるわけである。関心のない対象について記入された記録そのものが不条理ではないか、と考えてしまう。その不条理に気づいているのが、利用者である知的障害者の側であることをどのくらいの人が認識しているのだろう、と思う。

　そんな記録よりも犬塚が大切にすることをジェスチャーで次のように教えてくれた。

　　なんでかな、施設では、ここ（胸を指す）の中のことを言うと怒られた。なのに同窓会（注：地元の普通中学校）に行くと、みんな僕の話を聞いてくれる。

（中略）

　僕は施設には絶対に戻りたくない。何のために僕はがまんしていたのか、わからないからです。夢なんか見たらいけないところだった。

　「ここ」と自分の胸を何度も指差しながら教えてくれたものは、意味のない記録とはまったく異なるものである。彼は言葉では表現していない。そのジェスチャーが一番しっくりくる表現だったのでそのまま記述している。自分に興味・関心もなく感情のままにたたく人には、たたかれる側にこんな秘密があることを知る術もない。胸にある思いや感情、本音などを言葉にすると怒られたのはなぜか、犬塚にはわからない。しかし、福祉職でもない中学の同窓生はいつも聞いてくれたことを誇らしく話した。支援を受ける側の胸にある思いや感情を大事にすることなしに、どのような専門的支援が提供されるというのか。

　さらに、入所施設を出て地域で生活するなかで、支援者に対し、こんなお願いも話している。

　　僕は今、グループホームに住んでいます。50歳過ぎてやっと幸せになりました。今は、おやつも１人で買います。お風呂も１人で入れる。いやなことはいやだ！って言えます。世話人さん（注：グループホームでの支援者）はびっくりするかもしれないけど、僕は今、意見を言う練習もしてるもんで、手伝ってほしいです、いつか結婚もしたい。夢がある。（注は筆者による）

　意見を言う練習は、なぜ入所施設ではできなかったのか。答えは明白で、意見を言ったらたたかれるかも知れないという恐怖は、その人の言葉を押し込めてしまう。また、自分に興味をもってくれない人との双方向のコミュニケーションは困難であり、そもそも楽しくないので、意見を言う練習の発想は生まれなかったのだ。「おやつを買いに行く日」が決まっていて、しかも必ず集団で職員に先導されながら行っていた入所施設では「１人でゆっくりお菓子を選んで、買ってみたい」と思っていても言葉にしない。言葉にしない理由もあるはずだ。知的障害者のコミュニケーション能力の問題にすりか

えらがちだが、練習してまで意見を言おうという環境でなかったことが問題のはずである。

　意見を言う練習は、何も知的障害者だけに必要なわけではない。何らかの生きづらさを抱えた人が、「ここ」（心、感情）を開いて声を出すことは勇気やエネルギーが要る。「声を出しなさい」「自分の意見くらいはっきり言いなさい」とそばで威圧的に求められたり、うっかり発声したら暴力を振るわれ兼ねない環境では、生きづらさを深化させてしまうだろう。また、意見が出ないことは、実は意見がないことでも、何も感じていないことでもないのだという理解のもとでなければ、意見を言う練習は始まることはないのだということを、犬塚は教えてくれていると思う。

３．「どこから逃げたの？」と「なぜ逃げるの？」

　もう１人、脱出を試みて連れ戻された経験をもつ人を思い出す。アメリカ留学後、精神科病院に入院し、そこからサバイバル（生還）した、はたよしみさんは３回の入退院の記録を雑誌に投稿し、受賞した２作品が１冊の本として出版されている（解放出版社 2014）。

　節のタイトルには「誠実な主治医と電気ショック療法」「病院スタッフの心遣いと無神経」「理不尽な看護師、寄り添う看護師」など、入院患者から見えた対極のケアとケアラーが的確に綴られている。ここではまず脱走のエピソードを紹介したい。

　　私はいつも、幾重にも重なる鉄の扉の外へ出て脱走して死ぬ機会をうかがっていた。鍵という鍵全部を、開いていないかいつもチェックしていた。

　　Ｎ病院の閉鎖病棟から、結局３回脱出した。１回目は病院外まで出られたが、リースの服のせいか事務員さんのような人に見つかりあえなく病棟内に連行された。２回目と３回目は、どうやってたどり着いたのかマンションの最上階にいるところを、住人に見つかったり警察に見つかったりして、あえなく病棟に連行された。

　　そのたびに「よっちゃん、どこから逃げたの？」と看護師長さんに尋問された。黙秘を決行した。抵抗しても、まるでフォーメーションがあるかのよ

うに、後ろから押す看護師2名、保護室の隣にあるナースステーションの裏側の通路から腕をつかんでくる看護師2名で保護室に力づくで放りこまれた。強力なマグネットで留める拘束帯という太いベルトで縛られた。（中略）

　振り返れば、「どこから逃げたの？」と聞かれることはあっても、「なぜ、逃げるの？」とは一回も聞かれなかった。今さら、「なぜ、逃げるの？」と聞かれたいとは思わないが、少なくともその看護師の発想が、患者の「看護」ではなく、病院としての患者の「管理」であったように今となっては思える。（中略）

　「管理」の視点から見れば、私は看護者や病院にとって「管理」しにくい厄介者だったのだろう。

　このころ、はたは「無気力、無感動になって」おり、さらに服薬の副作用による身体のこわばりもひどくなっていたという。そんな中、鍵だらけの閉鎖病棟から3度も脱出に成功したその集中力と瞬発力にはすごいものがある。

　さらには、その経験を通して、「看護」と「管理」の区別を明確に見極めている。看護者側は従来の対応をしただけだと理屈は立つのだろうが、管理される側が受けた感覚的なものは「違和感」として記憶に残る。先述の犬塚が「職員は記録を書いて帰っちゃうだけ」と表現したこととも重なる。その違和感とは、看護者側は「あなたのため」という「利他」行為を行なっているように見えながら、たとえば「薬を飲まなかったら、なぜ飲まないのかの理由も聞かず、まるで懲罰でも与えるかのように『保護室』とは名ばかりの『独房』に放り込んで、食事を出す以外は放置するといった『看護』とはほど遠い扱いをする」ことをはたは忘れないでおり、疑問のままだという。

　中島（2021）は、「利他」行為の中には多くの場合、相手をコントロールしたいという欲望が含まれていると指摘し、さらに次のように述べる。

　　利他には意識的に行おうとすると遠ざかり、自己の能力の限界を見つめたときにやって来るという逆説があります

　利他的であろうとすると遠ざかるのだとしたら、では私たちはどうしたらいいのか？

　そのことは、はたが4回目の入院時、外出を許されたものの、病院に帰るのが遅くなったときのエピソードにヒントがある。実はこのとき、再び生きているのが辛くなり、はたはしばらく電車の踏切にたたずんでいたのだという。

　　　1時間遅れで病院へ帰った時、看護師さんが言った言葉は忘れられない。
　　「みんな心配してたんやで。もう少ししたら、みんなで探しにいこうとしてたんやで」
　　　この言葉を聞いて、私は胸が熱くなった。「自分は人に心配されるに足る価値ある人間やと思っていなかった。でも、こんな私のことを心配してくれた。もう、心配かけたらあかん」
　　　その後も、看護師さんは、忙しいなか話を聞いてくださり私の方が恐縮した。1人の「人」として接してくださった恩はしっかりと記憶に刻まれている。

　看護師さんが慌てて口にした言葉は「あなたのため」に恩着せがましく言ったものではなく、はたを見た自分を落ち着かせるために自然と出たもので、「利己的とも言えるものでも、自然と相手をケアすることにつながっていれば、それは『利他的』とみなされる」と中島は利己と利他の関係を紐解く（両者は相対するものではなく「メビウスの輪」のようにつながっていると説明している）ことと重なる。

　もし最初の脱出で、このようなやりとり（胸が熱くなる感情のやりとり）があったら、どうなっていただろう。希死念慮のある人に対し、「感情的」になることはマニュアル的には最善ではないだろう。しかし、心配する思いと心から飛び出た言葉はきちんと伝わり、はたもそれに応えようとする。対話が成立しているのである。その結果、心配かけたらあかん、という感情に満たされ、命を絶ちたいという感情が減る（なくならなくてもいいと思う）のではないだろうか。自殺できないようベッドに拘束するなど、行動制限を強化

し、強い薬や注射で患者の身体を麻痺させることで自殺予防をすることと根本的に違うことがわかる。ここでも「患者のため」という言葉がよく使用されるが、実は管理のため、病院のためであることは、こちらも患者側に見抜かれているのではないだろうか。

さて、その後、やっと退院する日が見えてきた頃、はたに変化が訪れたことがわかる。

　「言葉」を獲得し、自分の困っていることを人に相談できるようになった。（中略）ある日、病院の屋上で真っ青な夏の空を見上げた時、「生きてる！」と胸に迫ってくる感動をして、空の青さに見とれたのは忘れられない。死んでいた心が、どんどん動くようになっていった。

この一節を読んだとき、先述の犬塚の言葉を思い出した。「自分の意見を言う練習」というくだりである。言葉を得ること、そして（困りごとを含め）自分のことを他者に伝えようと変化したことは、抑圧されていた犬塚、心が死んでいたはたの両者に共通している。

内側から湧き上がってくる感動は、言葉にしにくい。しかし、心がどんどん動くようになった実感は、真実であり、はたのものである。さらに、はたを超えて、読者（私）にも伝わる。自殺しようと建物の屋上を目指していた人が、その屋上で命を吹き返す様が映像のように伝わってきて、読み手もまたエネルギーを受け取るような感覚になっていく。

これは希望なのではないかと思う。フィッシャー（2016＝2019）は、「常にリカバリーへの希望があることを知っておいたほうがよい。また、同様に、人がどのように扱われるのかがリカバリーに大きな影響を与えるということも知っておいたほうがよい」と述べ、希望はないと教え込もうとしている権力の地位にある人々へ警告を発している。

人が人としてどのように扱われたか、ということもはたの体験のみならず、犬塚、伊藤にも共通するテーマである。また、病気や障害そのものばかりを見つめると、置かれた劣悪な環境や理不尽な扱い、さらには希望のない状況の深刻さが霞んでしまうという問題点が見えてくる。

　ところで、この本のもととなったはたの投稿論文のタイトルは「精神科サバイバル・デス・マッチ　―狂っているのはどっち？　<u>重度健常者に捧ぐ</u>」（下線は筆者による）である。障害者側からあえて健常者と言われている人々を眺めると、狂っているのは一方だけであろうか、という問いかけである。そもそも「障害者・健常者」という構図もいい加減古くなっている気もするが、いずれにしても障害者、健常者のどちらか一方的に優位に立っているわけでも、健常者に問題・課題がないわけでもないという意味だろうかと思う。さて、はたが退院後仕事を始めたヘルパー事業所で「精神障害者だけでなく、だれでも体調は崩すんだ」と（健常者ヘルパーに）聞かされ、それまで「健常者は鉄人だ」くらいに思っていた常識が崩される体験をしたというのは興味深い。健常者と呼ばれる（あるいは自認する）人が「あなたは鉄人ですか」と尋ねられたらほとんどの人が否定するだろうと思う。ひと言、尋ねてみたら健常者＝鉄人説がすぐに崩れるのに、入院中常に、脱出を試みていたはたにはそんな機会すらなかったのである。

　最後に、はたが過酷な自身の体験を通して得た自分流の奥義を教えてくれる。

　　私自身にできることといえば、なんとか生き延びてきている軌跡を伝えることくらいだ。山あり谷ありのシャバでの暮らしのなかで、家族をはじめ、仲間・友人・知人・ヘルパーさん・主治医などの「人薬（ひとぐすり）」や人々との軋轢をとおして、結果的に「死」から「生」へエネルギーシフトしてきている現状そのものが、「私にとっての」リハビリテーションだと感じている。

　「人薬」を信じられる世界は自分ごととしても単純に惹かれる。さらに、はた流のリハビリテーションは、人薬だけでなく、「人々との軋轢」もまた重要であるというのは、より人間らしく生々しく、誰かを救う視点ではないかと思う。こうなると誰が障害者か、誰が健常者か、などという線引きはますます薄れていくのではないだろうか。

４．「支援」する側も傷を癒す必要がある

　巷ではオープンダイアログが流行っている[注2]。大阪府立大学の松田先生が日本にいち早く紹介したこともあって、両研究室主催で2013年７月26日に大阪市内で上映会を行なった（それよりさらに遡った2011年頃には松田先生から情報を入手していた）。その研修会の案内には以下のようなものだった。

　　　フィンランドの西ラップランドでは、精神病の初期の段階にある人たちに
　　対して、医療機関のスタッフが訪問し、投薬を極力避け、「対話」をおこな
　　う実践「オープン・ダイアログ」がおこなわれています。調査の結果、大半
　　の人たちが再発せず、薬を飲むことなく、回復していることが明らかにさ
　　れました。ダニエル・マックラー監督による「オープン・ダイアログ」のド
　　キュメンタリー映画の上映会です（74分、日本語字幕つき）。上映後、リレー
　　トーク「薬に代わるものってなんだろう？」も予定しています。無料。申し
　　込み不要。

　その上映会には当事者、精神科医、看護師、薬剤師など多数の人が近畿圏以外からも集まり、会場の収容人数を超えて、熱気がすごかったのを覚えている。リレートークもとても印象的で、従来の精神科医療にうんざりする当事者からの発言、医師や薬剤師側からの戸惑いなど、正直な語りが繋がっていった。まさに「対話」を体感しようとしていたのである。
　今、オープンダイアログは精神科だけでなく、さまざまな分野で広がっている。2013年に予感したとおり、生きづらさをもつ当事者にはなかなか届かず、専門職の世界で集中的に流行っている印象が強く、違和感を感じている中、手にした新書（森川すいめい『感じるオープンダイアローグ』講談社現代新書 2021）の帯には、著者である精神科医の森川が「みずからの壮絶な過去とオープンダイアローグに出会った必然、そしてフィンランドで受けたトレーニングの様子をつぶさに記した」とあった。ご自身のこれまでの人生に向き合いながら、オープンダイアログを理解していったプロセスがどのようなものだったのかに興味をもった。

　ちなみに「対等の関係性の中で話す」「その人のいないところで、その人のことを話さない」「メンバー全員の声が尊重される」「チームで対話する」などがオープンダイアログの特徴であり、ルールである。

　さて、森川がオープンダイアログのトレーニング開始したのち、よく知る人から「先生は変わったね。昔はロボットみたいだった」と言われたことを正直に綴っている。

　　理論武装をして、病に闘いを挑む専門家の1人だったと思う。こころに分厚い鎧をまとっていた。（中略）私はAIのように、正しい方法を見つけることで、人を助けようとしていたのかも知れない。医学を必死に学ぶほど、私の脳は「標準化」されて、私の言葉は技法のようになっていたと思う。

　専門家として専門性を求め、学ぶことは悪いことではないが、そこだけを拠り所にすると、重い鎧で身動きが取れなくなる。心や感情を動かさなくても仕事はできるだろう。が、人を助ける前に、鎧に支配され脱げなくなってしまうのは、森川だけではないのだろう。

　さらに次の「感情を揺さぶった」のくだりは、まさにカウンセリング場面のような印象を受ける。

　　話を聞く専門職は、他人の相談を聞くことには慣れているが、自分の話を聞いてもらう機会は、実はほとんどないかも知れない。だから、自分が何を大切に思っているかを話すことは、自身の感情を揺さぶった。

　　「どうして私は働いているのか。なぜこの仕事をしているのか……」

　　それは、自分の人生と密接に関係している。参加者の何名かは、話すことによって涙を流していた。そのうちの1人が、終わりの時間に、「傷ついたセラピスト」という言葉を紹介してくれた。話を聞く専門職たちは、この仕事に就く前、そしてこの仕事を始めてから、こころが傷ついていた。苦しい経験をしたからこそ、セラピストという役割に辿り着いたのかもしれない。さらに、悩む患者さんを前に、何もできないという苦しみ、そうしたことを隠しながら、その傷を覆いながら、「専門職の鎧」を着て相談者の話を聞い

ていた。(中略)

　このトレーニングでは、自分が鎧を着ていることを知り、鎧を脱ぎ、その下の傷を露わにして、自分が傷ついていることを話す。傷はとても痛むものだ。そこに触れられたら、感情は大きく揺さぶられる。(中略)だからその傷を癒さなければならない。

　誰かを癒す側と見られている人々が、見えないみずからの鎧に気づかず、もがいている姿を想像すると、とても痛々しい。要するに癒す側も癒やされる側も、実はどちらも癒しが必要なのだということになる。その意味で対等なのである。そのことをお互いに認め合う関係を実感できるとき、モノローグに囚われた状態から解放され、ダイアログ（対話）を「感じること」ができるのではないかと思う。森川が「感じるオープンダイアローグ」をタイトルにしたとおり、「感じる」こと、すなわち理屈ではなく、感性・感受性を働かせ、他者と対話することは、癒しをもたらすのだ。犬塚もはたもこのような関係の重要性を認知していたように思えてならない。

5．「そもそも論」から社会を問い直す

　そもそも「癒す側・癒される側」も「支援する側・支援される側」も場面によって交代するし、今、どちらの立場で、いまここで、「語っている・聞いている」のかを正確に言い当てることは本人ですら困難である。一瞬一瞬、対話の中で変化することもあり、それを実は多くの人が体験している時代になっているように思う。

　そういえばこの「そもそも」という言葉はとても重宝だなと考えている。「そもそも論」という表現を用いて、荒井（2021）は「そもそも論が機能しない社会は息苦しい」と語る。

　　忙しい人たちには、「そもそも論」は好かれない。むしろ嫌われる。(中略)でも、「そもそも論」は大きな方向性を誤らないために必要だ。(中略)
　　そもそも論は、使い方次第で薬にも毒にもなる。「そもそも生産性のない人に税金をかけるのは〜」みたいに使われると、社会がこわばって息苦しく

なる。でも、「そもそも生産性って何だよ！」みたいに使えると、社会のこわばりを問い直すきっかけになる。

　誰かを社会から排除するためじゃなく、誰もが社会にいられるように、「そもそも〜」と言えた方がいい。(中略)

　だからまっとうに「そもそも〜」と蒸し返せる人が、社会に一定数いた方がいい。

そもそも、相手がだれであれ、叩くことはよくない。そもそも障害者であってもなくても、精神科医であっても、誰であっても傷を癒やされたい。「そもそも〜」といったん俯瞰して、引き戻して、蒸し返して考えることは、特に生きづらい状況にある人々自身を責める対象にするという愚かな行為を減少することにつながるだろう。

　その際、重要な視点を「感性」という言葉で加賀美（2012）は次のように指摘する。

　　ある集団で差別する側にいた人は、別の集団では差別される側にもなる。このように文化移行などの空間軸と加齢による変化などの時間軸を考えると、マイノリティとマジョリティは固定されていない。(中略)このように考えると、マイノリティの立場を想像し共感することができる感性と、差別を受けている人の問題を「私自身」の問題として痛みを共有できる感性こそが重要であろう。

そもそもマイノリティ・マジョリティも固定されておらず、逆転が起こりうることを想像できるか、という問いかけは重要である。

　では、「想像し共感することができる感性」、「『私自身』の問題として痛みを共有できる感性」はどのようにもつことはできるのだろうか。

6．支援の玄人（エキスパート）に「なる」ということ

　倉田は自身が薬物依存回復者としてさまざまな活動を通して「アルコールでも薬物でも、依存症者というのは「依存症の玄人（expert）」なんですよ。

精神科医や心理職は支援のプロフェッショナルであるけれど、『依存症の玄人』ではない」（2021）と表現する。倉田はプロフェッショナルを否定しているわけではなく、対立しているわけでもないが「違う」のだと強調している。

　　たとえば専門家会議に出席して、そこに取り締まり機関のメンバーが同席していると、「なんとしても薬物をやめさせたい、そのためにはどういう処遇が必要か」という議論が始まってしまう。そうすると私は深く傷ついて、そこからもう言葉が出なくなってしまいます。（中略）薬物依存症者にはいろいろな立脚点があって、社会のさまざまな側面において引き裂かれているんじゃないかな。（中略）まずもってメディカルの言語とリーガルの言語が分裂している。それにマスコミとのあいだにも「共通言語」がなくて分断されている（中略）。

　上記のように共通言語がなく、分断されてしまっていると、そこで傷つくのは当事者になる。メディカル・リーガルそれぞれが主張を繰り返し、折り合おうとしなければ連携は困難であろうし、連携しているかのように見えても、そこに当事者が言葉を奪われて着席しているだけ、という状況は、機能していないと言わざるをえない。しかし、倉田はここで終わらず、ヒントを示している。

　　依存症の玄人であり回復の玄人である当事者に対して専門家が謙虚であるとは、つまり、専門家としての知識や役割を備えていても、人として同じ高さの土の上に立つことから始まる、ということではないでしょうか。勉強ができるだけなら単なるプロフェッショナルであって、それは「支援の玄人（expert）」ではない。「回復の玄人」の言葉を聞かなければ「支援の玄人」も生まれない。

　支援者にはなれるが、支援者の玄人になることは、回復の玄人へ敬意を払えるかどうかだと言う。回復の玄人はそこに存在しているが、支援の玄人は

「生まれる／生まれない」という存在であるという指摘はとても興味深い。専門教育を受け、国家資格を取得したり、所属する法人や事務所名などが書かれた立派な名刺をもっていようとも、当事者の言葉を聞かなければ「玄人」にはなれないのだ。

この指摘は、「中動態の世界─意志と責任の考古学」(2017)の著者である國分(2018)が書いたエッセイにつながる。

新約聖書ルカによる福音書で有名な「善きサマリア人の譬え」は、恐れずに簡単に言うと強盗に遭い半殺しの状態で路上に横たわっている旅人を宿に連れて行き、宿代も払い、介抱したサマリア人の話である。

　　更に興味深いのはこの譬え話が、イエスによって律法学者の「隣人」を巡る質問に切り返すように語られていることである。律法学者は問う、「では私の隣人とは誰であるのですか？」。イエスは善きサマリア人の譬え話を語り、最後にこう質問する。「この3人のうち誰が強盗に襲われた人の隣人になったと思うか？」

　　律法学者は隣人とは誰であるかと問うた。イエスはそれに対し、誰が隣人になったかと問う。人は誰かの隣人であるのではない。誰かの隣人になるのだ。私にはイエスがそう言っているように思える。「である」ではなく、「になる」こと。ここにこそ責任を巡る真の思想があると私は信じるのである。

支援者で「ある」ことと、支援者「になる」こととは大きな違いがあることがわかる。さらに國分は責任(responsibility)とは、応答(response)と関係し、何か呼びかけに応答するときに生まれるものだろう、と述べている。

犬塚もはたも、そして伊藤、倉田にも共通するのは、単なるプロフェッショナルではなく、みずからの声を聞いてくれる玄人(エキスパート)であり、当事者ぬきに玄人になれないということなのではないかと思う。

さらに倉田(2021)は支援の玄人(エキスパート)の条件として次のような言及もしている。

　　当事者が自由を手にしていくまでをケアする「良心」が伴わなくてはなら

ないと、私は思っている。
　専門家にとって自分自身の問題として心に刺さるという経験が重要ではないかと思うんですよね。

　「良心」とは何か。精神医療サバイバーである広田和子は、「援助者に求める3つの性」について大阪府立大学の講義で語った。1つ目が「社会性」、2つ目が「市民性」、そして3つ目が「専門性」であるという。この順番が重要で、社会性（人としての基本的なマナーをもっていること）も市民性（市民としての生活実感をもつこと）もない人が専門性だけをもち、専門性ばかりを追求する人は「始末に負えない」と断言した。専門性を身に付ける大学の講義でのこの話は大きな反響を得た。「社会性」と「良心」はかなり近いものなのではないだろうか。
　「心に刺さる」とは、感情が揺さぶられ、動くこととも言える。まさに森川が自身の鎧と向き合った経験はこのことと通じるように考える。
　さらに倉田は当事者側へのメッセージとして、「かつての自助グループでは、『依存症の玄人』であり『回復の玄人』でもある先行く仲間を模倣しているうちに、大工仕事を一つひとつ覚えるように、徐々に玄人になっていったんですよね。」と語る。回復の玄人もまた「玄人になる」ことがわかる。当事者が模倣できる仲間を得ることの意味もまた大きいのだと言えよう。

7．玄人どうしの対話

　次に紹介する東田直樹は重度の自閉症者で、自家製の文字盤を指さして言葉を探しながら話す「文字盤ポインティング」という独自の方法を用い、多くの著作を記している。10代のときに書いた『自閉症の僕が跳びはねる理由』（東田、2007，2010）は 英訳されて2014年に英米でベストセラーになった。自閉症者はコミュニケーションが苦手であると広く知られているが、東田の言葉により、それまで知ることのなかった自閉症者の苦しみや悲しみを私たちも体感できるようになったと言える。

　僕は、きっと死ぬまで自閉症なのでしょう。それは、自分にとって一体ど

んな意味があるのか知りたいです。この意味とは、障害をもって生まれた原因ではなく、生きるための存在理由です。（中略）僕もコミュニケーションの手段がなかった頃は、暗い洞窟に住んでいるように感じていました。（中略）どんなに叫んで泣きわめいても、僕の言葉は人の心に届くことはなく、ただ同情されるか注意されるかの毎日だったのです。僕は、いつも自分の心と向き合っています。なぜ、こんなにも苦しいのか、ひとりぼっちなのか、周りに迷惑をかけながら生きる理由は何なのかを考えているのです。（中略）

　僕にとってつらいのは、僕がみんなから受けとっている幸せと同じくらいの幸せを、みんなに返せないことです。そのためにはどうしたらいいのかわからず、僕はいつも心の中で泣いています。

東田直樹「自閉症の僕が生きていく風景」　角川文庫　2020

　東田が「生きる理由は何なのか」と自問しているが、ここには障害の有無を超えた永遠のテーマが存在する。また、ときどき興奮して奇声を上げたりジャンプしてしまう東田がそのような自問をし、さらには「いつも心の中で泣いています」と綴っていることは、「自閉症者の特性」などと書かれた教科書をもとでしか想像できなければ驚きでしか受け止められないだろう。[注3]

　一方、山登（2021）は、東田との出会いから、次のような提案をしている。

　私たちは、相手から反応が返ってこないと、その人には言葉がないものと思ってしまう。そればかりか、知能が低いとみなしてしまう。どうせわからないから...と考えて、そのようにふるまってしまう。こうした態度が、多くの「障害」当事者をその場所に押しとどめてきたとはいえまいか。だとしたら、「障害」の要因はこちら側にもある。そのことを自覚したうえで、治療する・される、支援する・される関係を見直す必要があるだろう。

　山登が言うように、こちらからの働きかけに反応が返ってこないと、本当は豊かな言葉があることが見過ごされる。それは社会にとっても大きな損失ではないだろうか。

　東田のような自閉症の人だけでなく、抑圧によって言葉を発することができなくなっている人、言葉を発する機会を長く奪われた人、さらにはかろうじて言葉を発したものの、誰にも聞いてもらえない、関心を得られなかった体験から、言葉への無関心や対話へのあきらめを決めてしまった人もいるだろう。第2代国連事務総長ダグ・ハマーショルドは、国連は人びとを「天国に導くためではなく（中略）地獄から救うために創設された」と1954年に語っている。地獄のような苦しいところに置かれた人びとの声にこそSDGsを考えるヒントがあるのだ。

　犬塚も、はたも、誰かに「言葉」を受け止めてもらったあと、新たな言葉を自分のものにしようと動き出した。倉田が教えてくれたように、ひとりひとりが「生きづらさから回復する玄人」になるには「他者」の存在が必要になる。一方、名目だけ、専門性だけの支援者が、「支援者になる」ためには回復の玄人が助けてくれることが不可欠となる。仲間とつながり、まとまらない言葉でもいい、感情がゆさぶられる対話を重ねていきながら筆者自身も、私が何者に「なる」かを期待したいと思う。

　　人間とは生の意味への問いを発すべきものではなくて、むしろ逆に人間自身が問いかけられているものであって、みずから答えねばならぬ。
　　（ヴィクトール・E・フランクル『識られざる神』新装版　みすず書房　2016）

注
1　日本の精神科病院入院患者数は30.2万人（2017年患者調査）で、その数も平均在院日数は世界でも突出（5年以上入院の患者数は約8万人　2019年）している。その中には、入院治療は必要がないのに住む場所や行く場所がないとの理由から入院を余儀なくされている人も多数存在している。これを「社会的入院」と呼んでいる。この社会的入院の背景には、患者を受け入れるための社会資源（住まいや働く場など）が地域で不足していることや、受け入れる立場の家族が退院をよしとしないからだと、筆者が学生時代から言われ続けている。社会的入院問題は、医療と福祉が混在した人権問題である（三田 2011）。家族に負わされる保護者制度もまた見直しが必要である。
2　オープンダイアログの上映会で公開した映像は、現在は日本語字幕付きで無料

で視聴できる　https://wildtruth.net/dvdsub/ja/開かれた対話/
3　2014年にNHKで放映された「君が僕の息子について教えてくれたこと」（NHK
　　エンタープライズで2015に映像販売化）で収録されているが、精神科医の杉山
　　登志郎が本人の同意のもと東田直樹のMRI検査を行ったところ、聴覚失認とい
　　うタイプの自閉症で、音声の模倣も困難であることが明らかになった。内言語
　　は非常に豊かなのに、発語が非常に遅れる場合、これを言語失行に相当する、
　　と診断し、つまり凸凹の実態がわかったのである。コミュニケーションが不能
　　で厄介な存在なのではなく、豊かな内言語に対し、発語のバランスが伴わない
　　ことがこれまで理解されてこなかった、というのが東田の自閉症なのだという。

文献

國分功一郎、熊谷晋一郎「〈責任〉の生成—中動態と当事者研究」新曜社　2020
犬塚孝行「夢なんかみてはいけないところだった」『もう施設には帰らない—知的障
　　害のある21人の声—』中央法規　2002
はたよしみ「精神科サバイバル　—人薬に支えられて—」解放出版社　2014
中島岳志「思いがけず利他」ミシマ社　2021
加賀美常美代、横田雅弘、坪井健、工藤和宏「多文化社会の偏見・差別－形成のメ
　　カニズムと低減のための教育」明石書店　2012
ダニエルフィッシャー（松田博幸訳）「希望の対話的リカバリー　—心に生きづらさ
　　をもつ人たちの蘇生法—」明石書店　2019
森川すいめい「感じるオープンダイアローグ」　講談社現代新書　2021
荒井裕樹「まとまらない言葉を生きる」柏書房　2021
信田さよこ、倉田めば「治療は文化である　回復をめぐる対話　—当事者と専門家
　　の『共通言語』を求めて—」臨床心理学　第21巻3号　2021　金剛出版
國分功一郎「責任、そして『隣人になること』」福音と世界　2018　新教出版社
東田直樹「自閉症の僕が生きていく風景」　角川文庫　2020
山登敬之「しゃべれなくても言葉はある、わからなくても心はある－自閉症当事者
　　とのコミュニケーション—」児童青年精神医学とその近接領域 5（84）、日本児
　　童青年精神医学会発行　2017
杉山登志郎「自閉症の精神病理」　自閉症スペクトラム研究　第13巻2号　2016
ヴィクトール・E・フランクル（佐野利勝、木村敏 訳）「識られざる神」新装版　フ
　　ランクル著作集7　みすず書房　2016
ヘンリック・ハマーグレン「『われら人民のために』—国連憲章の適用と適応でより
　　強く実効的な国連を目指したダグ・ハマーショルドの遺産を振り返って」国際
　　連合広報
　　https://www.unic.or.jp/activities/international_observances/un70/
　　unchronicle/hammargren/（2021年12月20日閲覧）

第15章
メンタルヘルスにおけるオルタナティブ実践

松田 博幸

1．はじめに

　本章では、2つのテーマを取り上げる。

　まず、「文化的多様性」に着目し、メンタルヘルスにおける、専門職の文化に対するオルタナティブ実践がどのようなものなのかを述べる。そして、さらに、そのようなオルタナティブ実践が専門職者にとってどのような意味をもつのかを考察する。

2．メンタルヘルスと文化的多様性

　「持続可能な開発のための目標」（SDGs）[注1]においては、人びとの健康的な生活に焦点があてられ、「あらゆる年齢のすべての人々の健康的な生活を確保し、福祉を促進する」（目標3）ことが目指されているが、その場合の「健康的な生活」には、メンタルヘルス（ターゲット3.4）や薬物・アルコールの乱用（ターゲット3.5）に関わることが含まれている。後者は、アディクション、依存症に関することと言い換えることもできるだろう。つまり、SDGsにおいては、わが国でいうところの精神医療および精神保健福祉における人びとの健康的な生活の確保や福祉の増進がその一つに掲げられているといえる。

　精神医療・精神保健福祉における健康的な生活を考える際に、文化のありように着目することは非常に重要である。そして、その際に、専門職者の文化だけでなく、それとは異質な文化があるということに気づくことが大切である。

　精神医療・精神保健福祉領域においては、さまざまな対人援助専門職者
（以下、専門職者）が活動をおこなっている。精神科医だけでなく、心理職者
（臨床心理士、公認心理師）や福祉職者（精神保健福祉士、社会福祉士）、保健師、
看護師、作業療法士などの専門職者が業務をおこなっている。しかし、人び
とのメンタルヘルスは、そういった専門職者の活動のみによって実現してい
るわけではない。専門職者の関わりの外で人びとのメンタルヘルスが支えら
れ高められていることにも目を向ける必要がある。
　精神科医の宮地尚子は次のように述べている。

　　「心のケア」について
　　震災や大規模な事件・事故、犯罪被害などのあと、「心のケアが必要だ」
　と多くの人が言うようになりました。けれども「心のケアが必要だ」という
　とき、そこに主語はありません。「心のケア」とは、いったい誰が、何をす
　ることなのでしょう。
　　メンタルヘルスの専門家が現地に赴き、カウンセリングをすることでしょ
　うか？　そうではないはずです。もし、「心のケア」という言葉が、被災者・
　被害者の傷つきを癒す役割をメンタルヘルスの専門家に任せ、それ以外の人
　は「心のケア」に関わらずにすむための口実に使われるなら、それはとても
　怖いことです。

（宮地 2013: vi-vii）

　そして、宮地は「心のケア」における文化の重要性について次のように述
べる。

　　広い意味での「心のケア」とは、文化そのものだということです。被災・
　被害当事者たちが自らの文化を取り戻し、新たに発展できるよう、周囲がサ
　ポートすることは、とても重要です。
　　文化といっても大げさなものではありません。私たちは心が疲れたとき、
　落ち着ける喫茶店でお茶をのみ、本屋をぶらつき、公園の片隅で木を眺め、
　海のそばで波音を聞いたりします。そういった空間や時間を少しずつ取り戻

していけることが大切です。（略）

　耐えがたい災害にあったとき、私たちはそれを受け入れるために、弔いの儀式をし、亡き人の証しを何かに刻み、祈る機会を折々に継続して持とうとします。そういった営みも丁寧に再生していきたいものです。

　私たちは、重すぎる現実から逃れるために、時にはバカ話をして笑い転げ、祭りで羽目をはずし、踊りや音楽に身をゆだね、何かを創ることに没頭し、映画やマンガやアニメの空想的世界にひたったりします。（略）そういった日常の「遊び」や「ゆとり」を、「無駄」「わがまま」「不謹慎」とみなすのではなく、生命やつながりを再生するためのかけがえのない培養地と捉えていくことが大切です。

（宮地 2013: viii-ix）

　メンタルヘルスについて考える際に、文化の多様性という観点が重要になってくる。専門職者による活動は専門職者の文化（ものの見方、ふるまい方、関係の作り方、など）を通して展開されるが、「心のケア」を考える際に、専門職者の文化以外の文化にも目を向ける必要があり、そのような文化が育まれるような取り組みが求められているのではないだろうか。専門職者の文化のみが「心のケア」に対応している状況があるとすれば、それは文化的多様性という観点から問題なのではないだろうか。

　「我々の世界を変革する：持続可能な開発のための2030アジェンダ」においては、「宣言」の8において、「人種、民族及び文化的多様性に対して尊重がなされる世界」が目指され、文化の多様性に焦点があてられている。ちなみに、文化的多様性については、2001年にユネスコ総会で採択された「文化的多様性に関する世界宣言」[注2]においてその重要性が強調されている。そこでは、「文化とは、特定の社会または社会集団に特有の、精神的、物質的、知的、感情的特徴をあわせたものであり、また、文化とは、芸術・文学だけではなく、生活様式、共生の方法、価値観、伝統及び信仰も含むものである」とされている。文化的多様性というと、民族と結びつけられて論じられがちであるが、それ以外の社会集団に特有の文化に着目することも大切である。メンタルヘルスにおける専門職者という集団の文化、そして、それ以外の集

団の文化に着目し、それぞれの意義やそれらの間の関係に関心を向ける必要があるのではないだろうか。

3．セルフヘルプ・グループと文化的多様性

ただ、メンタルヘルスにおける専門職者の文化、そして、それ以外の集団の文化に着目するといっても、「それ以外の集団の文化」というのが漠然としており、それがどのような集団を指すのかを限定して議論を進める必要がある。

本章においては、メンタルヘルスにおける専門職者の文化と、セルフヘルプ・グループ（self-help group 以下、SHG）の文化に焦点をあてることにする。

専門職者でない人たちがおこなっている活動にはさまざまなものがあるが、SHGの活動をその代表的なものの一つとしてあげることができる。SHGは自助グループともいわれるが、何らかの生きづらさをもつ本人（以下、当事者）たちが自分たちの手で運営しているグループを指す。SHGの人たちの求めに応じて専門職者が協力をすることはあるが、けっして専門職者が当事者に代わってグループを運営することはない。SHGでは専門職者の文化とは異なる文化が参加者によって共有されている。

たとえば、SHGにおいては「体験的知識」が蓄積され用いられていることが指摘されている。1970年代よりSHGの研究を続けているトマシーナ・ボークマン（Thomasina Borkman）によれば、人が用いる知識は大きく３種類に分けることができるとされる（Borkman 1990）。１つ目は、「**専門職的知識**」（professional knowledge）であり、科学的手続きによって確かさや有効性が確かめられた知識である。専門職者はこの知識を用いて活動をおこなう。２つ目は、「**素人考え**」（lay knowledge）である。これは科学的な根拠も人びとの体験による根拠ももたない知識である。SHGは「素人考え」に基づいて活動をおこなっていると考えられがちであるが、ボークマンはそのような考えに異議を申し立て、３つ目の知識を強調する。それが「**体験的知識**」（experiential knowledge）である。「体験的知識」は、「専門職的知識」とは異なるが、「素人考え」とも異なる。科学的な手続きを通してではないが、

表15-1　援助専門職者の文化とSHGの文化（松田試案）

援助専門職者の文化において価値が置かれること	SHGの文化において価値が置かれること
論理的思考・科学的思考	物語的思考
科学的知識	体験的知識
「どちらか／あるいは」(either/or)	「どちらも／および」(both/and)
変化を起こすこと	変化が起こること
分析すること	物語を重ねあわせること
直すこと　治すこと　援助すること	体験や気持ちをわかちあうこと ともにいること
単一性	多様性

人びとの体験を通して確かさや有効性が確かめられた知識である[注3]。そして、SHGにおいては、参加者たちによってそのような「体験的知識」が形作られ、蓄積されているとされる。

　SHGにおいて蓄積されている「体験的知識」の例としては、たとえば、飲酒を止めたい人たちのSHGである、「アルコホーリクス・アノニマス」[注4]（Alcoholics Anonymous: AA）の「12のステップ」をあげることができる。これは、お酒に頼らずに生きていくために必要なことをまとめたものであるが、人びとの体験を通して有効性が確かめられた「生活様式、共生の方法、価値観、伝統及び信仰」を具体的に表したものとして理解することができる。

　「体験的知識」以外にも、SHGに特有の、専門職者のものとは異なる、「精神的、物質的、知的、感情的特徴」や「生活様式、共生の方法、価値観、伝統及び信仰」をあげることはできる（表15-1）。

4．オルタナティブという概念

　以上で述べたようなSHGの文化の性格をさらに理解するのに、オルタナティブ（alternative）という概念が役に立つと思われる。

　オルタナティブというのは、一般的に、何かにとって代わる、何かを代替

する、という意味をもつ語（名詞・形容詞）である。そして、その語が精神医療・精神保健福祉領域において用いられるとき、伝統的な精神医療の視点や実践とは異なる視点や実践を指す。

では、それは、どのように異なるのか？

2007年に出された*Alternative Beyond Psychiatry*（精神医療を超えるオルタナティブ）という本がある。これはさまざまな国ぐににおけるオルタナティブ実践の事例集であるが、そのなかで次のように述べられている。

> *Alternative Beyond Psychiatry*は、さまざまな国ぐににおける、非（non-）、反（anti-）、脱（post-）精神医療的な（psychiatric）日常生活からの報告やアプローチを集めたものである。
>
> (Stastny & Lehmann 2007: 15)

非（non-）、反（anti-）、脱（post-）という接頭辞が、オルタナティブという語にどのような意味が込められているのかを端的に語っているように思われる。つまり、精神医療ではないもの、精神医療を否定するもの、精神医療を脱したあと、という文脈でオルタナティブという語が使われているということである。

では、なぜそのような概念が必要とされてきたのだろう？

精神障害当事者運動の世界的なリーダーであったジュディ・チェンバレン（Judi Chamberlin）の著作にふれると、オルタナティブという概念がなぜ必要とされてきたのかがわかる。次に示すのは、チェンバレンの代表的な著作である*On Our Own: Patient-Controlled Alternatives to the Mental Health System*（邦題『精神病者自らの手で：今までの保健・医療・福祉に代わる試み』）に書かれている文章である。

> 本書は、精神医療とそれに代わるオルタナティブについて患者の立場から記したものです。長い間、精神病の患者は、顔のない、声のない人間にすぎませんでした。私たちは、時には人間以下の怪物か、よくても専門家のサポートを得ながらようやく卑しい仕事を続け何とか暮らしを立てている哀れ

な障害者とみなされてきたのです。驚いたことには、世間の人々だけではなくて私たち自身も、このように自分自身をみなしてきました。

　今世紀になって、精神病者の解放運動が出現し、展開するにいたって、私たち元患者は、この誤ったイメージを振り払い、強さも弱さも能力もニーズも、自分の考えももっているありのままの自分自身を見つめ始めました。精神医療の手による「保護」（care）や「治療」（treatment）について、「精神疾患」の本質について、また、情緒的な危機にある人々に対処する（本当は、その人々を助ける）新しいよりよい方法について、私たち自身の考えと精神保健の専門家の考えとはまったく違っていました。

　私たち元患者を含め多くの人々は、他者を援助したり互いに援助しあったりすることなど、私たちにはできないと考えていました。もちろん、精神保健の専門家はなおのこと、私たちの能力には懐疑的でした。精神病の特質やだれがその治療にかかわるのかについて、精神保健に携わる人々の間で、議論が戦わされてきました。しかし、精神科医や臨床心理士やソーシャルワーカーや看護師や他の保健専門家の中に、ある人たちは自分にとって何がもっともよい利益なのかを考える能力がなく、その人たちには強制的な「保護」がふさわしいという根本的な思い込みを疑問視する人たちはほとんどいませんでした。

（Chamberlin 1988＝1996: 8-9）

　　原文をもとに一部分を松田が訳しなおした。傍線は松田による。

　以上から見えてくるのは、オルタナティブという概念が、専門職者主導の精神医療に対する自律性／自治性（autonomy）を含んでいるということである。先に、表15-1において、専門職者の文化とSHGの文化、それぞれの文化の特徴を示したが、両者の間には政治的な関係（つまり、支配する─されるという力関係）があるということである。基本的に前者の力のほうが強く、その力の外で活動したり（「非」）、その力に抵抗したり（「反」）、その力から脱したり（「脱」）する運動が生じているということである。そして、このような運動を総じてオルタナティブ実践とすることができるのではないかと考える。

5．専門職者にとってのオルタナティブ実践の意義

　では、以上で述べてきたような、メンタルヘルスにおけるオルタナティブ実践が専門職者にとってどのような意味をもつのかを以下で探りたい。そして、そのための方法として、研究者がみずからの個人的な体験を語りながら問いの答えを探究する、オートエスノグラフィー（autoethnography）という方法を用いることにする。オートエスノグラフィーとは、「調査者が自分自身を研究対象とし、自分の主観的な経験を表現しながら、それを自己再帰的に考察する手法」（井本 2013: 104）であり、特徴の一つとして、「一人称で語る『私』の存在が前面に登場すること」（同）があげられている。

　なお、以下の語りは、『教育福祉学への招待』に収められた「『支援者』自身との『協働』：支援者が協働するために」（松田 2012）において筆者が用いた語りに手を加え、語り直したものである。

（1）セルフヘルプ・グループでの語りを聴く

　私はかつてソーシャルワーカーとして仕事をしていた。そして、そのあと、大学院に進学して研究をおこなうようになり、大学教員として就職した。そのような私がSHGからどのような影響を受けたのかを可能な限りていねいにふりかえることで、メンタルヘルスにおけるオルタナティブ実践が専門職者にとってどのような意味をもつのかが明らかになるのではと考える。

　私は、大学卒業後、福祉事務所で生活保護のケースワーカーとして仕事をしていたが、その後、精神科病院にて非常勤のソーシャルワーカーとして仕事をするようになった。SHGに惹かれるようになったのはその頃だった。地域では、AAや断酒会といった、お酒に頼らずに生活することを望む人たちが自分たちの手で運営するSHGが集まりを開いていた。「言いっ放し、聴きっぱなし」と呼ばれるルールがあり、1人のメンバーが話している間、他のメンバーはその語りに耳を傾け、話が終わってもコメントを加えないということになっていた。メンバーは、みずからの体験を具体的に語る。また、そのようなやり方を取り入れた「院内断酒会」と呼ばれる集まりも、私が勤

める病院のなかで定期的に開かれていた。ソーシャルワーカーなどが司会を
担当するが、メンバーの語りに介入することはまったくない、「言いっ放し、
聴きっぱなし」の集まりだった。

　私は、見学者として、そういった語りの場に参加していたが、場がもつ力
に惹かれていった。家族や周囲の人たちが必死になって飲酒を止めさせよ
うとする、また、本人も飲まないという意志を強くもつが、止められない
（アルコール依存症の人が飲酒をコントロールできないことと本人の意志の強さとは
無関係である）。そして、人間関係は壊れ、家族や友人を失い、仕事を失い、
身体はボロボロになり、死に至ることもある（福祉事務所で生活保護のケース
ワーカーをしていた頃、自分が担当していた人がそのように亡くなった。身体がお
酒を受けつけなくなっても飲酒が止まらなかった）。そのような人たちが、みず
からの体験を語り、他のメンバーの語りを聴くことで、お酒に頼らない生活
をおくっているということが、私にとって大きな驚きであった。また、集ま
りのなかで、みずからが体験してきた凄惨な出来事を落ち着いた口調で淡々
と語る、その語り口に非常に感動した。そして、そういった場に惹かれた。

　私は、なぜ、そういった場に惹かれたのだろう。私は、体質的に身体がお
酒を受けつけない。だから、飲酒に対するコントロールが効かなくなるとい
うことはありえない。そういった点では、当事者性はまったくない。

　羨望だったのかもしれない。SHGで人と人とが深い情緒的なレベルでつ
ながっている様子を目にし、うらやましいと感じたのかもしれない。

　ただ、それ以外の惹きつけられるような感情ももっていたように感じる。
それは、今ふりかえれば、私自身のなかのアディクションに通じる部分が反
応していたのではないかと思う。SHGの参加者の語りから感じられる、語
り手の心のなかの空虚さや傷に、私の心の奥底に潜んでいる同じようなもの
が反応していたのではないかと思う。

　目の前で語る、SHGの参加者を「クライエント」と見ている限り、そう
いった体験はしなかったのではないかと思う。目の前で語っている人を「ク
ライエント」として見ることが宙づりにされることで、私のそのような反応
は生じたのではないかと思う。

　あるSHGでは、自分たちが体験を語り合う場への見学者を受け入れてい

たが、そのメンバーの1人はその理由を次のように語った。「支援者の人が見学に来て、私たちの話を聴いて、自分も同じような問題をもっていることに気づくことがあるかもしれないから。」

　SHGは、SHGの参加者を「クライエント」として見るのではなく、自分自身に対する理解を深めてくれる人として見るよう、専門職者にうながす働きをもっているのではないだろうか。

（2）どうやって援助するのかという関心の中断

　私は、先述したように、精神科病院でソーシャルワーカーとして勤務していたが、非常勤であったため、任期の終了が近づき、仕事を探すことになった。すると、ちょうどある自治体が保健所の精神保健相談員（当時の名称）を募集しているということを知り、応募し、採用された。そして、4月から保健所で勤務することになったが、一言でいうと、職場や仕事に馴染むことができなかった。精神障害をもつ人と面接をしながら、“あなたはいいよな、こうやって話を聴いてくれる人がいるんだから”と心のなかで思っていたのを覚えている。自宅だけでなく、職場でも人目を逃れて、泣いていた。そして、2ヵ月も経たないうちに辞めてしまった。それまで、3つの社会福祉の職場（2つの自治体の福祉事務所、1つの精神科病院）を体験してきたが、苦しいことがあっても乗り越えてやってきた。そんな自分があっけなくつぶれてしまったことが信じられなかった。仕事を辞めたあとは、自宅に引きこもり、一歩も外に出ない生活が始まった。「出ない」と書いたが、出ないようにしようという意志をもっていたわけでもないし、出たいが出ることができなかったというのでもない。外に出たいとも、出たくないとも、あるいは、家にいたいとも、いたくないとも、思わなかった。ただ、家にいた。そして、自分を責め続けていた。当時、あるボクサーが網膜剥離のため試合ができなくなり、引退を迫られているということがテレビのニュースで報じられていた。自分と比較し、うらやましかった。本格的に仕事を始めるまでの、しかも、2ヵ月というほんの短い期間で仕事を辞めてしまった自分は、リングに上がって戦う前に逃げ出すような弱い人間なのだと感じ、戦うだけ戦って仕方なく引退を迫られている、そのボクサーがうらやましかった（もちろ

ん、そのボクサーは非常に苦しんでいたわけであるが、私は、そのとき、そのように感じたということである）。

　そのような状態がしばらく続くなかで、今後のことを考えるようになった。ただ、社会福祉に関することに関わるのは止めようと思った。そういったことは、もっと強い人がやればよいのであって、自分のような弱い人間は、そういったことにはもう関わらなくてもよいのだと思った。関わる資格などないとも思った。闘う力のある人が関わればよいのだと思った。

　しかしながら、あるとき、こう感じるようになった。自分は、毎日、何もせず、寝起きして食べるだけの日々を送っているが、それも「生活」なのではないだろうか。けっして立派な生活ではない。しかし、とにもかくにも「生活」している。ひょっとすると、そこから、社会や生活について語ってもかまわないのではないだろうか。また、語ることができるのではないだろうか。そのように感じた。このことは、意識の大きな転換であった。自分は何とか生きている、ただそれだけで、社会や生活のことを語る資格があるのではないかと思った。

　そして、大学院に進学することにした（幸運なことに、ちょうどその次の年度の４月に、私が卒業した大学に社会福祉学の大学院が開設されることになった）。そして、試験を経て入学が認められ、大学院生として研究をおこなうことになった。

　しかし、私には、専門職者がどのように援助を展開すればよいのか、という問いから研究を始めることが、どうしてもできなかった。それは、ソーシャルワーカーとして仕事をしていた頃は何の迷いもなくもっていた問いであったが、そのような問いは中断された。私は、専門職者による援助のあり方を論じる前に、人は社会のなかでどのようにして苦しい状況を生きのびていけばよいのか、という問いの答えを探究し、そこから専門職者の課題を考えたかった。この問いに答えることを抜きにして専門職者がどのように援助を展開すればよいのかという問いに答えることはできないのではないかと私は思っていた。このような関心は、大学院進学につながった、先述した体験から生まれたものであった。やがて、大学院に入りしばらくした頃、精神科病院でソーシャルワーカーをしているときに出会った、SHGの人たちの

ことを思い出した。そして、SHGにこだわり続けたいと思うようになった。ソーシャルワーカーによる援助の過程よりも、その人たちがSHGで回復していく過程に惹きつけられたというのがあったし、そういった回復の過程が、先述したような、私自身の意識の転換と重なったというのがあった。

　このように、ソーシャルワーク論においては関心を向けられていない問いの答えを出すのに、SHGの存在が非常に重要になってくるのではないだろうか。

（3）異文化としてのSHGの文化：ヴァルネラブルになることを通して形成されるつながり

　そして、私は、SHGのメンバーとなった。

　大学院生となって4年目に、私は、社会福祉関連のある専門学校で非常勤講師のアルバイトをするようになった。そこで私が体験したのは、今でいうところの「学級崩壊」であった。週1日、90分の授業を2クラス分、担当することになったが、生徒たちは、歩き回り、騒ぎ、一番前にいたある生徒はヘッドフォンをつけてマンガ週刊誌を読んでいた。私はそのような状況を何とかしようと、怒鳴ったりしたが、状況は変わらなかった。私は、そういったことを毎週体験するようになり、精神的に疲弊してしまった。生徒たちの前で途方にくれながら、昔いじめられていたときの感覚がいきなりよみがえったりした。街を歩いていて、ある生徒がよく着ているシャツと同じようなシャツを着ている人が前から来ると、びくっとしたりもした。教室の状況が頭から離れなくなり、四六時中、空想のなかで生徒たちと格闘し、生徒を傷つける空想が湧いてくることもあった。疲れはてた。

　このような状況のなかで、私は、感情面の課題をもつ人たちが集まっているSHGに転がり込んだ（という表現が当時の心境を想い起こすとぴったりとくる）。医療機関での受診の有無に関わらず、自分が感情面での課題をもつと思えばメンバーになることができるSHGで、「言いっ放し、聴きっぱなし」の集まりが週1回開かれていた。土曜日の夜に、約7〜8人が集まっていた。

　最初は自分の体験を語ることができなかったが、少しずつ、話せるように

　なっていった。それは、そこが、弱い自分の姿をさらけ出すことができる安全な場だということがわかってきたからだろうと思う。また、他のメンバーの語りを聴くことを通してみずからの体験を語るための言葉を得たからだろうと思う。安全な場と、自分の体験を語るための言葉を得る機会がないと、人はみずからの体験を語ることはできないのではないだろうか。

　やがて、そのSHGの集まりのなかで、専門学校での体験だけでなく、ソーシャルワーカーとして仕事をしていたが辞めてしまったことや、小中学校のときにいじめられていた体験なども語るようになり、弱い自分の姿を表せるようになった。人は強くないと生きている資格はないように感じていたが、そうでもないのだと感じるようになった。

　また、他のメンバーが語る物語から勇気を得ることもあった。そして、自分の体験をていねいに語り、他のメンバーの語りにていねいに耳を傾けることを通して、自分の「輪郭線」が明確になっていったように思うし、自分が生きていくうえで必要なことを学ぶことができたように思う。

　その後、別のSHGにもメンバーとして参加するようになったが、SHGにおいては、専門職者の文化とはかなり質の異なる文化があるのだということを身体で感じるようになった。SHGでは、ソーシャルワークにおける援助関係の形成では基本的なことがらである、契約、アセスメント、介入、評価といったことはおこなわれていなかった。また、分析したり、理論を使って状況を把握するといったこともおこなわれていなかった。SHGにおいては、そうではなく、ヴァルネラブル（vulnerable）になること、つまり、「鎧」を脱いでみずからの弱い部分をさらけ出し体験や感情をわかちあうことを通してつながりが形成されていた。

　SHGでは、援助関係とは異なり、かつ、友人や家族との関係とも異なる、人びとの関係が形成されている。SHGは、そういったことを専門職者に対して具体的に示し、専門職者を専門職の世界の外に導くことができるのではないだろうか。

（4）研究・教育方法の変化
　以上、SHGが専門職者に与えうる影響について述べてきたが、SHGは、

専門職者に対してだけでなく、研究や教育をおこなっている者に対しても深い影響を及ぼしうる。

なにより、まさに今読者が読んでいるような、筆者がヴァルネラブルになってみずからの体験を著述するような論文を私が書いているのも、私がSHGから受けた深い影響の現れである。

私は、大学に教員として就職したが、当初、授業のなかで自分自身の個人的な体験を語ることもなかったし、論文にそういったことを書くこともなかった。教育や研究の場というのはそういったことをする場ではないと感じていた。ソーシャルワーカーとしての挫折体験も、SHGに参加していることも、開示することなく、ソーシャルワークの授業をおこない、論文を書いていた。しかしながら、SHGに参加し続けているうちに、あるいは、領域を超えたさまざまなSHGの人たちと出会ううちに、感性、価値観、そして、使う「言語」が変化していった。ソーシャルワークの授業のなかでみずからのソーシャルワーカーとしての挫折体験を語るようになったり、論文においてみずからの個人的な体験を書くようになった。ちなみに、共同で座長を務めた、ある学会の分科会で、（事前に告知したうえで）他の座長やパネリストとともにみずからの個人的な体験を語ったところ、フロアの多くの参加者から激しい非難を受けた。学会というのはそういうことをするところではない、ということであった。［このときの詳しい様子については、松田（2015）を参照。］しかし、だからといって、そういったことを止める気にはまったくならなかった。

SHGは、1人の人間をそのように変える力をもっているのではないだろうかと思う。

6．まとめ

端的に述べれば、SHGは、専門職者、研究者、教員がそれぞれの職業的世界の外に出るのを助けることができるのだと思う。専門職者や研究者や教員が、SHGの文化にふれることで、それぞれの職業的コミュニティにおいて自明のものとして身体に刷り込まれてきた「言語」やふるまい方からときはなたれ、新たな世界が切り拓かれる体験が生じるのではないだろうか。

　メンタルヘルスにおけるオルタナティブ実践によって「文化的多様性」が実現されるとき、専門職者たちにもたらされる体験は、そのようなものなのではないだろうか。

注

1　本章では、以下、「我々の世界を変革する：持続可能な開発のための2030アジェンダ」（外務省による仮訳）における文章を引用した。（https://www.mofa.go.jp/mofaj/files/000101402.pdf 2021.10.28アクセス）
2　本章では、以下、「文化的多様性に関する世界宣言」（文部科学省による仮訳）における文章を引用した。（https://www.mext.go.jp/unesco/009/1386517.htm 2021.11.3アクセス）
3　ボークマンは、体験的知識はコミュニティにおいて形成、継承されるものであると考え、SHGを「体験的学習コミュニティ」（experiential learning community）としてとらえている（Borkman 1990: 21）。一般的に、個人が体験を通して得た知識が体験的知識とされることがあるが、ボークマンは、そのような知識と人びとの体験を通して確かめられた知識とを明確に区別している。
4　アルコール依存症の人たちのSHGと書いたほうがわかりやすいかもしれないが、正確ではない。AAには、そのような診断がなくても、自分自身がお酒を止めたいと思えば参加できる。
5　自己エスノグラフィーという訳語があてられることもある。
6　体験談を語るため、これ以降、主語は「私」を用いる。
7　すべてのSHGがこのようなルールで集まりを開いていると理解する人がいるが、誤解である。そうでないSHGも多い。

引用・参考文献

Borkman, T. J.（1990）Experiential, professional, and lay frames of reference. In T. J. Powell（Ed.）, Working with self-help. Silverspring, MD: NASW Press. pp.3-30.

Chamberlin, J.（1988）On our own: Patient-controlled alternatives to the mental health system. MIND.（= 1996 中田 智恵海 監訳『精神病者自らの手で：今までの保健・医療・福祉に代わる試み』解放出版社）

井本 由紀（2013）「オートエスノグラフィー：調査者が自己を調査する」藤田 結子・北村 文 編『現代エスノグラフィー：新しいフィールドワークの理論と実践』新曜社 pp.104-111.

松田 博幸（2012）「『支援者』自身との『協働』：支援者が協働するために」山野 則子・吉田 敦彦・山中 京子・関川 芳孝 編『教育福祉学への招待』せせらぎ出版

pp.179-195.

松田 博幸（2015）「ワーカーのオートエスノグラフィー」児島 亜紀子 編『社会福祉実践における主体性を尊重した対等な関わりは可能か：利用者―援助者関係を考える』ミネルヴァ書房 pp.123-150.

宮地 尚子（2013）『トラウマ』岩波書店

Stastny, P., & Lehman, P.（2007）Introduction.（Translated by Mary Murphy.）In P. Stastny, & P. Lehman（Eds.）, Alternative beyond psychiatry. Berlin: Peter Lehmann Publishing. pp.15-16.

第16章
ドイツにおける求職者基礎保障制度
—公的扶助制度の一例として—

嵯峨 嘉子

1．はじめに

　社会保障制度は、その性格から、大きく社会福祉、社会保険、社会手当、公的扶助に分類される。貧困との対応関係では、社会保険は、疾病や失業など、生活上のリスクが生じる前に予防的に対応する。それに対して、公的扶助は、貧困の状態に陥ったあとに事後的に対応する。また、社会保険が事前の社会保険料の納付を要件とし、その保険料を財源とするのに対して、社会手当および公的扶助は、事前に社会保険料の拠出を要件としない無拠出制（税財源）を採っている。社会手当および公的扶助は、財源が税財源である点で共通しているが、社会手当が所得要件（インカム・テスト）を課すのに対して、公的扶助は資産要件（ミーンズ・テスト）を課すという違いがある。ただ、他の諸外国のように、公的扶助制度であっても、資産保有を一定程度認めていくことになれば、社会手当と公的扶助との違いは限りなく小さくなるともいえる。

　公的扶助制度は、社会保障制度の最後のセーフティ・ネット（安全網）といわれる。サーカスのブランコ乗りがブランコから誤って手をすべらせてしまっても空中に張られているネットによって救われるように、生活上のさまざまなリスク（疾病や失業、予期できない多様な貧困リスク）が生じた際に、社会保険等で対応できない場合、最低限度の生活を保障するために公的扶助制度が用意されている。ブランコ乗りは、万が一手を離しても眼下にあるネットによって地面に落ちないことが事前にわかっているからこそ空中にその一歩を飛び出すことができるともいえる。

　日本の公的扶助制度を代表する制度として生活保護制度が挙げられる。生活保護制度は、制度の対象者を稼働能力の有無や、高齢者や障がい者などのカテゴリー別に対応することなく、生活困窮の状態にあれば一つの制度で対応するという一般扶助主義を採る。しかし、運用の実態としては、国際的にみても相対的貧困率の高いグループ（2018年、15.7％）に位置するにも関わらず、生活保護利用率は、2021年9月時点で1.63％と極めて低い利用率・捕捉率となっている（相対的貧困率の国際比較は図16-1を参照のこと）。

　各国の公的扶助制度は、多様な形で用意されている。本章は、その一例として、ドイツにおける公的扶助制度の一つである求職者基礎保障制度を取り上げ、その特徴について特に日本の生活保護制度との比較の観点から検討する。

2．ドイツにおける公的扶助制度の展開

　1961年6月30日に公布された旧連邦社会扶助法（BSHG:Bundessozial-hilfegesetz）は、日本の生活保護制度と同様、一般扶助主義を採り、1962年7月に施行された。従来の公的保護öffentliche Fürsorgeという用語に伴う救貧法的イメージを断ち切るため、あえて「社会扶助Sozialhilfe」と名付けられたといわれる（小川　1967）。

　従来、失業者に対する生活保障給付としては、「失業保険」、「失業扶助」（税・連邦負担、給付期間制限なし）、そしていわゆる最後のセーフティ・ネットである公的扶助制度としての「連邦社会扶助制度」（税財源・自治体負担）という3層が存在していた。しかし、失業扶助および社会扶助制度がどちらも長期失業者を給付対象としていたため、その非効率を解消することが求められた。

　2002年以降、社会民主党と緑の党との連立政権（シュレーダー政権）は、いわゆる一連のハルツ改革に着手した。フォルクスワーゲン社人事担当取締役であるペーター・ハルツが委員長を務めるいわゆる「ハルツ委員会」が改革案を作成した（「労働市場における近代的サービス給付」）。ハルツ改革の第4番目の改革として提出されたのが、失業扶助制度と社会扶助制度の統合であった。

　失業扶助制度と公的扶助制度である「連邦社会扶助制度BSHG：Bundessozialhilfegesetz」を統合し、新たに「求職者のための基礎保障（Grundsicherung für Arbeitsuchende）」（社会法典2編）を導入した。そのことにより、失業者に対して「ひとつの手からの支援」を行うことが目指された。同時に、従来の「連邦社会扶助制度」は、稼働能力の有無によって二分されることとなった。稼働能力の有無とは、一般の労働市場で3時間以上労働可能かどうかによって区別される。稼働能力がある要扶助者は、「求職者基礎保障制度」（社会法典第2編）で対応する。求職者本人は「失業手当II（Arbeitslosengeld II）」、稼働能力を有しないその世帯員（子どもなど）は、「社会手当（Sozialgeld）」を受給する。高齢者や障害者などの稼働能力がない要扶助者は、「社会扶助（Sozialhilfe）」（社会法典12編）の利用対象となった。

　これらの改正に対しては、それまでの〈従前の所得の保障〉原則を中心とするドイツ社会国家の解体だとする指摘もある（Mohr 2009）。失業扶助時代には、従前の生活水準に対する配慮があったが、改革後は、旧失業扶助受給

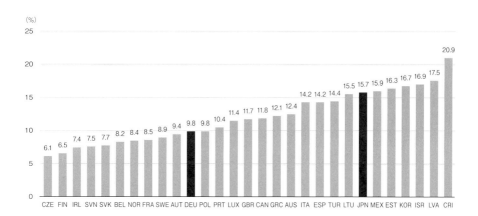

出所：OECD (2021), Poverty rate(indicator). doi: 10.1787/0fe1315d-en
　　　(Accessed on 22 September 2021)

注1）　図中の黒色部分、DEU はドイツ、JPN は日本を指す。
注2）　ここでの相対的貧困率とは、等価可処分所得の中央値50% 未満のものの割合である。

図 16-1　OECD 諸国における相対的貧困率 (2018年時点)

者の生活水準も最低生活水準にそろえられることになったため、一部の失業
扶助受給者の中には、旧制度時に比べ受給額が低くなったものもいた。しか
し、全体としてみれば、新制度の受給者数は予想を大きく超えるものとなっ
た。名称変更により扶助のイメージが薄れたこと、旧社会扶助制度（BSHG）
に比べて資産要件が緩和したことなどが理由として挙げられる。新制度は、
貧困層の顕在化に寄与したと評価できる（布川 2010）。

　現在、ドイツ連邦統計局（2021）によると、最低生活保障制度のうち、求
職者基礎保障（第２編）が受給者全体の77％を占め、残りは、12編（うち、
基礎保障16％、施設外２％）、難民庇護申請給付が６％を占める。

３．求職者基礎保障制度の概要

　以下では、求職者基礎保障制度を中心に制度の基本的な概要を述べる。社
会法典２編受給率は、近年は、減少傾向にあり、2020年現在で8.3％となっ
ている。ドイツの相対的貧困率は9.8％で国際的には中位グループに位置す
るが、貧困状態にある者の多くを公的扶助制度がカバーしているといえる。

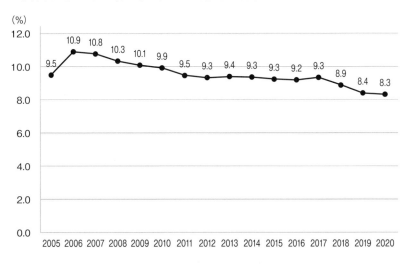

出所：BA：SGB II-Hilfequoten (Monats- und Jahreszahlen), 2021

図 16-2　求職者基礎保障制度（社会法典２編）受給率の年次推移（2005-2020）

EUでは、相対的貧困線を等価可処分所得の中央値60%に設定するが、2013年時点の連邦雇用エージェンシー（BA）のデータによれば、15歳以下の子どものうち、相対的貧困で中央値の60%未満にいる子どもが210万人（全体の19.7%）存在し、うち社会法典2編を受けている子どもは95万人（全体の8.9%）、2編を受けていない子どもは115万人（10.8%）となっている。48万人（4.5%）の子どもは、社会法典2編を受給しているが貧困ではないとし、このグループは、基礎保障の給付によって貧困を回避したグループといえる（Bähr u.a. 2018, S.197）。

　稼働能力を有する受給権者の年次推移（2012年–2016年：**表16-1**）を見ると、25歳以上の人数は減少しているものの、25歳未満の者については増加傾向が見られる（Bähr u.a. 2018）。就労活動との関係で言えば、稼働能力を有

表16-1　稼働能力を有する社会法典2編受給者の推移（2012年–2016年）（単位：千人）

	2012/7	2013/7	2014/7	2015/7	2016/7	2012-2016の変化（%）
稼働能力を有する受給権者（失業手当II）	4,425	4,422	4,382	4,368	4,318	-2.42
受給率（%）	8.4	8.3	8.2	8.1	7.9	-4.89
性別						
男性	2,144	2,145	2,121	2,124	2,140	-0.18
女性	2,281	2,277	2,261	2,244	2,178	-4.53
年齢						
25歳未満	737	734	722	730	751	1.87
25-55歳未満	2,948	2,939	2,914	2,896	2,839	-3.7
55歳以上	740	749	745	741	728	-1.63
稼働能力を有しない受給権者（社会手当）	1,513	1,551	1,581	1,609	1,608	6.22
受給率（%）	13.32	13.81	14.17	14.5	14.24	6.92
うち、15歳未満の子ども	1,434	1,476	1,508	1,550	1,549	7.99

出所：Bähr u.a. 2018, S.27

する受給権者（失業手当Ⅱ受給者）のうち、失業状態にあるのは37％で、それ以外は、労働市場政策上の措置に参加している者、何らかの就業活動をしている者になる。失業中の受給者のうち、1年以上の長期失業者の割合は、47％となっている（BA 2019, S.14）。2008年には、ドイツ社会で進行する所得分配の二極化が指摘されていた（Grabka／Frick 2008）。所得の中位値の70％〜130％を中間層と定義すれば、この所得グループの変動は、1992年から2000年まで相対的に安定している。しかし、2000年以降大きく減少した。

表16-2　社会法典2編による基準需要（Regelbedarf）額の推移

（月額：ユーロ）

基準需要段階		2017	2018	2019	2020	2021
1	成人の単身者、ひとり親	409	416	424	432	446
2	夫婦、同様の生活パートナー	368	374	382	389	401
3	25歳未満（親元にいる者）	327	332	339	345	357
4	15〜18歳	311	316	332	328	373
5	7〜14歳	291	296	302	308	309
6	6歳に達するまで	237	240	245	250	283

出所：Statistische Ämter des Bundes und der Länder 2019, Sozialer Mindestsicherung in Deutschland 2017,S.14、および社会労働省HPより著者作成

表16-3　社会法典2編　世帯類型別支給額

（単位：ユーロ）2021.1.1時点

	基準需要額	住宅暖房費2)	合計額	
単身者	446	344	790	
成人2人	802	436	1,238	
大人1人、子ども4歳	890	490	1,380	注1
大人1人、子ども4歳、12歳	1,199	566	1,765	
成人2人、4歳	1,085	605	1,690	

注1）ひとり親世帯の加算を含めた金額
注2）子どもおよび若者には、さらに教育参加パッケージ費用が支給される。
出所）社会労働省HPから作成

1992年にまだ62％であったが、2006年には54％となった。対して、所得分配の下層と上層の割合は高まり、中間層は侵食され縮小している。

　連邦憲法裁判所による2010年2月9日の判決では、社会法典2編の基準需要額（Regelbedarf）の計算方法の透明性および問題を指摘し、当時の基準給付に関して基本法20条1項（社会国家原則）およびそれに関連する基本法1条1項（人間の尊厳）に違反していると指摘した（嶋田 2018b：101ページ）。基準需要額 は、物価および実質賃金の上昇を反映して、毎年増額がなされている（**表16-2**）。最新の2021年時点の世帯類型別の支給額は、**表16-3**のとおりである。

　この間、焦点になっているのは、子どもの「基準額」に端を発した違憲判決である 。連邦憲法裁判所は、2010年2月9日に、現行の「基準額」について憲法違反と判断した。結果的には、基準の引き上げがなされたのは、成人のみで、子どもの基準額は据え置きとなった。子どもの貧困問題に対応して、基準額を引きあげるかわりに、2011年から、「教育パッケージ（Bildungspaket）」が実施されている。貧困家庭の子ども250万人を対象に、託児所、学校における給食費、スポーツクラブ、音楽クラブ費用の補助を行うものである。制度利用対象者は、社会法典2編、12編、児童手当、住宅手当受給者である。数度の基準引き下げがなされている日本とは対照的に、子どもも含めて毎年基準額の引き上げがなされている。

　受給者：
　失業手当Ⅱ受給権者とは、15歳以上65歳[注1] で、稼働能力を有し、要扶助性があり、ドイツ国内に通常の居所を有する者をいう（社会法典2編7条）。稼働能力の有無は、一般労働市場で1日3時間以上働くことができる状態かどうかによって判断する。稼働能力を有する受給権者とともに生活する、稼働能力がない世帯員（たとえば子ども）は、2編における「社会手当」を受給する。社会法典2編の類型別世帯数および構成割合は、**表16-4**のとおりである。

表16-4　社会法典2編　類型別需要共同体（Bedarfsgemeinschaft）の数
　　　　および構成割合

(2016年7月現在、単位：千世帯、かっこ内の数値は％を示す)

	総数	単身	ひとり親	パートナー＋ 子どもなし	パートナー （子どもあり）	その他
連邦全体	3,281	1,817	608	313	478	65
	(100.0)	(55.4)	(18.5)	(9.5)	(11.1)	(2.0)
西ドイツ地域	2,309	1,247	437	215	360	50
	(100.0)	(54.0)	(18.9)	(9.3)	(15.6)	(2.2)
東ドイツ地域	972	570	170	97	118	16
	(100.0)	(58.6)	(17.5)	(10.0)	(12.1)	(1.6)

注1）社会法典2編における需要共同体とは、同一世帯で生活し、所得及び収入を需要共同
　　　体の総需要を補うために互いに責任を負っている世帯員から構成される。
注2）成人に達した子どもとひとり親から構成される世帯の場合は、「ひとり親」世帯では
　　　なく、「その他」世帯に分類される。
出所：Bähr u.a.2018, S.26

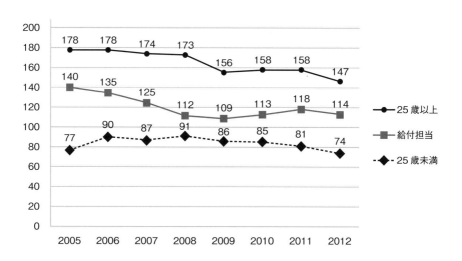

出所：BA, Jahresbericht 2012:43

図16-3　職員一人あたりの担当ケース数の年次推移

保護基準の決定：

　2011年以降、国会制定法に基づいて決定され、物価および賃金インデックスを参照して改訂される（算出のプロセスは法案の段階で検討され、議会で審議される）（嶋田 2018a）。

　資産要件：一定額の貯金、居住用の住宅および自動車は保有が認められている。

　実施機関：２編は、労働行政の連邦雇用エージェンシーが所管し、各地域のジョブセンターが実施権限を有している。一方、12編は、従来の「連邦社会扶助法」の形を引継ぎ、自治体が実施権限を有している。

　職員配置基準（社会法典２編）：実施機関において受給者にかかわる担当者は、主に現金給付業支給業務を担う給付担当者と、個別相談など包括的なサービス給付のマネージメントを主に行なう個別の相談パートナー（persönlicher Ansprechpartner）―「ケースマネージャー（Fallmanager）」とも呼ばれる―とに分かれている。相談パートナーの担当ケース数は、25歳未満の受給者に対する集中的な支援が想定されており、１人の相談パートナーあたり75人の受給者を担当することが目標とされている。25歳以上の受給者に対しては、１人の相談パートナーあたり150人の受給者となっている。日本の生活保護制度における職員配置基準は、社会福祉法において１人のワーカーあたり80世帯となっている。社会法典２編受給対象者は、稼働能力を有する者であれば、同じ世帯であっても、それぞれの受給者１人を１人のケースマネージャーが担当する。

４．ジョブセンターと民間支援団体の協働―若者を対象としたストリートワーク（ベルリン・ギャングウェイ）

　2016年の２編９次改正法（行政の簡素化に関する９次改正法）では、「アクセスが困難な若者への支援（Förderung schwer zu erreichender junger Menschen）」に関する条文（16h条）が導入された[注2]。対象は、25歳未満の若者

で、支援の対象例として、ホームレス状態にいたるような居住形態等の若者が想定されている［Münder 2017, S.528］。制度化されたさまざまな支援や給付の枠組みから遠く離れている若者にアウトリーチ等をしながら、受給につなげる努力がなされている。また、若者支援に関する法改正（16h条の新設）と並んで、若者に対して行政機構上の新たな取り組み——青少年職業エージェンシー（JBA: Jugendberufsagentur）の設置——も進行している。

　ベルリン州で若者向けのストリートワーク支援を実施している支援団体であるギャングウェイ（Gangway）による活動を紹介したい。ギャングウェイのスタッフは、ある若者の例を挙げた。「ジョブセンターのケースマネージャーから、精神的に不安定な若者の受給者がおりどうしていいかわからなくて困っているとの連絡を受けた。ケースマネージャーは、このまま放置すると1日3時間以上就労することができなくなり、そうすると社会法典2編の制度の枠外となってしまうことを懸念していた」。このスタッフは、初対面の場所を工夫し、一般の若者が会う状況と同じように、事務所ではなくハンバーガー・ショップで会うことを約束した。この若者とは、半年間、週20時間を一緒に過ごし、最終的に学校修了資格取得を目指すようになった。プログラムが長期的に目指す目標は、就労支援や職業訓練支援であるが、最初の段階ではプログラムへの参加は条件づけられておらず、まずは若者と会って話をすることを優先している。たとえば、会う約束を5回続けてキャンセルされても次に電話をかけてきたら、それは成功のひとつといえる。この事業は、4年間と長期にわたる資金援助でなり立っているため、必要があれば長い時間をかけて支援をすることが可能となっている。多くの若者が複数の生活課題を抱えており、ジョブセンターによる制裁のようなプレッシャーをかけずに支援をしていると語った。

　ギャングウェイの事業のうち、社会法典2編と関連する事業としてもうひとつ紹介したい。ジョブセンターとの連携で行なっているジョブチーム（Jobteam）という事業である。ジョブチームのストリートワーカーは、ジョブセンターから連絡を受け、連絡がつかない若者への家庭訪問や、「相談バス（Beratungsbus）」と名づけたバスで若者がいる場所に出向くアウトリーチを行なっている。ストリートワーカーは、「ギャングウェイが支援している

あいだは、制裁を科さないという約束をジョブセンターとしている。ジョブセンターがギャングウェイに期待する理由は、アクセスできない若者につないでほしいということに尽きる。行政用語になじみのない若者がジョブセンターに行く際に同行し、面接に同席することもしている。ジョブセンターと若者をつなぐ通訳のような役割も兼ねている。ギャングウェイのスタッフは、「私たちが『信頼できる最初の大人』となることが重要だ」と語った。また、ストリートワークが成功する理由として、自分たちの路上に出向く際の考え方を挙げた。「私たちが若者のいる場所に出向くのだから、私たち自身が若者のゲストだと考えている。だから同じ目線で互いを尊重する関係になることができる。私たちは若者を評価しないし、こうすべきだということも言わない。支援をするかどうか、会話するかどうかも、すべて若者の自主性にゆだねる」という。実際に支援した若者の75%は、職業訓練等の次の段階に移行している。

5．おわりにかえて―コロナ危機のなかで

　2020年以降COVID-19危機において、ドイツでは、2020年3月にいくつかの関連法の改正を行った。操業短縮手当の利用者が急増し、2020年4月には、596万人、社会保険加入義務を有する労働者の5人に1人（18％）に該当した（泉　2020、布川　2021）。また、基礎保障給付へのアクセスの簡素化（資産調査の一時停止、実際の家賃支払い額を自動的に認定）を行っている（2021年12月31日まで継続予定）。オンライン、Eメール等での申請も認められており、連邦雇用庁のホームページでは、申請手続きをわかりやすいアニメーションで説明している。受給者数は、2020年3月時点で3,815,997人だったが、その後増加し、最も多い時で、2020年6月には4,032,109人に達している。公的扶助制度の利用者数の動きに見られるのは、制度が有する貧困への反応性である。その時期の貧困にどれだけ迅速・柔軟に反応する制度か、そのあり方が問われている。

注
1　年金開始年齢に連動する。

2　法改正にいたる取り組みとして、連邦プログラム「レスペクトRESPEKT」がある。アクセスが困難な若者を対象に、連邦全体で18のプロジェクトが実施された（2016年・2017年の予定だったが、1年延長されて2018年12月31日に終了した）。

3　インタビューは、2017年8月31日に著者が実施した。ギャングウェイ（Gangway.de）は、1990年に設立された団体で、2017年時点で、ベルリン州12区のうち9区で主にストリートワークを中心とした活動をしており、ヒアリング時点でソーシャルワーカー数は80名、年間約3000人の支援をしている。

法改正とギャングウェイの活動との関係については嵯峨（2020）を参照されたい。本論のギャングウェイの活動についての記述は、嵯峨（2020）に加筆・修正したものである。

引用文献

泉眞樹子（2020）「【ドイツ】新型コロナウイルス感染症対策関連法」国立国会図書館調査および立法考査局『外国の立法』283-2（2020.5）

布川日佐史（2010）「ドイツにおける格差・貧困と社会保障改革」『ドイツ研究』44号、38-48

布川日佐史（2021）「ドイツにおけるコロナ対応と貧困・格差拡大」『貧困研究』26巻、明石書店

小川政亮（1967）「西ドイツにおける社会扶助請求権と連邦社会扶助法の現状概観」日本法社会学会編『社会保障の権利』有斐閣

嵯峨嘉子（2012）「『支援』と『制裁』の狭間に揺れるハルツ改革－ドイツ－」福原宏幸／中村健吾編『21世紀のヨーロッパ福祉レジーム』糺の森書房

嵯峨嘉子（2020）「ドイツにおける最低所得保障制度（社会法典第2編）の動向」福原宏幸／中村健吾／柳原剛司『岐路に立つ欧州福祉レジーム：EUは市民の新たな連帯を築けるか?』ナカニシヤ出版

嶋田佳広（2018a）「先進諸国の公的扶助・社会扶助　ドイツ」生活保護問題対策全国会議編『「生活保護法」から「生活保障法」へ』明石書店

嶋田佳広（2018b）『住宅扶助と最低生活保障－住宅保障法理の展開とドイツ・ハルツ改革』法律文化社

BA（Bundesagentur für Arbeit），Jahresbericht 各年版

BA：SGB II-Hilfequoten（Monats- und Jahreszahlen），2021

Bähr, Holger u.a. 2018: Grundsicherung und Arbeitsmarkt in Deutschland-Lebenslagen – Instrumente- Wirkungen, IAB-Bibliothek, Nürnberg: Institut für Arbeitsmarkt- und Berufsforschung

Grabka, Markus M./Frick Joachim R. 2008: Schrumpfende Mittelschift-

Anzeichen einer dauerhaften Polarisierung der verfügbaren Einkommen?, DIW-Wochenbericht 10/2008, Berlin

Mohr, K. 2009: Von "Welfare to Workfare"?: Der radikale Wandel der deutschen Arbeitsmarktpolitik, in: Bothfeld, Silke u.a. (Hg.) : Arbeitsmarktpolitik in der Sozialen Marktwirtschaft, VS Verlag, Wiesbaden

Münder, Johannes (Hg.) 2017: Sozialgesetzbuch II: Grundsicherung für Arbeitsuchende, 6. Auflage, NOMOS

第17章
地域づくりと福祉をつなぐ取り組み

東根　ちよ

1．はじめに

（1）地域とくらしの関係

「地域福祉」というものの見方を身につけ、全国の地域を訪れそれまで見たことのない景色や文化にふれるとき、もしこの地域で生まれていたらどのような生活を営んでいるのだろうと思うことがある。それほどに、地域というのは人のくらしや価値観に深く影響を与えるものである。

　たとえば先日ある授業のなかで、学生の「地元」についての話題が飛び交うことがあった。地元で行われるお祭りや行事でのできごと、地域ぐるみで行われる子どもの見守り活動、すこし変わった町内放送のアナウンスなど。聞き手の学生は、似た経験がある場合には共感し、そうでない場合には驚いたりする。そのようなとき、必ずといってよいほど地域とのかかわりに対する反応もさまざまだ。地域とのつながりを好ましく語る学生もいれば、しがらみと感じる学生もいる。ただ、いずれの場合にも地域での何らかの経験や未経験が、その人のくらしや価値観の根っこにあるということだけは確かである。

（2）地域福祉という考え方

　以上のような、地域ごとの生活文化や社会関係に注目しながら、「対象者をとりまく地域社会そのものを直接の対象とする社会福祉の方法」（岡村、2009）が、本章で紹介したい「地域福祉」という考え方である。

　近年、地域福祉は一層着目されるようになっている。少子高齢化の急速な進展、世帯の単身化、財政悪化、立てつづけに発生する自然災害など未曾有の変化に、行政やアソシエーション組織（NPO）だけでは対応しきれず、そ

れらの変化はとりわけ他者のケアを必要とする人に福祉課題として立ち現れ
る。そこで、人々のつながりの単位としての「地域」に期待がよせられてい
る。このような期待は「地域支えあい」とも表現され、国が示す「地域包括
ケアシステム」や「地域共生社会」の一端をになうものとして位置づけられ
ている。

　本章では、地域福祉の取り組みが実際に地域のなかでどのように営まれて
いるのか。そして、地域づくりと福祉がつながるしかけには何があるのか。
鳥取県南部町の東西町地区で行われる取り組みから考えてみたい。

２．鳥取県南部町における地域運営組織

（１）鳥取県南部町の概況

　本章の舞台となる南部町は鳥取県西部に位置し、北は商業都市である米子
市に接し、島根県とも隣接する自治体である。2004（平成16）年10月に旧西
伯町と旧会見町が合併し誕生した際、この地方を表す地名として古くから使
われていた「南部」という呼称が町名に採用された。南北に広がる面積114
㎢のうち、約７割を森林が占める農山村地域で、町内には日本最大級のフラ
ワーパーク「とっとり花回廊」があり、同所からは伯耆富士と呼ばれる大山
が一望できる。

　自治体の規模は人口10,514人、世帯数3,901世帯、高齢化率37.7％となっ
ている（2021（令和３）年10月31日時点）。合併前の旧西伯町、旧会見町のい
ずれにおいても、隣接する市街地のベッドタウン定住化施策により人口増加
に転じた時期もあるが、1980年代をピークに人口減少がつづいている。

　また、南部町政の特徴として、2014（平成26）年に環境省の重要里地里山
に全域まちぐるみの選定をうけ、観光戦略、農作物のブランド化のほか、南
部町版生涯活躍のまち（CCRC：Continuing Care Retirement Community）推進
に取り組んでいることがあげられ、福祉関連施策も注目される。町内には、
地域の社会福祉法人が運営する全室個室ユニットの特別養護老人ホームがあ
り、鳥取県内のなかでも福祉施設が整備される自治体として知られている。
加えて、ボランティアを行いたい中学生以上の町民が会員登録を行い、自身
が行ったボランティア活動の点数に応じて将来生活支援サービスを受けるこ

とができる「あいのわ銀行」が、1996（平成8）年から南部町社会福祉協議会により運営されている。あいのわ銀行の支えあいのしくみは、近年では買い物代行や移送サービスによる利用が増加している。さらに、2018（平成30）年には、ひきこもりやニートの若者の社会復帰を支援するための拠点施設「いくらの郷」が町内の社会福祉法人により開設されるなど、地域共生社会を意図した活動が行われる自治体でもある。

（2）地域づくりの主体となる地域振興協議会（地域運営組織）

1）地域運営組織とは

　南部町の地域づくりの特徴として、「地域振興協議会」と呼ばれる地域運営組織による地域づくりを推進し、地域内分権や住民自治の基盤づくりに取り組んでいることがあげられる。

　地域運営組織とは、これからの住民組織のありかたとして国が一つの道筋として示すかたちである。たとえば、総務省地域力創造グループ地域振興室（2019）は、地域運営組織を「地域の暮らしを守るため、地域で暮らす人々が中心となって形成され、地域内の様々な関係主体が参加する協議組織が定めた地域経営の指針に基づき、地域課題の解決に向けた取組を持続的に実践する組織」と説明する。近年では、2017（平成29）年12月に閣議決定された「まち・ひと・しごと総合戦略（2017改訂版）」において、地域運営組織を形成することが、地域の課題解決のための持続的な取り組み体制にとって重要であるとの方針が示された。このことを追い風に、既存組織の地域運営組織への移行や新たな立ち上げを推進する自治体が増えている。南部町では「地域振興協議会」と呼ばれているが、「まちづくり協議会」などの名称を採用する自治体もある。名称や運営形態はさまざまだが、おおむね小学校区程度の小地域を単位に、地域内分権や住民自治を進める主体であることは共通している。

　以上のように、地域運営組織は近年の「地域創生」の文脈で取りあげられることが多いが、とりわけ本章が着目する南部町のような農山村地域においては、地域運営組織の取り組みの要に福祉活動が位置づけられることも少なくない。

　2）南部町における地域振興協議会（地域運営組織）の展開

　南部町において地域振興協議会（地域運営組織）による地域づくりが取り入れられたのは、2004（平成16）年の合併にともなう南部町の誕生と同時期である。当時、町長に就任した坂本昭文町長（当時）は、新しく誕生した南部町の施政方針に、地域の課題を自分たちで解決し地域を創りあげる新しい仕組みとして、住民組織としての自治会（区長会）と社会教育を展開する公民館（地区公民館）を一体とする地域振興協議会（地域運営組織）の立ち上げをかかげた。

　これを機に庁内には地域政策課が新設されるなど、住民自治を進める方向に舵を切ることになる。翌2005（平成27）年には地域運営組織の立ち上げに向けた説明会である「地域づくり懇談会」が各集落で計71回行われ、のべ参加者数は1,635人におよんだ。その後、1年間の準備期間を経て、2007（平成27）年4月〜7月には町内で計7つの地域振興協議会が設立された。

　なお、地域振興協議会と各集落、行政との関係は図17-1のとおりである。地域振興協議会の会長、副会長は町の非常勤特別職であり、事務局員は集落支援員として雇用される。部会は総務・企画部、生涯学習部、地域づくり部、ふれあい部が基本形として示されているが、2021（令和3）年現在では、7つの地域振興協議会が基本形にとらわれない形で部会をもっている。町は地域振興区設置条例を設置した上で、財政支援は一括交付金を採用し、企画政策課には事業・会計などの支援を行う地域振興協議会サポートスタッフが常駐する。

　一括交付金の2015（平成27）年度の決算額は5,390万円であり、1協議会あたり700万円〜800万円が割り当てられ、既存予算は地域振興協議会導入前とほぼ同額である。このような地域運営組織の立ち上げについては「行政の予算削減を目的とした下請け化」との認識も根強いが、南部町では従来予算と同等額が、一括交付金という各協議会による裁量幅が大きい形で支給されていることが特徴である。

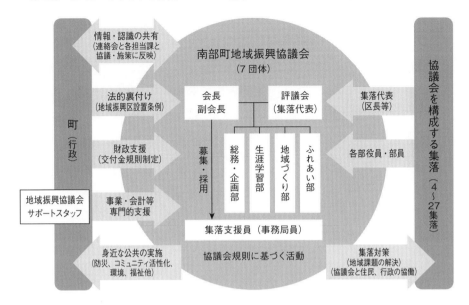

出所：南部町（2018）をもとに筆者作成

図 17-1　南部町地域振興協議会の全体像

3．東西町地域振興協議会の地域づくり

（1）東西町の概況

　つづいて、地域振興協議会による地域づくりが展開される南部町のなかでも、とりわけ地域づくりと福祉活動を連動させた取り組みが行われる東西町地区について紹介したい。

　南部町のなかでも米子市に隣接する東西町地区は、人口1,140人、471世帯、高齢化率38％の、面積はコンパクトな地域である（2021（令和 3）年10月31日時点）。住所表示である東町と西町、および福成の一部を含む郊外型の住宅団地であり、1969（昭和44）年に米子ニュータウンとして宅地造成が行われると、1971（昭和46）年に自治会が 8 世帯から発足した。米子市までは自動車で約10分の距離にあり、住民の多くが米子市をはじめとする近隣への通勤者、およびその退職者となっている。

　1984（昭和54）年には町立の東西町コミュニティセンター（ニュータウン会館）が完成したことで、隣接する天津地区から分離、独立する形で1987（昭和62）年に公民館が設置されている。その後、2007（平成19）年の東西町地域振興協議会（以下、協議会という）発足にいたるまで、自治会と公民館がそれぞれ独自の地域活動を行っていたが、協議会の立ち上げにともない両者が一体となった地域づくりが展開されている。

（2）東西町地域振興協議会の取り組み

　図17-2は協議会の組織図（2021（令和3）年3月31日時点）である。協議会の取り組みには、町づくり部、人づくり部、福祉部、事務局主体業務、放課後児童クラブ運営、西町の郷（コミュニティホーム）運営の計6つの柱がある。見守りを基軸にしながら、くらしのなかで生じる課題に対応する防災・ケア活動が特徴であり、地域づくりの端々に福祉活動が組み込まれている。2007（平成27）年の協議会発足後、10年以上を経て現在の体制となっているのだが、つづいて、現在にいたるまでの取り組みをみていきたい。^{注1}

1）エコポイント導入とご近所福祉

　協議会が現在のような活動を行うきっかけとなった初期の取り組みとして、「エコポイントによるゴミの減量活動」（2008（平成20）年）と「支え合いマップづくり」（2009（平成21）年）がよくあげられる。

　まず、「エコポイントによるゴミの減量活動」の取り組みである。当時、南部町では焼却炉の老朽化にともない、ごみの減量化に対する取り組みが推進されており、町役場が「5％のゴミの減量化」を目指し、目標を達成した地域に一定額の給付を行う取り組みを導入した。そのようななか協議会では、当時東西町で取り組まれていたラジオ体操のポイント制度と、地域通貨制度からアイデアを得て、ごみの減量化と地域通貨を組み合わせる取り組みが生まれた。東西町内の可燃ごみ減量を目的に、プラスチックや重量が重いざつがみ（東西町独自の取り組み）を分別ごみとして排出した際、ポイントカードに押印し、そのポイントを1ポイント20円の地域通貨として地域行事（わくわくショップ、野菜市、文化祭など）で利用できるシステムを考案した。

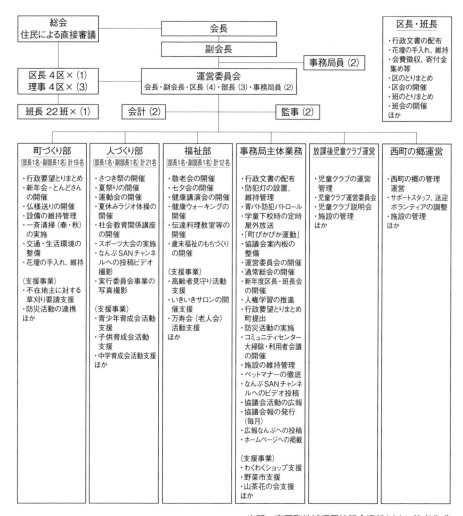

出所：東西町地域振興協議会資料をもとに筆者作成

図 17-2　東西町地域振興協議会の組織図

その結果、排出可燃ごみが激減し、地域づくりの機運が盛り上がりをみせることになる。当時の様子について、協議会のかたはつぎのように語られる。

　みんなが参加するという意欲、そして、そうしたらなんかごみもどんどん減ってくるじゃない。とうとう、まあよそと競争するわけじゃないですけど、南部町で一番減って、５％目標をはるかに超えて、14.3％まで減った。ずいぶん減るなと。そしたらみんなは喜んで。(A32)

　さすがにやっぱりこの限られたエリアで、まさにこの姿が、行政ではできない、行政では目が届かない、手が届かない所が、その地域の振興協議会だと、その住民のために何が必要だとかということで、すぐ決定して、行動ができて、効果が表れるというのは、やっぱりまさに振興協議会ですよね。(B34)

　また、協議会に福祉活動が取り入れられるきっかけとなったのが、同時期に開始した「ご近所福祉」と表現される見守り活動である。2007（平成19）年に協議会がひとり暮らし高齢者の安否確認を行うことを提案し、地域福祉委員、愛の輪委員、民生児童委員とともに協議を行っていた。そして、2008（平成20）年から実際に見守りが必要な要援護者をリストアップし、見守り人（日常的な安否確認）と世話人（ゴミ出し、除雪など日常生活の支援）を１名から２、３名体制に強化していたところ、実際に自宅のなかで倒れていたり、動けなくなっていた高齢者を見守り人が発見し救助する事案がつづいた。

　このようななか、南部町社会福祉協議会職員でもある東西町の住民が、当時協議会の会合に出席しており、「ご近所福祉」の考えを持ち込みながら、2009（平成21）年には要援護者を地図上で把握する「支え合いマップづくり」が行われ、見守り対象者と見守り人の見直し協議が実施されるようになった。その後、2010（平成22）年以降は、東西町内の１区〜４区各100世帯ごとの福祉会が開かれ、見守り対象者および見守り人・世話人と緊急連絡先、寝室の場所、デイサービス状況などの情報を見直し、異常時の確認方法や情報の伝達方法が定期的に協議・確認されている。

２）防災を軸にした福祉活動の展開

協議会立ち上げの初期段階において、エコポイントの導入による地域づくり機運の高まりと、ご近所福祉による見守り活動が根づくなか、2011（平成23）年に発生した東日本大震災が、協議会の取り組みにも大きな影響を与えている。

東西町地区には鳥取県西部地震（2010（平成22）年）をきっかけに自主防災組織が立ち上がっていたが、当時自主防災組織の役員の多くは現役世代の男性が多く、平日の日中は地区にいないことがわかった。そこで、東日本大震災の翌日にはあらためて災害時の対応を話し合う場が設けられ、平日の日中でも地区内におられるかたで対応可能な災害発生時の初動体制を確立した。つまり、定年退職者や専業主婦（夫）のかたなど、普段地区内におられる方に安否確認協力委員を委嘱するとともに、Ａ４サイズ１枚の「簡潔でわかりやすい」初動対応表を作成し、災害の発生時に実動できる体制が構築された。

このような初動体制の確立と防災体制に対する危機意識の高まりは、すぐに功をなすことになる。2011（平成23）年９月１日に地域をあげた土砂災害の防災訓練が行われた直後、９月３日未明に台風12号が接近した。町役場の防災担当者からは、協議会に「待機」の連絡があり、これを受けて自主防災組織では独自の見回りを開始した。その結果、地区の一部ですでに土砂崩れが発生しており、避難勧告発令に先立つ避難行動につながった。

それ以降も、協議会が行う防災訓練は訓練のみで終わらず、訓練終了後はワークショップで課題を洗い出し、そこで出た課題は放置せずかならず対応する取り組みを行っている。対応の具体例としては、避難訓練で気づいた避難通路のバリアフリー化に向けた改修や、地区内４ヵ所に避難時用機材を収納する防災庫が設置されるなどハード面の整備も進展し、一連の取り組みは防災に関する表彰（2011（平成23）年自主防災組織として鳥取県知事表彰、2015（平成27）年要配慮者を守る災害に強いまちづくりとして消防庁長官表彰）を受けるなど、外部からも高く評価されている。

３）子どもと高齢者の拠点づくり

　このように、エコポイント制度を通じた地域づくり、見守り活動や支え合いマップづくりを契機に防災を軸にした福祉活動が行われるようになったところ、地区のなかで子どもと高齢者に向けた拠点づくりが展開されることになる。

　まず、地区の子どもに向けた取り組みとして、2012（平成24）年から協議会が地区内の東西町集会所で放課後児童クラブ（にこにこクラブ）を運営している。東西町に子育て世帯の転入が相次ぐなか、小学生のいる保護者からは身近な地域での放課後児童クラブ開設へのニーズが高く、協議会が主体となり地区内で開設することになった。その結果、子育て世帯にとっては放課後児童クラブへの送迎時間の短縮につながり、支援員も地区住民であるため子どもや保護者との顔のみえる関係づくりが行われている。毎年10名弱の通年利用があり、支援員３名体制で運営されている。

　さらに、高齢者の独居世帯が増加するなか、高齢者が自由に日中過ごすとのできる拠点として、2013（平成25）年から地域コミュニティホーム「西町の郷」が協議会や地域ボランティアにより運営されている（図17-3）。月、

出所：筆者撮影

図17-3　コミュニティホーム「西町の郷」

水、金曜日の10時〜16時に開所されており、年3,000円の登録料と、1日300円の利用料で利用することができるため、おおむね10名前後の利用者が日中過ごす地区の拠点として機能している。運営には、施設長のほか1〜2人のサポート員が常駐し食事のサポートなどを行うとともに、地域ボランティアによる自動車での送迎が行われている。開設にあたっては、鳥取県の「鳥取型地域生活支援システムモデル事業」として、民家の改修費用や運営費が一時的に補助されるなど行政による後押しもあるが、それまで取り組まれていた協議会による福祉活動のうえに、運営されていることが印象的な取り組みである。

4．地域づくりと福祉をつなぐもの

これまで述べたように、東西町地区では協議会が地域づくりを力強く推し進めながらも、高齢者や子ども、子育て世代、災害時に支援が必要な要援護者など、地域のなかで決して「声が大きい」とはいえない住民に対するケアの視点をもち、地域づくりと福祉を橋渡しする取り組みが日々進められていく。一体、その背景にはどのようなしかけがあるのだろうか。ここでは、①外部からの支援を主体的に取り入れていること、②公民館を基点とした社会教育が根づいていることの2点について紹介したい。

（1）外部からの支援を主体的に取り入れていること

協議会の立ち上げから現在にいたるまでのお話をうかがっていると、折につけ外部から支援が行われているのだが、それらの支援を協議会が主体的に地域のものとして取り込んでいることに気づく。

まず、協議会の立ち上げは町役場が主導した地域内分権の取り組みであり、決して地域の側が主体的に取り組んだものではなかった。にもかかわらず、東西町において協議会という主体が形骸化しなかった背景には、特に協議会の立ち上げ時、町役場による手厚い支援が行われていることがある。

協議会の立ち上げ当初、町役場からは地区ごとに2名の準備主任が配置されている。当時、準備主任として支援の中心にいた職員は東西町の住民でもあった。2名のうち1名は課長級で、かつ併任辞令での配置であり、町役場

の力の入れ具合がみてとれる。また、協議会の立ち上げとあわせて導入された5年を計画期間とする協議会の「地域づくり計画書」では、行政手法を活用した計画策定が行われている。そのほか、社会保険事務所、ハローワーク、税務署などの事務関連対応や予算対応などの支援により、協議会の立ち上げが支えられていた。

　さらに、福祉活動に対する取り組みのきっかけとして重要なのは、社会福祉協議会による支援である。町役場が当初示した協議会の青写真には、部会は総務・企画部、生涯学習部、地域づくり部、ふれあい部が基本形として示されており、福祉活動は協議会の取り組みの柱として位置づけられていた。一方で、設立当初、福祉活動には課題を抱えていたという。

　　　福祉活動というのは特に、われわれのたとえば自治会とか、公民館活動ではあまりそういうことを意識してなかったんですね。これは、そういうふうにやる福祉活動、ご近所福祉とか、そういうのは社会福祉協議会が担ってたんですよね。（A1）

　　　<u>実は協議会ができてもすぐ、福祉部というのはありましたけども、なかなか最初はうまくいかなかった。うまくいかないというのはわれわれのその意識が足りなかった頃ですから</u>、自治会活動とか公民館活動というのは、非常に理解も、やってましたし知ってました。（A4）

　そのような状況に対して、福祉活動の視点を持ち込むことになったのが、南部町社会福祉協議会から東西町住民として福祉部の会合にも出席していた職員である。同職員は「ご近所福祉」の考えを提示しながら、支え合いマップづくりの提案やコーディネートなど顔の見える関係性を活かした支援を行っている。

　このように、地域づくりと福祉が車の両輪として進められていく背景には、協議会に対し地域づくりと福祉の双方から支援が十分に行われており、なおかつその支援を、協議会が主体的に地域のものとして取り込み発展させるという循環がある。

（2）公民館を基点とした社会教育が根づいていること

つづくしかけとして見過ごすことができないのが、公民館を基点とした社会教育の文化である。もともと、南部町では公民館活動が活発に行われており、公民館には館長と主事が配置されていた。また、地域振興協議会の立ち上げ時の組織検討委員会にも公民館関係者が参画し、地域振興協議会（地域運営組織）を展開する際、その母体となるのは自治会と公民館であることが当初から想定されていた。各地区で行われる公民館の活動をぬきに地域運営組織を展開できないという認識が、構想時点からあったという。

とりわけ、そのなかでも活発な活動が行われていた地区の一つが東西町であった。南部町では、もともと旧村単位で公民館が設置されているが、東西町地区および隣接する天津地区の公民館にのみ専従の公民館主事が配置されていた。つまり、もともと地域に根づく公民館活動のなかでも、東西町地区の公民館活動はとりわけ重要であったと考えられる。

　　そういう組織ですから、たとえば中四国の公民館研究会にも出るわけです。今それ、もう公民館崩壊してますから。やっぱりそういう声は結構聞きますよね。南部町はそういう声というのはむしろない。だけど今、結局、まちづくりうまくいっとるから、まちづくりのための社会教育ですから。結果的には住民の安全・安心につながるっちゅうのが究極的なまちづくり、地域づくり、そうであれば、私は教育委員会が関わろうが、ここがどうだ、そういうことはあんまり、どう言いますか、どちらが主だとか、従だという関係はまったくないと思いますね。（A13-14）

このような公民館活動を重要視する考えは、協議会の取り組みをうかがうなかでも折につけて垣間みることができる。協議会の立ち上げにともない、自治会と公民館の取り組みが一体的に行われるようになったが、東西町では協議会の事務局員として、公民館にもともと専任主事（その後社会教育主事の任用資格を取得）として勤務されていたかたが集落支援員として勤務されている。その結果、協議会の取り組みの隅々に社会教育を取り入れたメニューが展開されているし、住民に対する細やかな情報発信が協議会の立ち上げ当

初から徹底されている。毎月発行されるＡ４サイズ、4ページにわたる会報「まち」は、ていねいな記述と写真による広報が行われており、地域振興協議会の取り組みが一目でわかりやすくまとめられている（図17-4）。また、協議会の運営には、公民館が単独で運営される際から進められてきた、「昨日入居した方も数十年前に入居した方も対等」「年長者だからと言って威張らない」「だれでも対等に発言と活動ができる」等の取り組みが意識されるなど、協議会の取り組みの背景には公民館を基点にした社会教育の基盤があることがみてとれる。

出所：東西町地域振興協議会資料

図17-4　会報「まち」

5．おわりに

　本章では、農山村地域である鳥取県南部町の東西町地区における取り組みから、地域のなかで営まれる地域福祉活動の実際と、そのなかで地域づくりと福祉がつながるしかけについてみてきた。東西町地区の取り組みについては、地域運営組織の取り組み事例として、あるいは地域ぐるみで取り組む防災活動の事例としてみることも可能であり、実際そのような見方で着目されることも多い。一方、本章がもとづく地域福祉という見方からみた場合、東西町地区の地域づくりと福祉が連動しつづける取り組みからは学べることが多い。

　冒頭で述べたとおり、近年、地域づくりと福祉が連動する取り組みが一層求められているが、その具体的な取り組みは地域のなかでしか生まれ得ないし、地域に対して行われる外発的な役割付与は持続可能なものとはなり得ない。本章で述べたことは一つの地域のなかで行われる取り組みと、そこから学んだ現時点での内容を述べたものに過ぎない。ただ、持続可能で、誰もが住みつづけることのできる地域は、本章で述べたような日々の試行錯誤のなかでつくられていくものであり、実際に地域のなかで育まれる取り組みからは「一般性」を超えた他地域へのヒントが見つかるのではないだろうか。

謝辞

　本章執筆にあたりお世話になった東西町地域振興協議会の皆様に、心より感謝申し上げます。

注
1　以下は、2017（平成29）年～2020（令和2）年にかけて行ったフィールドワークのほか、2018（平成30）年4月～5月に行った東西町地域振興協議会のかたへのインタビューにもとづいている。インタビューは許可を得てICレコーダーで録音し、文字起こしを行った。インタビューを引用する際には、匿名化を行うためインタビュイーに便宜的に割り当てたアルファベットと、文字起こしによりテキストとなったインタビュー記録のページ数で表記した。たとえば、A2は、インタビュー記録2ページ目のA氏の発言を表している。

参考文献
岡村重夫（2009）『地域福祉論 新装版』光生館
全国コミュニティライフサポートセンター（2014）「集落における地域支え合い―地域づくりとしての「地域共同ケア」へ―」
総務省地域力創造グループ地域振興室（2019）「平成30年度地域運営組織の形成及び持続的な運営に関する調査研究事業」
地域の課題解決のための地域運営組織に関する有識者会議（2016）「地域の課題解決を目指す地域運営組織―その量的拡大と質的向上に向けて―最終報告」
南部町（2018）「地域振興協議会発足10周年記念誌」
南部町・南部町社会福祉協議会（2021）「南部町地域福祉推進計画」

第18章

社会福祉法人の経営課題
―SDGsへの対応―

関川　芳孝

1．はじめに

　国連が定めた「持続可能な開発目標：以下SDGs」は、貧困や飢餓、健康と福祉、産業と技術革新、海の豊かさを守る等、経済・社会・環境にまたがる17の目標を2030年までに達成することを求めている。わが国においても、すでに国および自治体、NPOはもちろん、企業に至るまで、SDGsに向けたさまざまな事業に取り組み始めている。社会福祉法人は、高齢者、障害者、子ども、生活困窮者などを対象とし、さまざまな福祉課題の解決のために、社会福祉事業を経営している。社会福祉法人は、SDGsに対しどのように関わるべきなのか、あらためて考えてみたい。

　「SDGsの目標」のなかには、社会福祉事業が対象とするテーマとも関連するものも少なくない。たとえば、「あらゆる場所のあらゆる形態の貧困を終わらせる」「飢餓を終わらせ、食料安全保障および栄養改善を実現し、持続可能な農業を促進する」「あらゆる年齢のすべての人々の健康的な生活を確保し、福祉を促進する」「包摂的で安全かつ強靱（レジリエント）で持続可能な都市及び人間居住を実現する」など、があげられる。これらは、社会福祉法人の経営理念、取り組む事業とも関係するものといえる。

　しかしながら、これらの目標に関連する社会福祉事業を行っているから、社会福祉法人の経営はSDGsの推進に寄与しているといえるだろうか。たとえば、生活保護法上の救護施設を経営している法人は、「あらゆる場所のあらゆる形態の貧困を終わらせる」に関わっている。SDGsの目標と既存の事業を紐づけることで、SDGsの枠組みのなかで、みずからの事業を位置づけ、社会的役割を再確認することができる。その上であらためて問うべき

は、社会福祉法人に期待される役割・SDGsの取り組みとして、それだけで十分と言えるかである。地域のさまざまな場所で、さまざまな形態で、とり残され貧困などで困窮している人の存在をどのように考えるべきか。

SDGsは、社会福祉法人に対し、地域で生活に困窮している人たちに対し、どのような事業・活動を展開するべきかをあらためて考えるきっかけを与えるものといえる。「あらゆる場所のあらゆる形態の貧困を終わらせる」と法人の事業を紐づけるのであれば、地域住民が貧困に直面している現状を把握し、現在取り組んでいる事業以外にさらに取り組むべき事業・活動はないかと考え、不足している取組については、可能であればあらたに事業や公益的な取り組みを地域で展開していくことが大切ではないか。こうすることによって、法人のミッションにもとづく新たな事業ニーズに気づき、将来に向けた事業課題を考えることができる。たとえば、救護施設などの制度事業の他にも、地域における低所得者や生活困窮者に対するさまざまな公益的な活動が求められていることに気づく。このように、あらためて関連する目標に照らして、社会福祉法人の存在価値を高めるために、現在の経営理念や経営戦略を修正していくことが必要となる。

社会福祉法人の経営は、このようなSDGsの目標と、どのように向き合うべきであろうか。本稿では、社会福祉法人が、SDGsに取り組む意義、取り組む方法、これからの法人経営のあり方等についてあらためて考えてみたい。

2. 社会福祉法人経営におけるSDGsの基本的な考え方

SDGsの推進に対し、非営利組織である社会福祉法人は、どのように向き合うべきなのか。非営利組織の経営の立場から、少し基本的な考え方を整理しておきたい。

非営利組織は、みずからのミッションにもとづいて、事業を始めている。みずからの経営理念、ミッション（使命）からみて、SDGsにどのように関わるべきかが決まってくる。たとえば、ドラッカーも、非営利組織の経営には、「ミッション」が第一述べている。「ミッション」にもとづき、何を目指してどのような具体的な行動をとるのか、目指すべき事業成果に対し、具体

　的な「行動目標」の設定を求めている。そして、ミッションを具体的な成果に結びつけるために、戦略、マーケティング、イノベーション、資金の開拓が大切というのである。

　SDGsの目標には、社会福祉法人が現在掲げているミッション（使命）からみても、取り組むべき福祉課題が含まれている。経営者は、法人のミッションに照らして、SDGsの目標にどのように関わるべきかを考え、関わることによってどのような具体的な成果をあげようとするのか検討する必要がある。そうすることによって、みずから決めた成果を上げるために、どのような事業や活動を行えばよいのか、おのずと事業戦略が決まってくる。

　人口減少・少子高齢化が進み、大都市では現在のインナーシティが、地方の中山間地が、コミュニティの機能を維持することがもはや限界ともいえる状態をむかえることは確実である。これに加えて、景気の変動等によって発生する貧困などの社会問題も繰り返されている。気候変動・異常気象、大地震も起こるかもしれない。こうしたことから、自治体が運営する公的な制度でも、住民相互の地域福祉でも、対応することが困難な新たな福祉ニーズが顕在化することが予想される。

　社会福祉法人の経営にはこうした不確実な将来の社会のリスクに対し、法人のミッションにもとづきつつ、未来志向の発想に立ちバックスキャン的に逆算し、事業経営や活動の成果（成果＝あるべき姿：何をどこまで成し遂げようとするのか）を考えることが望まれる。具体的には、2030年のビジョン実現、成果達成のために、現在は何から取り組み始めるべきなのか、数年後に向けてどのように進めていくべきなのかについて考えて、中長期の事業戦略を構築するのである。将来に向けたSDGsの事業戦略も、法人の定める中長期の事業計画において、明確にしておくことが望ましい。SDGsの取り組みは、法人のビジョンや将来構想とも関連するからである。

　さて、SDGsの取り組みは、社会福祉法人の経営のなかで、どのように位置づけるべきであろうか。一つの考えとしては、コトラーが述べるように、既存事業に対し、SDGsの取り組みをCSR（法人としての社会的責任）として位置づけることもできる。既存事業の経営および地域公益的取組の他に、社会的責任としてSDGsに取り組むように求められても、現状では取り組むだ

けの余裕がないと考える社会福祉法人もあろう。

　これに対し、コトラーは、社会的責任として行うSDGsの取り組みは、既存事業と関連付けて行うことにより、既存事業にもよい影響をもたらすと説明する。

　『社会的責任のマーケティング』におけるコトラーの指摘を踏まえて考えるならば、社会福祉法人がSDGsに取り組む結果として、既存事業においてもよい影響をもたらすであろう。たとえば、①売り上げや市場シェアが増加する、②ブランド・ポジショニングを強化する、③法人イメージが向上する、④従業員にとっても魅力的な職場とうつり離職が減る、⑤自治体や地域へのアピールにつながる、などが考えられる。このようにして「事業の成功」と「CSR」を両立させることが大切であると指摘している。つまり、事業の継続・発展とSDGsの取り組みが両立するように、法人として経営戦略を考えることができるはずである。

　社会福祉法人など、非営利組織においても、全体として組織を存続させるため事業から一定の収益を確保することは大切である。しかし、非営利組織である以上利益の確保一辺倒ではなく、経営全体の収支バランスに配慮しつつも、事業利益の一部を再投下するなどして、SDGsの取り組みを通じて社会的責任をはたし、社会問題の解決に取り組むこと目指すべきであろう。

　これに対し、既存の社会福祉事業をつうじて、貧困などのSDGsに関連する地域の課題を解決することもできる。SDGsの取り組みを、CSRとして考えず、本来の社会福祉事業としてとらえ、法人の取り組む事業全体の利益を確保しつつ、新たに社会福祉事業の領域を開拓・拡大することができるのではないか。

　企業においては、SDGsの取り組みを本来の事業ドメインの中心に据えて、新たに事業を展開する例が少なくない。たとえば、SDGsに対し、環境やエネルギーなどの社会問題の解決と関連づけて、事業としても利益をあげ成功させようとする企業もある。SDGs取り組みにおいても、CSRとして考えるのではなく、社会的な利益と経済的な利益の両立を目指そうというのである。

　マイケルEポーターも、企業経営において、CSV（Creating Shared Value

＝共通価値の創造）に取り組むことが重要と述べている。社会問題の解決に取り組み、地域社会にとって社会的な価値を創造することで、同時に事業にとっての経済的価値も創造できるというのである。企業のなかでも、このような位置づけをして、SDGsに取り組む例も少なくない。

　こうして考えると、社会福祉法人の経営も、地域における社会福祉法人の存在価値、社会的な価値を高めるために、CSVを志向しつつ、本業のひとつとして位置づけて、SDGsに取り組むという発想の転換が必要ではないか。地域において制度事業と地域福祉とが展開されていようが、そのどちらをもっても対応できない空白領域があり、生活や暮らしに支援が必要な人が取り残されている。このような空白を埋めるSDGsの取り組みは、社会福祉法人の本来的な役割ではないだろうか。つまり、社会福祉法人は、社会福祉事業の主たる担い手として、制度事業では解決できない福祉課題にも向き合い、個別に複合的な支援が必要な人に対して福祉サービスを提供し、空白部分を埋めるような新たな社会福祉事業を創出する役割が期待されている。社会福祉事業の本来的役割として、SDGsの取り組みを位置づけることができるのではないか。

　社会問題を解決しようとしても、社会福祉法人単独でSDGsの活動を行っても、問題の解決に十分な寄与ができていない場合も少なくない。地域の問題解決に十分なインパクトのある活動を展開するには、プラットフォームを構築し、さまざまな関係機関・団体、企業やNPOなどとも連携し取り組むことが考えられる。たとえば、SDGsに関連する貧困問題の解決は、NPOやボランティア団体がバラバラに取り組むよりは、貧困問題の解決に関わる自治体、社会福祉法人、NPO、企業がひとつのプラットフォームのもとに集まり、一つの目標に向かって相互に連携・協働し問題に取り組む方が、課題解決にインパクトのある活動となりやすい。

　NPOなどでは、「Collective Impact」という形で連携し、事業活動を行うという方法が注目されている。行政、競合する企業、他のNPOをも巻き込んで、制度の空白を埋め、社会問題の解決に取り組むというものである。Collective Impactとは、ジョンカニア＆マーク・クラマーによれば、「異なるセクターから集まった重要なプレーヤーたちのグループが、特定の社会問

題を解決するため、共通アジェンダに対するコミットメント」であり、社会の変化を促すような大きなインパクトを共創しようとする取り組みと説明されている。これまでの協働の仕組みと違うのは、Collective Impactによる事業体では、①あらゆるプレーヤーが参画していること、②成果の測定方法を共有していること、③それぞれの活動が互いに補強し合うこと、④常時コミュニケーションをとりあうこと、⑤全体に目配りができる専任の事務局スタッフがいること、である。共通のアジェンダを定め、連携による問題解決のプログラムの成果を上げるため、全体として取り組み（プロジェクト）をマネジメントする手法である。連携・協働のあり方、組織、体制、取り組みレベルを進化させ、オルガナイズさせたものといえるであろう。

　SDGsの取り組みも、こうした連携・協働の仕組みの中から、新たに社会福祉事業のイノベーションが共創されるものと期待している。そのためにも、社会福祉法人には、さまざまなSDGsの取り組みを通じて、社会の仕組みを変革するインパクトを創出できているか検証を繰り返すことが大切である。具体的には、異なる分野のさまざまなステークフォルダーと横につながり、活動の成果を共有し、活動のインパクトを高めるため相互のコミュニケーションを繰り返すことが課題といえる。

3．社会福祉法人によるSDGsへの取り組み方法

　社会福祉法人が、みずからの経営ミッションからみて、SDGsに取り組むことを決めたとしても、問題は、事業全体のなかでどのように位置づけこれに取り組むかである。SDGsの取り組みを通じて、社会福祉法人の地域における存在価値を高めたいと考えても、どのように進めたらよいか、見通しが立たない法人も少なくないと思われる。SDGsの取り組みについての考え方としては、経済産業省から出された「SDGs経営ガイドブック」が参考になる。SDGsが法人にとってどのような意味をもつのかも説明されている。

　「SDGs経営ガイドブック」の他に、社会福祉法人のなかには、「SDGs Compass」を参考にして取り組んでいる法人もある。「SDGs Compass」とは、国際的なNGOが作成した指針で、企業等がこれからSDGsをどう取り組むべきかについて述べられている。企業経営を対象としたものであるが、

　非営利組織である社会福祉法人にとっても、SDGsの行動指針として、参考になるものといえる。以下では、「SDGs Compass」を参考にして、どのように進めるべきかについて、述べておきたい。

　「SDGs Compass」では、5つのステップを示している。すなわち、①SDGsを理解する、②優先課題を決定する、③目標を設定する、④経営に統合する、⑤報告とコミュニケーションを行う、である。まず、第一のステップは、SDGsを理解することから始まる。法人役員、職員に対し、SDGsとは何か、法人としてSDGsに取り組むことはどのような意義があるのかについての理解を共有することが大切である。

　そのためにも、たとえば、法人組織のなかで、キックオフ・ミーティングを開き、SDGsに取り組むことを宣言し、「SDGsとは何か」などについて職員に説明することが考えられる。とりあえず、担当チームを組織し、SDGsに対する理解を深めるとよいであろう。SDGsの目標と社会福祉の事業を紐づけることにより、社会福祉法人の理念やミッションにもとづき、法人の存在価値を高め、将来に向けて法人を存続・発展させる取り組みでもあるとの共通理解の形成が大切である。

　第二のステップは、法人としての優先課題を決定することである。社会福祉法人の経営課題のうち、SDGsに関連するものは数多い。たとえば、全国社会福祉法人経営者協議会では、「アクションプラン2025」をまとめているが、社会福祉法人の将来的な経営課題とSDGsの目標との関連を明らかにしている。ここでは、SDGsの17の目標は、「経営に対する基本姿勢」「支援に対する基本姿勢」「地域社会に対する基本姿勢」「福祉人材に対する基本姿勢」のすべてに、関連があると述べている。もちろん、社会福祉法人が実際にSDGsに取り組むとしても、その関連するすべてに取り組まなければならないものでもない。むしろ、優先するべき課題を絞り込み、組織としての取り組みの重点化を図ることが大切である。

　社会福祉事業、地域公益的取組、地域貢献活動などが、SDGsに及ぼしているプラスの影響、マイナスの影響を把握したうえで、まずはプラスの影響を拡大させるような取り組みを優先させるとよいであろう。なお、法人の事業が、サービス提供のプロセスにおいて、食品や資材などの調達や消費が繰

り返され、地域の環境に対しマイナスの影響を及ぼしている場合もあることにも注意が必要である。

第三のステップは、具体的な行動目標を設定することである。「SDGs Compass」では、SDGsの取り組みの進捗状況をモニタリングし、取り組みの成果を情報発信するためにも、具体的な数値目標としてのKPI（主要業績評価指標）の設定を求めている。また、日本経済団体連合会では、「SDGsへの取り組みの測定・評価に関する現状と課題」を取りまとめているが、SDGsの取り組みによる「インパクト評価」の重要性を指摘している。たとえば、CO_2の削減などは、数値目標を選択しやすいが、社会福祉事業についてみれば、KPIの設定が難しい側面がある。

貧困撲滅のために行う生活困窮者支援の事業の場合で考えると、KPIとして相談件数、支援対象者数、支援の延べ回数などが思い浮かぶが、貧困撲滅や社会的孤立の解消にどれだけインパクトがあったのか評価する指標にはなりえないと考える。あえていえば、生活困窮者支援の結果として、三年後に地域において安定した生活を営み、居場所と役割を見つけることのできた人の数などが考えられるが、現実にはこうした成果の測定を社会福祉法人として行うことが困難といわざるをえない。このように考えてみると、当面は、決定された優先課題について、具体的にどのような状態を目指すのか、社会変革のインパクトを確保するために、法人組織・各事業においてどのような取り組みを始めるのか、法人としての行動目標を明確にすることが大切である。

社会に対しSDGsの取り組み成果を情報発信し、社会的な信頼を高めるためにも、社会福祉分野におけるKPIの開発が課題と考える。活動の記録をとり、取り組み前と取り組後で何がどのように変化したかモニタリングし、取り組みの社会的なインパクトを評価する数字で表せる指標が開発できると、それをもとに事業の成果を社会に対し伝えやすいからである。共通のKPIに照らして成果を公表することにより、社会福祉法人の活動が、新たな社会的な価値の創造に寄与できていることの証明にもなる。開発されたKPIが、生活困窮者支援に関わる団体や組織とも共有可能なものであれば、連携も進むであろう。

　第四のステップは、経営へ統合することである。社会福祉事業、地域公益的取組のなかで行うものもあれば、地域貢献・CSRとして行うものもあろう。いずれの場合でも、社会福祉法人の経営トップが、リーダーシップをとって、SDGsの取り組みを推進することが大切であろう。たとえば、法人組織をあげて取り組むためには、担当プロジェクト・チーム、委員会を組織し、一定の権限を与えSDGsの推進について意見交換を促すとともに、事業部門横断的に活動の展開およびその成果をモニタリングし、報告を受けるなどの体制づくりが必要である。こうすることで、SDGsの取り組みをマネジメントの中心に据えることができる。法人の理事会や評議員会において検討される中長期の事業計画においても、SDGsの取り組みが位置づけられ、進捗状況などが報告されることも大切である。

　第五のステップは、地域社会に対して報告し、関係するステークフォルダーとコミュニケーションを行うである。法人の理事長が、法人組織および地域社会に対し「SDGs宣言」を行う例が増えている。また、SDGsに対する活動の報告は、利用者・家族のみならず、自治体や関係機関・団体、SDGsに取り組む企業、地域社会の住民からの信頼を高め、社会福祉法人の存在価値を高めることになるであろう。

　すでに多くの社会福祉法人が行っているように、ホームページなどで、法人のミッションおよびSDGsの目標との関連付け、取り組みの具体的内容、現在の進捗状況と成果について、定期的に情報公開することも大切である。すでに行っている事業であっても、SDGsの目標に紐づけながら、事業や活動の意義、目指すべき方向、今後の取り組み課題を説明することができる。こうすることで、上に述べたさまざまなステークフォルダーとの共通理解、協働も広がっていくことであろう。

４．社会福祉事業を通じてSDGsに取り組む

　社会福祉法人が経営する既存の社会福祉事業は、貧困撲滅等を掲げるSDGsとの目標に関わるものであるから、SDGsとの関連を明確にし既存事業の拡充に取り組むことによって、SDGsの目標達成に貢献することができる。SDGsが求める取り組みは、社会福祉法人にとっても、地域社会と共有

できる社会的な価値の創造を可能とするので、有意義といえる。

　たとえば、保育所、認定こども園を運営する法人であれば、どのように関わることができるか、考えてみたい。制度が期待する教育・保育の役割からすると、少なくとも「あらゆる場所のあらゆる形態の貧困を終わらせる」、「飢餓を終わらせ、食料安全保障及び栄養改善を実現し、持続可能な農業を促進する」、「あらゆる年齢のすべての人々の健康的な生活を確保し、福祉を促進する」「すべての人に包摂的かつ公正な質の高い教育を確保し、生涯学習の機会を促進する」と関連する。したがって、社会福祉法人としては、このうちのいくつかを優先課題として選定し、目標と関連づけて具体的にどのような取り組みを進めるべきか検討し、事業内容を考えればよい。

　たとえば ①子どもの貧困に対し、生活困窮する子育て家庭の子どもを積極的に受け入れ、世帯丸ごとの包括的かつ継続的な生活支援を行う、②子どもの成長を支える栄養改善に配慮した食材を使った給食を提供し、正しい食習慣を身につけさせるため、地域や家庭とも協働し、食育に取り組む、③妊娠・出産から就学まで一貫して、子どもの健やかな成長に配慮し必要な健康支援を行い、衛生的かつ安心・安全な保育環境を提供する、④性別、障害、出身国を問わず、すべての子どもに対し、質の高い教育保育を提供することによって、豊かな経験を積むことができ、初等教育を受ける準備が整うようにする、などが考えられる。

　SDGsの具体的な方針が定まったならば、保育所あるいはこども園を経営する法人として、地域における子どもの育ちの現状とニーズを把握し、①〜④のうちいくつかを選び、法人として取り組むべき具体的な課題を検討する。現在すでに取り組んでいると考えず、既存事業を基盤としながら、将来に向けてどのような行動をとると、地域課題の解決、あるべき未来社会の実現に寄与できるかなど、未来志向の発想が大切である。設定した目標範囲のなかで、地域の課題を的確にとらえ、SDGsの取り組みとして、必要な事業戦略を考えるのである。コトラーは、こうしたアプローチを社会問題の解決に向けたソーシャルマーケティングと呼んでいる。

　SDGsの具体的な方針からみて、把握された地域における子どもの育ちの現状と支援のニーズを踏まえ、これまで園において十分に実施できていな

かった課題を明確にし、教育保育の質を向上させるなど、事業内容を充実・強化＝高度化させることで、既存の社会福祉事業を通じてSDGsの取り組みを進めていくことが可能となる。たとえば、①子育てしている保護者が社会的に孤立しないよう環境を調整する、②保護者の子育ての不安を緩和する、③子育ての負担感を軽減するための支援を提供することなども、「あらゆる年齢のすべての人々の健康的な生活を確保し、福祉を促進する」ことに関連するものと考える。さらにSDGsの具体的な方針のもとで、どのような取り組みを行ったのか、取り組みや活動内容を記録し、活動の成果を事業報告としてまとめ情報公開する、定期的にホームページ等で報告することが望まれる。

　上にあげた取り組みは、あくまで園を利用する子ども・保護者を対象とする上乗せサービスの提供である。他方で、既存事業に結びついていないが、さまざまな理由から地域において子育てに困難を抱える子育て家庭も存在する。保育所、認定こども園を運営する社会福祉法人の役割としては、SDGsの目標を、園を利用していない地域の子ども・家庭に対しても、①から④に該当する事業や活動を展開する必要はないだろうか。

　「誰一人取り残さない」ためのSDGsであるから、どの教育保育施設および関連事業ともつながっていない子育て家庭に対するアプローチが、問題解決のためにも重要である。そのためにも、既存事業をベースにしながら、①子育て家庭に対する総合的な生活相談の窓口を設ける、②子育て・暮らしに関する必要な情報を提供する、③必要な制度の支援につないでいく、④寄り添い型の支援を継続すること必要ではないか。

　たとえば、既存事業の充実の他に、あらたに地域子育て支援拠点事業に取り組むなどし、地域社会に子育て中の親子の居場所をつくり、寄り添い型の支援を行うなどが考えられる。また、保育所やこども園など、既存事業の枠組みでは対応できないものについては、既存事業の横出しサービスとして、あらたにより包括で継続的な子育て支援事業を創造し、子育て家庭に必要な福祉サービスを包括的に提供し、安心して子どもを産み育てられる地域社会づくりに取り組むことが期待される。SDGsの取り組みとしていえば、社会福祉事業の主たる担い手として、地域の子どもの育ちに関わるさまざまなス

テークフォルダーと連携・協働するネットワークに参画し、未来のあるべき
まちのあり方（ビジョン）を共有し、コレクティブ・インパクトを創出する
取り組みに展開もできる。

5．地域共生社会の実現にむけて、SDGsに取り組む

　地域福祉のあり方は、地域共生社会の実現に向けて、大きな変容を遂げつ
つある。社会福祉法の改正もあり、市町村を単位にした包括的な支援体制が
構築されつつある。地域福祉のあり方も、このより重層的な支援のネット
ワークのなかで、位置づけ直されている。

　地域共生社会に向けた地域福祉の推進も、SDGsと重なる部分が多い。た
とえば、「誰一人取り残さない持続可能で多様性と包摂性のある社会」の実
現という理念は、地域共生社会の実現にも共通する。最近の自治体が作成
する地域福祉計画では、計画の理念として、地域共生社会の実現とともに、
SDGsの推進を掲げている自治体、社会福祉協議会も増えている。全国社会
福祉協議会も、「全社協福祉ビジョン2020－ともに生きる豊かな地域社会の
実現をめざして」を取りまとめているが、SDGsの目標の幾つかは、社会福
祉事業、地域福祉活動そのものであると位置づけている。

　また、大阪市や堺市をはじめ、「SDGs未来都市計画」を策定する自治体
も増えているが、SDGs推進のために構築されたプラットフォームには、民
間企業、NPOの他、地域福祉を推進する社会福祉協議会も参画している。
SDGs未来都市計画は、自治体の将来構想であるから、SDGsにもとづく将
来のまちづくりの課題として、子育てや介護をはじめさまざまな福祉課題も
含まれている。

　社会福祉法も定めるように、社会福祉法人には、社会福祉協議会、地域住
民ともに、地域福祉の担い手として、制度事業が対応していない地域におけ
る個別の福祉ニーズへの対応、地域福祉のネットワークへの構築、ネット
ワークのもとでの地域福祉活動に参画することが期待される。社会福祉法人
には、社会福祉事業、地域公益的取組、その他の地域貢献活動を通じて、地
域共生社会の実現に参画することも、SDGsにある「あらゆる年齢のすべて
の人々の健康的な生活を確保し、福祉を促進する」「包摂的で安全かつ強靱

（レジリエント）で持続可能な都市及び人間居住を実現する」目標に貢献できると考えられる。

　社会福祉法人には、高齢者に限らず、障害者、子ども家庭、生活困窮者、外国人労働者、刑務所出所者などを包括的に支援できるネットワークづくりに参画し、社会的包摂の立場から地域共生社会の実現に貢献することが期待される。これによって、地域において必要な支援を包括的に確保することができ、高齢者の地域包括ケアを深化させ、新しい形の地域福祉の実現が可能となるからである。

　子どもの施設だから、高齢者や障害者、生活困窮者の問題には対応できないと考えず、社会福祉法人が相互に連携・協働することによって、どのような対象者にも必要な支援を地域で提供できるようになると考える。たとえば、大阪の保育所・こども園を経営する社会福祉法人は、大阪府社会福祉協議会とともに、スマイルサポーターを養成し、連携・協働し総合相談に取り組んでいる。貧困をはじめ子育て家庭が抱える多様で複雑な福祉課題に対しても、他の種別の社会福祉事業と連携・協働することで、制度や社会福祉サービスにつなぐ事業に取り組んでおり、地域において包括的な福祉の支援ができる体制を構築してきた。

　スマイルサポーターを配置している社会福祉法人も参画する大阪しあわせネットワークは、大阪府社会福祉協議会と会員である福祉施設を経営する社会福祉法人が施設種別を超えて「オール大阪」で包括的に生活困窮者支援のために連携・協働している。支援の対象となるのは、高齢者、子ども家庭、障害者、その他さまざまな生活困窮者である。相談を受け付けると、アウトリーチでニーズのアセスメントをし、生活保護その他の社会福祉サービスなど必要な制度事業につなぐことができている。さらには、既存の制度では対応できないニーズに対しても、会員法人が取り組んでいる地域公益的な活動よって対応することが可能である。

　現物給付によって当面の生活を支える「生活困窮者レスキュー事業」の他、このネットワークに参画する社会福祉法人は、社会参加・生きがい支援、居場所づくり、中間的就労、障害者等の就労支援、子育て支援、困窮世帯の児童に対する学習支援など、さまざまな地域貢献事業を展開しているか

らである。大阪府社会福祉協議会が、会員である社会福祉法人が連携・協働するプラットフォームを設け、会員が拠出する社会貢献基金を設置し、支援に必要な財源を確保している。こうした社会福祉法人にふさわしいセーフティネット構築に向けた活動は、大阪以外の都道府県においても広がっている。社会福祉法人が積極的に参画し、活動することにより、他の地域福祉活動のネットワークとも重層化させることができるので、セーフティネットの機能が強化され、社会的包摂が進んでいく。

　制度事業と実際の地域福祉の間には、生活において支援が必要でありながら、福祉の支援が提供されない空白部分が存在する。そのため、一部の人たちが社会から取り残され孤立している。こうした地域の問題解決には、制度事業の機能を拡大する努力とともに、地域福祉のネットワークを拡大する方法によって、そして関係機関・団体との連携協働によって、空白部分を埋めることが期待されている。すでに述べたように、SDGsについては、自治体をはじめ、企業もNPOも取り組んでいる。これを地域共生社会の実現と結びつけることも、社会福祉法人の役割ではないか。

　地域福祉も、SDGsと関連づけることにより、より多様な組織・団体と連携・協働することが可能となろう。さらにいえば、SDGsの目標と関連付けて行われる地域住民主体による社会連帯経済の創出についても、社会福祉法人が参画し連携することで、コレクティブなインパクトを生み出し、すべての住民がつながり安心して住みやすい地域社会へと変革することができるものと考える。社会福祉法人が地域のSDGsの取り組みに参画することは、社会問題に関心がある新たなパートナーと出会い地域共生社会の実現という地域福祉の枠組みを超えて、将来に向けた社会的な価値の創造に誘うものとみることができる。

参考文献

Drucker: P.F.（1990）MANAGING THE NONPROFIT　ORGANIZATION.
Harper Collins Publishers（= 上田惇生他訳『非営利組織の経営―原理と実践』ダイヤモンド社）

GRI, UN Global Compact ,WBCSD（2016）SDG Compass The guide for

business action on the SDGs　https://sdgcompass.org/（2021/12/1）日本語
　　訳　GCNJ（グローバル・コンパクト・ネットワーク・ジャパン）、IGES（公
　　益財団法人地球環境戦略研究機関）「SDG Compass‐SDGsの企業行動指針
　　　SDGsを企業はどう活用するか」https://sdgcompass.org/wp-content/
　　uploads/2016/04/SDG_Compass_Japanese.pdf　（2021/12/1）

稲葉美由紀（2019）「SDGsと社会福祉：持続性のための新たな価値観と社会的連帯
　　経済の可能性（特集 SDGsと地域づくり）」Ehime Center for Policy Research
　　2019（2），27-34

Kania.J. and Kramer，M.（2011）Collective Impact，Stanford Social Innovation
　　Review Winter 2011，36-38.

経済産業省（2019）「SDGs経営ガイド」https://www.meti.go.jp/press/2019/05/
　　20190531003/20190531003-1.pdf　（2021/12/1）

Kotler，P. Kartajaya，H. Setiawan，I.（2010）Marketing 3.0: From Products to
　　Customers to the Human Spirit，Wiley（＝恩藏直人監訳 藤井清美訳『コト
　　ラーのマーケティング3.0‐ソーシャル・メディア時代の新法則』朝日新聞社）

Kotler，P. and Lee，N.（2004）Corporate Social Responsibility: Doing the Most
　　Good for Your Company and Your Cause（＝恩藏直人監訳『社会的責任のマー
　　ケティング―「事業の成功」と「CSR」を両立する』東洋経済）

黒田研二（2020）「地域共生社会とSDGs：推進のための共通の条件」人間健康学研
　　究　13巻，31-39

Porter，M.E. and Kramer M.R.（2011）Creating Shared Value: Redefining
　　Capitalism and the Role of the Corporation in Society，Harvard Business
　　Review 89（1-2），62-77.
　　（=DIAMOND ハーバード・ビジネス・レビュー編集部訳「経済的価値と社会
　　的価値を同時実現する共通価値の戦略」DIAMOND ハーバード・ビジネス・レ
　　ビュー2011年6月号　8-31）

関川芳孝編（2021）『社会福祉法人はどこに向かうのか』大阪公立大学共同出版会

全国経営協（2021）「特集　SDGsと社会福祉法人―持続可能な社会に向けて　社会
　　福祉法人の力を活かす」経営協　451巻，12-33 。

全国経営協（2021）「アクションプラン2025 2021〜2025「中期行動計画」」https://
　　www.keieikyo.com/data/ap2025.pdf　（2021/12/1）

全国社会福祉協議会（2020）「全社協　福祉ビジョン2020―ともに生きる豊かな地域
　　社会の実現をめざして」https://www.shakyo.or.jp/download/vison2020.pdf
　　（2021/12/1）

第19章
ケアの倫理からの平等と尊厳の再考
―持続可能性とジェンダー―

内藤　葉子

1．はじめに――コロナ危機とジェンダー

　2020年から22年にかけての新型コロナウィルスの感染拡大は、誰にとって
も未曽有の経験となった。社会・国家・世界のレベルで混乱が起き、またそ
れへの対応に追われることになった。この経験がもたらしたことをジェン
ダーの視点からみた場合、女性に及ぼした影響にはいくつか特徴的な点が
あった。一つ目は職種に関わる。「ソーシャル・ディスタンス」によって接
触を控えることが要請されたが、その接触の多い仕事に女性が多く就いてい
ることが浮き彫りになった。医療現場で働く看護師・准看護師、保育の現場
で働く保育士という職種は、圧倒的に女性によって占められている。行政の
窓口で不特定多数と接するのは、女性が多くを占める非正規公務員である。
こうした対人援助職はコロナ危機で感染リスクの高い現場となる。スーパー
マーケットやドラッグストアの従業員も同様である。誰が感染者であるか分
からない状況は、ケアワーカーの活動にも大きな制限をもたらし、その支
援を受ける高齢者や障碍者にも深刻な影響を及ぼした（cf. 竹信・戒能・瀬山
2020; 飯島 2021）。

　二つ目は働き方である。コロナ危機による経済活動の抑制は非正規雇用労
働者・不安定就労者の失業や収入の低下として深刻化しており、そこで働く
多くの女性たちに打撃を与えた。[注1]サービス業や飲食業・小売業は、短時間で
シフトを組むため、とくに子育てや学業と両立したい場合には働きやすい
が、アルバイト・パートタイム・派遣などの非正規雇用が中心となり、低賃

金となる。また「ステイホーム」や学校閉鎖措置によって、多くの母親が家庭で子どもたちの面倒をみるために急場の対応を迫られた。母親が働くためには保育所や学校との密接な連携が必要であることがあらためて認識されたし、とくに母親自身が主たる家計維持者である母子世帯には、子どもの世話と雇止めや休職要請など、二重の負荷がかかることになった。経済的苦境のほか、人との接触を控えることからくる孤独や孤立による精神的負荷も重なる。2020年、21年と連続して、女性の自殺者数は増加している。

　コロナ危機は、エッセンシャル・ワーカーへの注目にみられたように、人びとの生存と安全を維持するための社会的なネットワークを可視化させた。人びとの生存や生活や安全や健康を支えるための営みを「ケア」と呼ぶならば、ケアにはジェンダーの問題が絡んでいる。それはこれらの仕事に女性が多く就いているということだけではない。ケアに関わるがゆえに、女性は経済的・社会的に不安定な地位へと落ち込みやすいのである。家庭においてケアの責任を負う女性たちは正規雇用労働者として働くことは難しく、家内労働者（内職）や非正規雇用労働者やパートタイム労働者として労働市場に参入することになる。こうした経緯から非正規雇用の割合は男性より女性が多く占め、それは男女間の賃金格差となって現れている（育児・介護休業制度などの施策が正規雇用者に向けられたものであるかぎり、非正規で働く大半の女性たちにはそうした制度的保障はおよびにくい）。高齢化したさいに福祉的支援を必要とする者には女性が多くなるし、生活保護世帯の一角を占める母子世帯の貧困問題も無関係ではない。また介護や保育の職域における低賃金問題も、女性が家のなかで「無償で」行ってきたことに関連する仕事であることが影響しているだろう。

　ケアを必要とする者とケアを担う者は社会構造や歴史や慣習が作用するなかで、経済的・政治的・社会的に周辺化される。コロナ危機は、年齢・職種・労働環境・基礎疾患や傷病の有無の他、ジェンダーの点でも、生存のチャンスにおいてこの社会に潜むひずみを浮き彫りにしている。これはケアをめぐる貧しさの問題であり、実は政治の問題にも深く関わっている。本稿では政治思想・社会思想の観点からケアに関わる事柄がなぜ周辺化されるのかを検討し、「ケアの倫理」から平等の概念、および依存と尊厳の関係を問

いなおす。それにより、人びとがともに生きるための持続可能な社会への展望を論じることにしたい。

2．自立と依存——思想史の観点から

（1）他者への無関心

ケアの貧しさという問題について考えるために、この社会がすでに内包するある価値観に注目したい。それは「依存」が何かよくないものとみなされていることである。アルコールや薬物への「依存」、ゲームやスマートフォンへの「依存」、福祉への「依存」、「依存的」な性格といった言葉のニュアンスからすると、そのイメージは決してよいものではない。逆に、「自立していること」、「自分でできること」はよいこと、目指すべきこととされている。少なくとも、「誰かに頼らなくてはならないこと」、「自分で自分の面倒をみられないこと」は、できるだけ避けるべき事態とされている。

それではなぜ自立（independence）は肯定的に、依存（dependence）は否定的に捉えられるのだろうか。一つの理由として、西洋思想史の文脈では古くから、自立に高い価値が置かれてきたことがあげられるだろう。とくに17世紀頃から現れるリベラリズム（古典的自由主義）は、政治権力からの恣意的な干渉に抵抗し、個人の自由を擁護するものであった。それは他者による支配を退け、人間の自由・自律・自立・理性・合理性・意志・自己決定などを重視する考え方であった。

たとえば、17世紀のイギリスの哲学者J・ロックは、自然状態における人間を「他人の許可を求めたり、他人の意志に依存したりすることなく、自然法の範囲内で、自分の行動を律し、自らが適当と思うままに自分の所有物や自分の身体を処理することができる完全に自由な状態」にあるものとして描いている（ロック 2010：296）。18世紀のドイツの哲学者I・カントは、人間について、「自身で設定した目的に従って自己を完成する能力をもったもの」として、動物とは一線を画する「理性的動物」と説明した（カント 1966：318）。17世紀から18世紀にかけては資本主義が勃興しはじめる時代であり、こうしたリベラルな人間の理想像は経済的活動を営む市民層に適合したものでもあった。仲間とともに協働して富を増やし、財を分配することで、みず

からの利益を追求する能力をもつ者が理想の人間像として想定された。この相互関係から利益を得ることができる人びとが、自由で平等であることをお互いに認め合ったのである。

　こうした人間像は、18世紀イギリスの経済学者A・スミスの議論にも現れている。合理的な経済活動においてより多くの利益を得るためには、人間は仲間の助けを必要とする。しかしその助けを相手方の「博愛心」に期待するのは無駄である。協働が成立するのは、「自分に有利となるように仲間の自愛心を刺激することができ」る場合、「かれが仲間に求めていることを仲間がかれのためにすることが、自分自身の利益にもなるのだということを、仲間に示すことができる」場合である。たとえば、わたしたちが食事をとることができるのは、パン屋や肉屋や酒屋の「博愛心」に訴えてパンや肉や酒を入手するからではない。「わたしの欲しいものをくれたらあなたの望むものをあげる」と、彼らの自愛心に届くように「協議」や「交換」や「取引」にもちこんでいるからである（スミス 1968：82-83）。パンとそれに釣り合うお金を交換することで、わたしはパンを入手し、パン屋はお金を手に入れる。パン屋はもっと儲けるために、自分が食べる量より多くのパンを作ることに専心してよい。こうして各人が分業して仕事に専念すれば、社会はもっと豊かになるであろう——。交換を中心に置いてみれば、人間は博愛心によって動くのではなく、自愛心に依拠して動く存在である。そして相互関係とは、見合うもの同士の交換によって成立する関係のことである。相手のほしいものを貨幣やそれに等しい何かと交換する、そのための取引を行うことで、人と人とのあいだにつながりが生まれ、やがてそれが社会を形成するとスミスは考えたのである。

　博愛心や利他というものは、感情的で偶然的なものと強く結びついており、ときに相手に過剰に干渉したり温情的になったり支配的になったりもする。また見返りをこっそりと期待するような下心も隠れているかもしれない。他者からの過度な干渉は、個人の自立を妨げ自由を阻害する。それゆえリベラリズムの思想的系譜では、合理的な人間は他者の自由を侵害しないという意味で——そのために法や正義に従うという道徳的性質は備えているのだが——、基本的に他者に対して「無関心」であることがよいとされてきた

のである。

（2）ケアの不可視化

　しかしここには何か見落としがないだろうか。哲学者・倫理学者のＡ・マッキンタイアの指摘をふまえて、もしある馴染みの客がパンを買いに行ったとき、パン屋が心臓発作で倒れていたという状況を想像してみよう（MacIntyre 1999：117=166）。その店でパンを買えないことは明白だから、そのまま別の店に行ってパンを入手したとしても、市場の論理には何も反してはいない。今日はいつものパン屋とは取引も交渉もできないのは確かだからだ。しかし実際にそんな行動をとったら、それは間違っていると非難されるだろう。そうであるならば、通常の売買が成立するためには、実はいろんな条件がそろっていることが必要だということになる。パン屋と客はお互いに健康で、交渉可能な言葉を話せることが前提となる（そもそも健康はどうやって維持されているのだろうか。また言葉を話せるようになるのはなぜだろうか）。パン屋がパンを焼くことに専念するためには、彼の生活の面倒をみてくれる妻や家事使用人がいるだろう。売り物となるおいしいパンを焼くためには、新しい技術を学んだり鍛えたりする時間もいる。そうした時間はどうやって捻出されるのだろうか。客にとっても買ったパンが食卓にのぼり消費されるためには、家庭のなかで誰かの労力が入るはずだ。パン屋が儲けることができ、客がパンを入手できるという〈市場における関係〉は、実は〈市場的ではない関係〉と切り離せないはずなのである。

　市場的ではない関係には、感情や愛情によって誰かの世話をし、食事や衣服を用意し、住処を整えるといった、家を中心とした活動が含まれるだろう。乳幼児や子どもや病者や高齢者の世話を含む日常の活動は、相手に対して無関心でいられる関係ではない。実際のところ人間の生活様式は、市場に関わるものだけではなく、人を生み育て、見守り、教育し、看病し、介護するといったケアに関わる活動がある。とはいえ、女性が長らく家を中心に行ってきたこれらの活動は、交換できるような剰余物を生み出すものではなかった（実際には家のなかで行われる生産活動にも、家族の一員として関わってきたのだが）。利益を生み出す市場に関わる関係だけが価値あるものとされる

ところでは、誰かの生存や生育や介護をする仕事は価値の高い仕事とはされてこなかった。その仕事は「愛」の名のもとに家のなかへと囲い込まれた。まさに（スミスのいう）「見えざる手の届かないところに、見えない性がある」のだ（マルサル 2021：27）。

　思想史の伝統において、女性の居場所は、政治や経済に関わる「公的領域」ではなく、家という「私的領域」に位置づけられてきた。この領域が軽視されてきたわけではない。むしろ男性家長が家（オイコス）を管理することは重要であった（経済（エコノミー）の語源は家政術（オイコノミア）である）。男性が公的活動を十全に行うために、その健康管理や衣食住を整える場として位置づけられたからである。なにより経済的市民である父の財産を息子へと継受するためにも、次世代につなぐ命を育み、教育を与える場として家は重要であった。しかし長らく女性は「依存者」であるとされてきたので、公的領域の活動に関わることは抑制され続けた。[注6]　カントは、女性は「公共の利益」「全人類というような理念」「ものごとの〔世界の〕なり行き」にはまったく関心をもたないが、だからこそ男性は公共の仕事を離れて女性のもとで安息を得ることができると述べている（カント 1966：478）。

　公的領域に女性を組み込まない政治理論（公私二元論）は男性市民や男性家長については多くを論じてきたが、女性とケアに関わる仕事の意義については十分に論じてこなかった。不可視化されてきたのは女性だけではない。思想史の伝統は〈人間〉の基準を暗黙のうちに健常な成人男性に設定してきたため、高齢者も障碍者も子どもも、また奴隷や植民地の人びとも〈人間〉の基準からは除外された。[注7]　総じて依存者とは、自立できない存在者のことであった。女性は家のなかでそうした人びとをケアする役割を担ったが、それは「自然」なこととみなされた。生まれながらにそうした能力があるとされたからである。実のところは、その能力への期待に沿う振る舞いをするがゆえに「自然」にみえるにすぎないのだが。

3．新自由主義とジェンダー

　ケアに関わる営みはおもに女性によって家を中心に行われてきた仕事である。しかし昨今の新自由主義（ネオリベラリズム）の潮流においては、ケアの

ような非市場的活動も経済領域のなかへと呑み込まれつつある。

　新自由主義は規制緩和と競争原理を重視し、より純粋な資本主義的営利を追求するイデオロギーである。国家や企業が個人の面倒をみなくなるという点で、福祉国家や企業型福祉は後退する。それは社会保障費の削減、保育・介護・教育・病院・住居など公的施設や公的サービスの民営化、競争や格付けの導入と業績主義、終身雇用制度の崩壊、リストラ・非正規雇用による柔軟な雇用システム（規制緩和）といった一連の改革に関わっている。国家も企業のようにふるまうため、政治や行政の領域でも市場経済的な論理が前景化することになる。

　こうした状況は個々人の行動や人間観にも影響を及ぼしている。フェミニスト政治学者のW・ブラウンは新自由主義的価値観がわたしたちの考え方や社会に「こっそりと忍び寄る」状況を「ステルス革命」と表現した。新自由主義からは、いつでもどこでも「経済的人間たれ」というメッセージが発せられる。みずからの経済的資産価値を高めるために、競争、数値化、格付けを日常的に繰り返し、高い評価を得ることをよしとする価値観をわたしたちは内面化しつつある（SNSのフォロワー数、「いいね」や「リツイート」数による評価は日常的な光景となっている）。「最善の実践」や「最適解」を求める姿勢は、その個人の有能性・有用性・合理性を示すことになる。ひたすら成果や業績を叩き出す個人の高い能力が求められる世界で、その成果を出せないのは「自分自身の能力不足」のせいである。「自己責任」は新自由主義的な個人像に付随する要件となっているのである（cf. ブラウン 2017：23ff.）。

　新自由主義はジェンダーの領域にも大きな影響を及ぼしている。「女性活躍」や「ダイバーシティ」といったスローガンとともに、労働市場への女性の参入が後押しされる。他方で、公的サービスの民営化は、保育や教育や介護に関わるインフラを「家族」へと押し戻す傾向を強めている。これは現実には、子育てや介護の中心的な担い手である女性に負荷がかかることになる。少なくとも日本では、結婚し子どもを産み育てよ、家族の世話をせよという家族規範がなくなっているわけではない。新自由主義は、市場と家族を際立たせながら、ジェンダー化された労働分業を強化しているのである。ある者はこの体制に適応し社会的地位を上昇させるが、ある者は適応できずに

下方へと押しやられていく（cf. ブラウン 2017：111-121）。女性労働力の半数が非正規雇用である現状は、コロナ危機において、新自由主義的状況に耐えられる者とそうでない者の差を一層拡大させることになるだろう。

　新自由主義の力学は、人びとを「個」へと分解・分断するように作用する。経済的人間たることを肯定する思想は、経済的自立や自己責任への強い要請となって現れる。非正規雇用へと流れざるをえない個々人が連帯することは難しく、ギグ・エコノミーの興隆のように、細切れの時間を自己裁量で捻出して消費者に直接サービスを提供するような、極度に分解された労働形態まで現れている（感染リスクへの不安から買い物が困難になった層はUber Eatsのような新規サービスを利用したかもしれない）。労働力を市場から安価に調達できるのであれば、ケアすらも個人単位で購入すればよいことになる。

　思想史的にケアは不可視化されてきたが、現在ケアはむしろ枯渇しつつある。「セルフサービス」「自助」「自己啓発」など「自分自身」のつく言葉が氾濫する状況においては、人びとは新自由主義的市場に適合する人間であるべく、つねに「セルフケア」することが求められる。ケアは個人化され、市場において個人単位で購入する何かに変貌する。同時に、自分をケアするだけで精いっぱいな人びとに、他人をケアする余裕はすでにない。相互の関係性からなりたつはずのケアは、その関係性を縮小させ、市場と個人が直接つながるだけのものへと再編されつつあるのである（cf. ケア・コレクティヴ 2021:1-36；ブルジェール 2014：90ff.）。

4．ケアの倫理から平等を問いなおす

（1）依存と平等

　新自由主義が人びとを分断し格差を拡大させるなかで、コロナ危機はまさに生存可能性の格差として不平等な世界の姿を可視化させた。不平等という現実に打ちのめされ無力感を覚える人びとが増える社会では、誰もが等しい存在であるという政治的理念はますます空洞化していく。こうした状況のなかで、平等という理念を根本的に問いなおそうとしているのが、「ケアの倫理」である。

　ケアの倫理はフェミニズム理論やジェンダー研究のなかから登場し、ここ

40年ほどの間に議論が積み重ねられてきたものである。ケアの倫理への注目が高まった背景には、1980年代の合衆国が経済の自由化、公共事業の民営化、社会保障費の削減を進める新自由主義的政策路線をとったことにある。とくに当時の合衆国では、有色人種のシングルマザーが社会保障費を逼迫させる「福祉マザー」としてバッシングの対象となっていた。1990年代においても福祉の受給と労働が強く結びつけられ、どのように働くかよりも、とにかく働いていることを条件とする福祉政策が基本路線となった。女性、とくに非白人層のシングルマザーの貧困化が進むなかで、ケアの倫理はケアの意義を再考するための重要な概念となったのである（cf. 内藤 2010）。

　ケアの倫理は、子ども・高齢者・障碍者・病者ら依存者とその人たちをケアする者たちの関係性に焦点を当て、また人間の「傷つきやすさ」や「身体性」に注目して「依存」を再考する。フェミニスト倫理学者のE・F・キテイは、「わたしたちはみな誰かお母さんの子どもである（we are all some mother's child)」という言葉でもって、今ここにわたしが存在するのは、かつて依存する存在であったわたしをケアしてくれた誰かがいたからだ、という人間の共通性に着目して平等を捉え返そうとする。キテイは、最初から自立した存在として人間を捉えるのではなく、誰もがかつて依存者であり、いずれは依存者となる存在であること、誰かはずっと依存者であり続けるという「不可避的な依存」に注目して人間を捉える。それは子どもや高齢者や障碍者や病者、そしてケアの責任を負ってきた女性という、思想史が考察の中心からは除外してきた存在者に光を当てることである。平等は自由で自立した人間同士の関係にのみ見出されるのではなく、「不可避的な依存」を前提にした人と人とのつながりにもとづいて捉え返されなければならない。ケアにもとづく関係性のなかで支え、支えられる存在であることを中核に据えることで、キテイはリベラルな人間像とは異なる人間像を積極的に提示したのである（cf. Kittay 1999＝2010; 内藤 2010; 内藤 2019)。

（2）民主主義との接続

　キテイが投げかけている平等と依存の関係を民主主義の問題として受けとめ、ケアをめぐる問題を政治的な解決を要するものへと展開しているのが、

フェミニスト政治学者のＪ・Ｃ・トロントである[注8]。

　トロントはケアの４つの局面として、第一に、関心を向けること、第二に、配慮すること、第三に、ケアを提供すること、第四に、ケアを受けとることをあげている。関心を向けるためには、誰がどのようなケアを必要としているか、そのニーズを見極めるための注意深さや共感の力が必要となる。配慮しケアを与えるためには依存者への責任を負うことになり、複数の人間との調整もこなさなくてはならない。ニーズが満たされたかどうかを確かめ、必要に応じてケアを改善することも求められる。ケアの実践はこうした「一連の複雑なプロセス」からなりたつものであり、またそうであるがゆえに、実際のところ、たいていそれは困難な仕事である。ケアの仕事が女性や労働者や移民や非白人の人びとへと偏って集中するのは、この問題がジェンダーだけではなく階級や人種や民族にも交差して起きているからである。その仕事は地位や属性の違いによって不平等に配分され、無償か低賃金となる。その困難な仕事を避けることができるのは「社会的特権」（ブルジェール 2014：93）ですらあるのだ。

　ケアが十分に提供されない問題は、労働者不足や人口減少問題としてのみ対応されるべきではない。諸々の差異に沿って社会のなかにケア負担の偏りが生じること、またケアする／ケアされるがゆえに経済的にも社会的にも政治的にも周辺化されてしまうこと、こうした不平等をどう考えるのかはまさに政治の課題である。トロントは、５つめの局面として誰もが「ケアを共にすること」を組み込む。ケアに対する責任を社会のなかで公平に配分すること、また誰もがケアの配分の決定に参加できることを、民主主義の実現のために重要なことだと主張する。彼女は新自由主義によって促進される格差と不平等に抗するために、ケアを中心とした民主主義の再構築に挑んでいるのである（Tronto 2015：3-16＝ 24-41[注9]）。

５．ケアの倫理から尊厳を考える

（１）依存と尊厳
　平等の問題は、より根源的に、「人間の尊厳」というテーマにも関わってくる[注10]。もう一度依存について考えてみよう。西洋思想の文脈においては、自

由で自立した人間に尊厳があると積極的に論じられてきた。しかしこれは、自立する能力のない依存者には尊厳は認められない、あるいは十分には認められないという含意を伴っている。自立できないとされた人びとは、時代状況によっては特定の場所に閉じ込められたり、生殖能力を強制的に奪われたり、安楽死の対象にさえされたりした。依存者を扱ってきた政策の歴史は、能力がないことは「低価値」であるとする思考に裏づけられてきたのである。

　だからこそ、依存の意味を再考することは、人間の尊厳の根拠を能力に見出さない在り方を模索することにつながってくる。キテイは「人間であることは能力の束ではない」と主張する。彼女は、この世界に他の人たちとともに無条件に「存在する」という在り方にこそ、人間の尊厳の根拠を見出そうとしている（Kittay 2010: 408）。哲学者のE・アンダーソンも、道徳的権利とは生物の能力から直ちにでてくるものではなく、「社会関係と社会的意味の複雑なシステムの内部」においてはじめて立ち現われるものと考えている。彼女は「人間の動物的身体に付随する尊厳の形式」を強調する。認知症患者や重度障碍者の身体が、排泄や食事、衣服や清潔さにおいて適切にケアされ、「品位を保つ文化的な場所」に置かれることは、「人間の動物的な尊厳」に関わることであるという（Anderson 2004: 282-283=374-375）。身体が整えられていることは、他者と出会うこと、誰かとつながることが想定されているということである。どれほど深刻な依存状態にある人も、適切にケアされているかぎり、共生的な社会関係のなかにすでに組み込まれている。人間の尊厳を、人間に特有の社会関係や意味付けと切り離すことはできないのである。こうした思考は、尊厳は能力からのみ規定されるものではないという見方を積極的に開こうとする試みとなっている。

（2）与えることと受けとること

　自由で自立していることに尊厳を結びつけるよりも前に、健康や栄養や清潔さが維持されているところに尊厳を見出せるのであれば、依存とは自立していないがゆえに「尊厳のない状態」なのではなく、「人間としての尊厳を剥奪されないことへの要請」として解釈しなおすことができるだろう。そし

てケアとは、人間が織りなす関係性のネットワークに依存者の生を繋ぎとめる行為の集積であると解釈できるだろう。それは人間の尊厳を支えるための合理的な行為なのである（cf. 内藤 2019）。

　ここでいう合理性とは、計算可能性や未来予測性や見積りの妥当性といった合理性とは異なる。わたしたちは、他者がわたしたちに与えてくれたものに相応するものを他者に与えようと、前もって計算することはできない。ケアにもとづく関係は厳格な互酬性の原理に従うものではない。パン屋の事例で述べたように、市場における関係は、実のところ、市場的ではない関係のなかに埋め込まれてはじめて機能する。市場的ではない関係とは、マッキンタイアの言葉を用いるならば、「与えることと受けとることの諸関係のネットワーク」である。このネットワークは、依存とケアを軸に人間の社会に広がっているものだ（MacIntyre 1999: 99ff.＝137ff.）。わたしたちは特定の他者からケアを与えられ、誰かにケアを与え、また別の他者からケアを与えられる。依存と自立の関係は対立的なものではなく、その関係は徐々に変化し重なりあいながら、人間存在に特有の在り方を形成しているのである。

　みずからの利益を増大させるために他者と協力しあうという条件つきの相互依存は、ケアの関係とは相容れないだろう。無条件的にケアを与えられることを、わたしたちは生存の根底において必要としているからだ。このことに思いいたるとき、自立した合理的な人間が生産し利益を生み出す領域もまた、依存とケアによって編み上げられたネットワークの一部であることに気づかされる。ケアの倫理は、自立した人間を前提にした社会という思想史上の通念とは異なる、別様の社会の在り方を構想することを促している。それは平等で持続可能な社会を構想するための思考の基点なのである。

6. おわりに——他者への関心をとりもどすこと

　新自由主義における競争原理の肥大化と社会的セーフティネットの縮小化は、そこから零れ落ちた人びとの苦境を本人のせいにしてしまう。格差の広がりは人びとのつながりを見失わせ、平等であることにもとづく共感の力を奪っていく。この状況はここ数十年来、他者への「無関心」を増幅し続けている。そうしたなかでのコロナウィルスの猛威は、この世界が不平等と不正

義に満ちていることをあらわにした。

　しかし現実の趨勢がこのようなものであるからこそ、現在、フェミニズム理論やジェンダー研究のなかから、ケアを軸に平等や尊厳への問いなおしが進められている。平等で持続可能な社会を考えるさいに、ジェンダーの視点は外せない。民主主義の原理である平等が大切な価値であるのは、「みんな同じであることがよい」からではなく、異なる人びとと共生していくための基盤であるからだ。異なるものに目を向けることは、他者に対する関心をとりもどすことでもある。また関心を向け配慮すべき他者は、人間だけに限るものでもないだろう。それは未来の世代や人間ではない動物や地球環境への配慮にも広がりうる。ケアの倫理は、平等や尊厳の問題を再考し、分断されたつながりを回復しようと模索するさいの思想的拠点である。依存を人間存在の条件として正しく評価すること、ケアの意義を社会全体で正しく評価することは、依存者やケアする人びとを周辺化することなく、持続可能な、他者とともに生きることを肯定する社会へとつながっているはずである。

注

1　リーマン・ショック期と比較して、コロナ危機が女性労働者の境遇を深刻化させる構造的要因については、今野（2020）を参照。
2　令和2年賃金構造基本統計調査によると、「宿泊業、飲食サービス業」は他の産業に比べ賃金がもっとも低い。https://www.mhlw.go.jp/toukei/itiran/roudou/chingin/kouzou/z2020/dl/05.pdf（2021年11月4日確認）
3　厚労省令和3年版自殺対策白書によると、2020年、2021年ともに、実数としては男性のほうが多いが、女性の自殺者数が増加している。職業としては「被雇用者・勤め人」、理由・動機としては「勤務問題」、とくに「職場の人間関係」「職場環境の変化」が増加している。https://www.mhlw.go.jp/content/gy2-3.pdf（2021年11月5日確認）
4　平成28年パートタイム労働者総合実態調査によると、就業形態別労働者の割合は、男性では「正社員」77.4％、「正社員以外の労働者」22.6％（うち「パート」13.0％）、女性では「正社員」45.0％、「正社員以外の労働者」55.0％（うち「パート」44.9％）である。https://www.mhlw.go.jp/toukei/itiran/roudou/koyou/keitai/16/dl/jigyousho1-2.pdf（2021年11月4日確認）
　　令和2年の「性、年齢階級別賃金及び年齢階級間賃金格差」によると、男性は55-59歳で 420.1千円、女性では50-54歳の 274.7千円がピークとなり、およそ

　　　1.5倍の賃金差がある。男性は年齢とともに賃金上昇をみるが、女性は200万円台のまま推移し、賃金上昇しない傾向がある。https://www.mhlw.go.jp/toukei/itiran/roudou/chingin/kouzou/z2020/dl/02.pdf（2021年11月4日確認）

5　2021年11月、政府は翌年より介護・保育・看護の賃金を月額約3%上げる方針を示した。Cf.「介護・保育・看護、3%賃上げ方針」2021年11月13日『朝日新聞』朝刊。

6　男性市民の自由と平等を理論的に正当化した社会契約論において、女性は契約に参加する主体とはされなかった。たとえばT・ホッブズやロックの理論においては、女性は婚姻契約によって家に入り夫に従うものとされ、国家や政治社会の創出に関わる社会契約の場には現れてこない。歴史的に女性の政治参加の権利が認められたのは、無産層の男性や植民地の男性よりもずっと後で、19世紀末から20世紀にかけてであった（cf. 内藤 2013; 内藤 2020）。

7　ゴティエ（1999）の社会契約論的正義論においても、子どもや障碍者は契約の当事者からは除外される。

8　トロントの思想について詳しく紹介している岡野は、ケアの倫理からフェミニスト政治理論を積極的に展開している（cf. 岡野 2020; トロント・岡野2020）。

9　トロントはケア概念を身近なところから人類的なレベルまで広義に捉えようとしている。バトラーは、無数の不平等の形態に抗するケアのコミュニティが「来るべきよりラディカルな社会的平等を予示する」可能性を示唆するが、それらがローカルな共同体や言語やネイションに閉じられるならば、グローバルな政策にはうまく接続できないだろうと述べている（バトラー 2020:176-177）。

10　第5節の内容については、内藤（2021）において詳細に論じられている。

参考文献

Anderson E.（2004）Animal Rights and the Values of Nonhuman Life, in: Sunstein, C. R. and Nussbaum, M. C. ed., （2004）*Animal Rights: Current Debates and New Directions*, Oxford University Press（葛西まゆこ訳 2013「動物の権利と人間以外の生命の価値」安部圭介・山本龍彦・大林啓吾監訳 2013『動物の権利』尚学社）.

W・ブラウン（2017）『いかにして民主主義は失われていくのか―新自由主義の見えざる攻撃』中井亜佐子訳、みすず書房。

F・ブルジェール（2014）『ケアの倫理―ネオリベラリズムへの反論』原山哲・山下りえ子訳、白水社。

J・バトラー（2020）「世界の表面の人間の痕跡」清水知子訳、『現代思想』第48巻第10号。

ケア・コレクティヴ（2021）『ケア宣言―相互依存の政治へ』岡野八代・冨岡薫・武田宏子訳、大月書店。

D・ゴティエ（1999）『合意による道徳』小林公訳、木鐸社。

飯島裕子（2021）『ルポ　コロナ禍で追いつめられる女性たち―深まる孤立と貧困』光文社新書。

I・カント（1966）「人間学」「人間学遺稿」『カント全集　第十四巻』山下太郎・坂部恵訳、理想社。

Kittay, E. F.（1999）*Love's Labor, Essays on Women, Equality, and Dependency*, Routledge（岡野八代・牟田和恵監訳　2010『愛の労働あるいは依存とケアの正義論』白澤社）．

――――（2010）The Personal Is Philosophical Is Political: A Philosopher and Mother of a Cognitively Disabled Person Sends Notes from the Battlefield, in: Kittay, E. F. and Carlson, L. ed., *Cognitive Disability and its Challenge to Moral Philosophy*, Wiley-Blackwell.

今野晴貴（2020）「日本の資本主義と「アフター・コロナ」―生存権と賃労働規律から読み解く」『現代思想』第48巻第10号。

J・ロック（2010）『完訳　統治二論』加藤節訳、岩波文庫。

MacIntyre, A.（1999）*Dependent Rational Animals: Why Human Beings Need the Virtues*, Open Court（高島和哉訳　2018『依存的な理性的動物―ヒトにはなぜ徳が必要か』法政大学出版局）．

K・マルサル（2021）『アダム・スミスの夕食を作ったのは誰か？―これからの経済と女性の話』高橋璃子訳、河出書房新社。

内藤葉子（2010）「依存する―アメリカ合衆国における福祉国家の再構築をめぐって」『政治の発見①　生きる―間で育まれる生』風行社。

――――（2013）「フェミニズム」『政治概念の歴史的展開　第五巻』晃洋書房。

――――（2019）「ケアの倫理とリベラリズム：自立か依存か―リベラルな主体をめぐって」『第22期女性学講演会　第1部　ケアの倫理とリベラリズム』大阪府立大学女性学研究センター。

――――（2020）「女性・人権・歴史―人権を支えるものは何か」『第23期女性学講演会　女性と人権―ジェンダーの視点からの再考』大阪府立大学女性学研究センター。

――――（2021）「ケアの倫理と依存の承認―人間（性）と動物（性）との関係から尊厳を考える」関西唯物論研究会編『唯物論と現代』第63巻。

岡野八代（2020）「ケアの倫理は、現代の政治的規範たりうるのか？―ジョアン・トロントのケア論を中心に」『思想』第1152号。

A・スミス（1968）『世界の名著31　国富論』大河内一男編、中央公論社。

竹信三恵子・戒能民江・瀬山紀子編（2020）『官製ワーキングプアの女性たち―あなたを支える人たちのリアル』岩波ブックレット、第1031号。

Tronto, J. C.（2015）*Who cares?: How to reshape a democratic politics*, Cornell University（岡野八代訳「ケアするのは誰か？―いかに、民主主義を再編する

か」トロント・岡野（2020））.

J・C・トロント／岡野八代（2020）『ケアするのは誰か？―新しい民主主義のかたち
　　へ』白澤社＋現代書館。

目次再考（編集後記）

　本書の編集で議論を要したのは、各論考の構成である。今回の目次は、完成形というよりも、現時点でのアイデアである。人の一生涯を多様な視点から論じる以上、何通りもの組み合わせがあるだろう。これこそが、人の生涯を多様な領域から論じることの意義と考えている。ゲシュタルト心理学やシステム論において、全体は部分の単純総和にまさる、という考え方がある（Valsiner, 2014）。これは、本書の各論考とその構成のあり方にも通じる。単純にみれば、第1部は総論、第2部は各論あるいは分野論とそれぞれが両極に位置し、第3部は双方の中間に位置づけることができる。ここで、各3部あるいは各論考の組み合わせ、つまり、目次の再構成をすれば、新しい知見を見いだし、我々が目指す学問の展開につながるだろう。

　最後になったが、本書の刊行をしてくださったせせらぎ出版に、感謝いたします。

田垣　正晋

文献

Valsiner, J.（2014）. *An invitation to cultural psychology*. London: Sage.

執筆者一覧 （50音順）

伊井直比呂　大阪公立大学・現代システム科学域教育福祉学類・教授（序文　第1章）

伊藤嘉余子　大阪公立大学・現代システム科学域教育福祉学類・教授（第8章）

乾　　順子　大阪公立大学・現代システム科学域教育福祉学類・准教授（第12章）

木曽　陽子　大阪公立大学・現代システム科学域教育福祉学類・准教授（第5章）

児島亜紀子　大阪公立大学・現代システム科学域教育福祉学類・教授（第13章）

嵯峨　嘉子　大阪公立大学・現代システム科学域教育福祉学類・准教授（第16章）

隅田　好美　大阪公立大学・現代システム科学域教育福祉学類・教授（第10章）

関川　芳孝　大阪公立大学・現代システム科学域教育福祉学類・教授（第18章）

田垣　正晋　大阪公立大学・現代システム科学域教育福祉学類・教授（第6章）

内藤　葉子　大阪公立大学・現代システム科学域教育福祉学類・准教授（第19章）

西田　芳正　大阪公立大学・現代システム科学域教育福祉学類・教授（第7章）

東根　ちよ　大阪公立大学・現代システム科学域教育福祉学類・講師（第17章）

松田　博幸　大阪公立大学・現代システム科学域教育福祉学類・准教授（第15章）

三田　優子　大阪公立大学・現代システム科学域教育福祉学類・准教授（第14章）

森岡　次郎　大阪公立大学・現代システム科学域教育福祉学類・准教授（第3章）

吉田　敦彦　大阪公立大学・現代システム科学域教育福祉学類・教授（第2章）

吉田　直哉　大阪公立大学・現代システム科学域教育福祉学類・准教授（第4章）

吉武　信二　大阪公立大学・現代システム科学域教育福祉学類・教授（第9章）

吉原　雅昭　大阪公立大学・現代システム科学域教育福祉学類・准教授（第11章）

●装幀──株式会社WAVE

人生が輝く SDGs

2022年4月1日　第1刷発行

編　者　大阪公立大学現代システム科学域
　　　　教育福祉学類編集委員会（代表　伊井直比呂）

発行者　山崎亮一

発行所　せせらぎ出版
　　　　〒530-0043　大阪市北区天満1-6-8 六甲天満ビル10階
　　　　TEL. 06-6357-6916　FAX. 06-6357-9279
　　　　郵便振替　00950-7-319527

印刷・製本所　東洋紙業高速印刷株式会社

せせらぎ出版ホームページ　https://www.seseragi-s.com
　　　　　　　　メール　info@seseragi-s.com